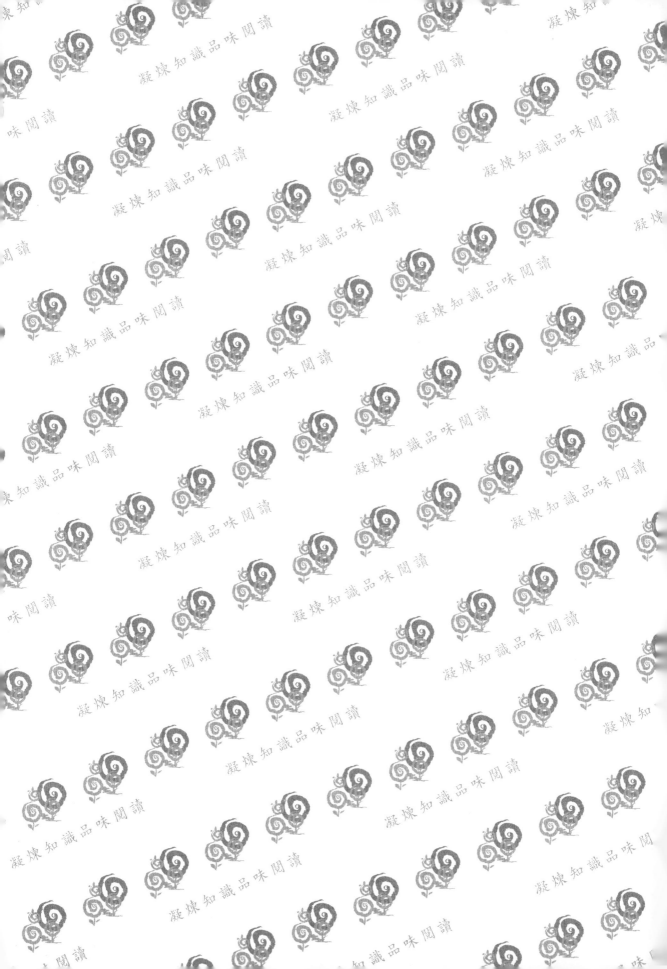

社區營造
實務

陳鯤生　武季亞　著

五南圖書出版公司 印行

序　言

　　1994 年 10 月政府提出「社區總體營造」政策概念以來，以社區為主體的建設理念與營造方式，如雨後春筍般蔚為風潮，但是因操作手法各異，期間雖然有不少的成功經驗累積，但總的來說成就並不如預期。觀察比較其中的差異，不外乎民眾社區意識不足、忽視了人力資源、社區居民參與意願不足等。然而其中更甚者，是社區欠缺自發性社造引動者。社區營造是一個很努力的過程，藉由這個過程，能有效地呈現一個具活力且有動能的社區，端視社區是否有稍具能力的「引動者」才是真正的關鍵點。

　　一個社造工作者，只有他自己走過才知社造工作之大不易。當回頭檢視社區營造的過程時，最後會發現，怎麼所有問題都聚焦在人力資源之獲得不易。因為在這個社造構思的背後有一個盲點，亦即大家期待什麼樣的引動者能理解並帶動社區。隨後輔導團隊的介入，在短時間內即可獲得成效，其效應能引動更多社區人的參與。然而如何引領社區居民重新認識社區、檢視社區、社區願景的構思等社區議題，在操作的過程中，我們不能長期地期待外來輔導團隊，而來自於社區的火車頭人物，是成為本文所要找出來的社造源頭。

　　社區營造所要的不是一個全能者，它需要的是如何經營一個團隊。可是也不諱言，一個社造工作者絕對需要擁有豐沛的社造知識、常識與簡單

的實務操作。這些不是一蹴可幾的，是歷經不斷遭遇到的瓶頸與挫折，逼使自己去接觸、去學習，對自己與社區都是一種負責任的態度，且實務操作因人而異、因地而異、因一切條件不同而異，各具成效。歷經多年之社造體驗後，發現社區間所面臨的問題，一再重演著相同的議題：即是「不知從何做起」以及「不知從何著手」。指導單位煞費苦心的安排，從「學中做」到「做中學」的歷程，數年來成就了多少社造種子。

社區營造是一個很努力的過程，藉由這個過程，公部門的介入是一個契機，能提供較系統性的培力，以及較正向之專業有關社造概念及經驗。在台灣目前所培訓出來的社區規劃師，相信有很多有趣的社造故事。但是社造推動要如何成就，不只是這些社造種子的事，而是要靠很多顆種子的因緣際會所交織出來的社造版圖。至此，自培力社造種子的概念油然而生。「潛龍於淵」人培計畫的構想歷經 2 年的準備及規劃，於 2009 年開始招募社造夥伴並積極推展。潛龍人培計畫不是要畫大餅去突顯哪顆種子的社造能力，而是如何積極有效地培育一些新的社造種子，並匯集這些種子的能量，於各社區間引燃社造之火苗，讓此一能量的呈現去重新滋潤社造之未來。

潛龍人培計畫推動以概念及實務操作為主。於 2009 年招募到社區規劃師、退伍軍人、社團幹部等 18 人，至 2012 年計有 11 人結束培力，並積極地投入台中市社區營造中心、社區規劃師培力、農村再生計畫等單位擔任

輔導團隊輔導幹部。

　　源於 2015 年 8 月受朝陽科技大學陳茂祥教授之邀請，前往大陸了解能否以台灣社造經驗推及到大陸。於是擇日前往福建省寧德市古田縣的幾個村走逛，返台後就這些村落議題幾經研商，並決定前往試做。這樣的判斷乃基於：對現行台灣社區營造操作尋求不同的操作方式，此行是一個機會，嘗試以綜合性輔導方式，來達成一個社區願景的可能性。因此前往大陸無關兩岸政治，在一個全無社造概念的新環境下欣然前往，隨行有潛龍學員四人。歷經 2016 年在福建省古田縣經營三個村；2017 年於福建省福安市經營一鎮二村，另有一農園；2019 年浙江省杭州市一社區。至於台灣部分有五個社區。這些社區歷經本人常駐式經營少則六年，多則二十餘年，雖無大成但就長遠角度來看，難能可貴的是各社區目前在無公部門補助情況下，仍能繼續以社造模式經營社區，永續經營的目標已指日可待。

　　出書是基於踏入社區營造二十餘年來，所見所聞累積了一些淺見，有別於市面上已出刊之各式社造書籍，本書特以實務操作為題旨，願與社造界夥伴分享。全書共分十六章，撰寫意旨均以「從何做起」、「從何著手」為核心，採實務經驗及案例分享方式，協助初學者與有志於社造之夥伴能了解社區營造運作方法。第一章簡介作者與社造的機緣；第二章簡介如何理解社區總體營造；第三章簡介如何擾動社區；第四章至第十章介紹社造在大陸的案例分享；第十一章至第十五章介紹在本地經營多年社造的社區

經歷分享；第十六章淺看社區營造未來趨勢，率性檢討目前社造困境及省思。

　　我們對於自己生活的社區，多少都有著一分想像與期待。隨著時間的流逝，這分想像與期待在適當的機會與時間點上會形成一股概念，現下只欠缺一股動能。本書以拋磚引玉的方式，讓社區營造的正向操作技巧與多面向營造構思統合，給予關心社區營造的民眾一股新的動能，透過大家的努力凝聚社區的力量，共同來實現社區的願景。

陳鯤生

2021 年冬

序言　社造體驗與實踐

　　2015 年仲夏，我隨福州大學至誠學院 13 級中文系之開展學科實踐活動──古田縣鄉村再造參訪活動的過程中，初次接觸社區營造。村民們言笑晏晏，並興致勃勃地帶我們去遊覽這個始建於元明時期的古村落。看著他們對村莊歷史侃侃而談的豪情，體察他們言及這片土地時充滿歸屬感的神態，我有被震撼到。迄今多數傳統村莊出現文化沒落、人口凋零的大環境下，我看到仍舊生活在村莊中各個年齡段的村民們，其爲讓村莊變得更美好而付出的努力，傳統村落也因此變得鮮活有色彩。於是我很好奇社區營造真的有如此大的魔力，能夠讓逐漸沒落的村莊煥發新生？鑒於海峽兩岸人文社會環境之異同點，西岸的社區再造又該如何借鑑並發展東岸的社造經驗，才稱得上是在地化的發展？

　　帶著這樣的好奇心，我開始去了解並學習台灣地區的社區營造。我看到鳳竹村因爲有陳鯤生老師帶領之社造團隊的輔導，它重新變得有「人情味」，且通過發掘在地資源，逐漸盤活了地方文創經濟，並爲村民們帶來了實惠。社會工作以「人─環互動」的雙焦點作爲開展服務之核心理念，而在社區營造中，恰好是以「人」爲核心。通過動員當地人產生行動，進而改變文化與地理環境、帶動產業與村莊景觀的變化，進而實現個體與所棲息之環境的適配。所以我希望通過自己的學習與實踐，能夠將陳老師豐

富的社造經驗與地方特色相結合，一點一點地幫助村落重新煥發生機與光彩。

抱著這樣的目標，我有幸能在東海大學攻讀社會工作博士期間，跟隨陳老師去參訪多種形態與規模的台灣社區。老師引導我去觀察學習推動社區營造的既有經驗，又安排我參與他在大陸各地的社區營造項目，使我能將學習到的社造知識、經驗與技巧在實際場域中有操作與練習的機會。如：里村的清溪行動讓我明白如何去理解村民參與行動的動機，並進行針對性的動員。另一個重要心得在於，村民對於自己生活的這方土地是懷有深厚情感的，若當地能形成核心團隊帶領村民，熟人社會中的人際關係是促發鄉村改造的關鍵助力。而今村民慣於協商共同促發村莊特色農產品的開發與推廣，正是當初一次次的集體行動以改變村莊風貌後的正向行為之延伸。東源村再造項目執行過程中，與來自福建農林大學、陝西大學的小夥伴們通力合作，使我了解需求並引導村民們自行發掘在地資源，以滿足其需求的能力得到有效的鍛鍊與提升。

實踐經驗的累積促發我對如何推動大陸農村再造的思考。承蒙陳老師不嫌棄我在實踐過程中淺薄的思考與收穫，讓我加入凝結他二十多年社造經驗的整理與撰寫中，我亦有幸在此能繼續與老師進行探討與學習。跟隨陳老師「做中學」的這五年，初窺社區營造之門徑，又恰逢大陸鄉村振興

戰略進行得如火如荼，故希望自己能夠運用所學，有機會在一線爲推動鄉村振興的發展貢獻力量。

武季亞

2021 年冬

目錄

第一章 社造與我

第一節 前言 2

第二節 社造基盤 3

第三節 我的社造歷程 7

第二章 認識社區總體營造

第一節 社區與社區總體營造 16

第二節 名詞解釋 20

第三節 目前社區營造的積極意義 22

第四節 社造對社區的意義 23

第五節 如何鼓勵社區參與 26

第六節 社區為何能自主經營 28

第七節 跨出社造的第一步 31

第八節 社造的第一步——觀察與診斷 36

第九節 認識社區的必要 38

第十節 如何看待社區資源 39

第十一節 打造社區願景 41

第十二節 社造人才培力教學 44

第三章 社區擾動

第一節 社區擾動從文化入手 48

第二節 開辦社區教學課程 52

Contents

第三節　舉辦社區活動　54

第四節　推動環境教育　56

第五節　地方產業　58

第六節　社區美學　61

第七節　其他　62

第八節　結語　63

第四章　福建省古田縣吉巷鄉──坂中村

第一節　社區簡介　66

第二節　社區位置、交通、地圖　68

第三節　社區觀察與診斷　68

第四節　社區資源盤整　72

第五節　團隊社區擾動與輔導策略　75

第六節　社區發展課題與對策　77

第七節　社區願景分析及具體行動方案　80

第八節　執行成效與自主經營能力　82

第九節　未來展望　84

第五章　福建省古田縣泮洋鄉──鳳竹村

第一節　社區簡介　86

第二節　社區位置、交通、地圖　87

第三節　社區觀察與診斷　88

第四節　社區資源盤整　92

第五節　輔導團隊社區擾動與輔導策略　96

第六節　社區發展課題與對策　99

第七節　社區願景分析及具體行動方案　101

第八節　執行成效與自主經營能力　103

第九節　未來展望　107

第六章　福建省古田縣鳳都鎮際面村 —— 里村

第一節　社區簡介　110

第二節　社區位置、交通、地圖　111

第三節　社區觀察與診斷　111

第四節　社區資源盤整　114

第五節　社區擾動與團隊輔導策略　117

第六節　社區發展課題與對策　119

第七節　社區願景分析及具體行動方案　121

第八節　執行成效與自主經營能力　124

第九節　未來展望　131

第七章　福建省福安市穆陽鎮 —— 石馬兜

第一節　社區簡介　134

第二節　社區位置、交通、地圖　136

第三節　社區觀察與診斷　137

第四節　社區資源盤整　139

第五節　社區擾動與團隊輔導策略　146

第六節　社區發展課題與對策　147

第七節　社區願景分析及具體行動方案　149

第八節　執行成效與自主經營能力　150

第九節　未來展望　154

 第八章 福建省福安市溪潭鎮 —— 廉村

第一節　社區簡介　158

第二節　社區位置、交通、地圖　159

第三節　社區觀察與診斷　160

第四節　社區資源盤整　162

第五節　社區擾動與團隊輔導策略　166

第六節　社區發展課題與對策　167

第七節　社區願景分析及具體行動方案　169

第八節　執行成效與自主經營能力　171

第九節　未來展望　174

 第九章 福建省福安市曉陽鎮 —— 東源村

第一節　社區簡介　178

第二節　社區位置、交通、地圖　179

第三節　社區觀察與診斷　180

第四節　社區資源盤整　183

第五節　團隊社區擾動與輔導策略　185

第六節　社區發展課題與對策　187

第七節　社區願景分析及具體行動方案　189

第八節　執行成效與自主經營能力　190

第九節　未來展望　194

 第十章 浙江省杭州市拱墅區米市巷街道──大塘巷社區

第一節　社區簡介　198

第二節　社區位置、交通、地圖　198

第三節　社區觀察與診斷　199

第四節　社區資源盤整　202

第五節　社區發展課題　204

第六節　社區擾動與輔導策略　204

第七節　社區願景分析及具體行動方案　207

第八節　執行成效與自主經營能力　208

第九節　未來展望　216

 第十一章 台中市龍井區──南寮社區

第一節　社區簡介　220

第二節　社區位置、交通、地圖　221

第三節　社區觀察與診斷　222

第四節　社區資源盤整　224

第五節　團隊社區擾動與輔導策略　228

第六節　社區發展課題與對策　229

第七節　社區願景分析及具體行動方案　231

第八節　執行成效與自主經營能力　235

第九節　未來展望　238

 第十二章　嘉義市——從原建國二村到經國新城

第一節　社區簡介　242

第二節　社區位置、交通、地圖　248

第三節　社區觀察與診斷　249

第四節　社區資源盤整　253

第五節　團隊社區擾動與輔導策略　255

第六節　社區發展課題與對策　256

第七節　社區願景分析及具體行動方案　260

第八節　執行成效與自主經營能力　263

第九節　未來展望　267

 第十三章　彰化縣芳苑鄉——永興村

第一節　社區簡介　272

第二節　社區位置、交通、地圖　273

第三節　社區觀察與診斷　274

第四節　社區資源盤整　276

第五節　團隊社區擾動與輔導策略　279

第六節　社區發展課題與對策　281

第七節　社區願景分析及具體行動方案　284

第八節　執行成效與自主經營能力　288

第九節　未來展望　293

第十四章　台中市大肚區 —— 自強社區

第一節　社區簡介　296

第二節　社區位置、交通、地圖　298

第三節　社區觀察與診斷　300

第四節　社區資源盤整　306

第五節　社區擾動與輔導策略　308

第六節　社區發展課題與對策　309

第七節　社區願景分析及具體行動方案　310

第八節　執行成效與自主經營能力　313

第九節　未來展望　315

第十五章　台中市大肚區蔗廍里 —— 立全社區

第一節　社區簡介　318

第二節　社區位置、交通、地圖　319

第三節　社區觀察與診斷　321

第四節　社區資源盤整　324

第五節　社區擾動與輔導策略　328

第六節　社區發展課題與對策　330

第七節　社區願景分析及具體行動方案　331

第八節　執行成效與自主經營能力　334

第九節　未來展望　337

第十六章 淺看社區營造未來趨勢

第一節　目前社區營造工作遇到的困境　340

第二節　面對困境的反思　342

第三節　結論　344

第一章

社造與我

第一節　前言

第二節　社造基盤

第三節　我的社造歷程

前言

　　1994 年 10 月政府提出「社區總體營造」政策概念以來，以社區為主體的建設理念與營造方式，如雨後春筍般蔚為風潮，但是因操作手法各異，期間雖然有不少的成功經驗累積，但總的來說成就並不如預期。觀察比較其中的差異，不外乎民眾社區意識不足、忽視了人力資源、社區居民參與意願不足等。然而其中自發性社造引動者才是重要因素。

　　在檢視過去參與社造之社區，歷經不斷的培力，其「人力資源」運用的方式顯然不如預期。社區營造是一個很努力的過程，藉由這個過程，是否能有效地呈現一個具活力且有動能的社區以及「引動者」，才是真正的關鍵點。一個社造工作者，只有他自己走過才知社造路途之不易。當回頭檢視社區營造的過程時，最後會發現，怎麼所有問題都聚焦在人力資源之不足。因為在這個社造策略的背後有一個盲點，亦即大家期待什麼樣的「引動者」能理解並帶動社區，如何引領社區居民重新認識社區、檢視社區、社區願景的構思等議題。在操作的過程中，我們不能長期地期待外來輔導團隊，而來自於社區的火車頭人物，是成為本文所要找出來的社造源頭。

　　就像社造初期運作所操作的一樣，透過耆老訪談、文史調查、影像記錄等，這些無非都是為了把一種社區過去歷程的價值給記錄下來。歷經多年之社造體驗後，發現社區間所面臨的問題一再重演著相同的議題，一則是「不知從何做起」？再則是縱使知道後卻「不知從何著手」？指導單位煞費苦心的安排，從「學中做」到「做中學」的歷程，數年來成就了多少社區。

第二節
社造基盤

2-1 話說從頭

　　「社區總體營造」是一個理念，是以社區共同體的認知和意識作爲目標，藉著社區居民積極參與地方公共事務，凝聚社區的共識。經由社區營造的過程中，累積自主營造能力，以達社區願景的實現。然而社區營造絕非靠個人或單一團體，單打獨鬥去實踐理念的，過程中必須面對不同的面向、不同層次的變數，因此在參與社造工作時，須先定位自己並找到適當位置。

2-2 定位自己

　　一個社區工作者其內在自我的呈現，必須是積極、正面、具有社會功能的。他出自於個人的自由意志，有熱忱與愛心、貢獻社會、服務人群、營造社會公益服務的形象，進而追求實現自我的人生價值與目標。

　　因此在社會參與的過程中，利用工作之外的時間，以一己之力不計報酬的付出和投入，藉以協助有需要的個人或人群，或支援各種社區事務，而能達到增進社會公共利益之最終目標。

　　社區營造工作是一個漫長的工作，要有足夠的耐心非一蹴可幾。除個人須有這方面興趣外，還要多方吸收新知識，多觀察、多揣摩，多學習，親身體驗與累積經驗。不急在一時，有機會從基層（社區）事務操作開始，參與各地社造研習課程、主動設計規劃社區活動，如有可能盡量將本職所學套於社區事務，如此將事半功倍。另外積極參與公部門與相關單位所辦理的社造相關課程，更要多涉獵與社造有關之影片、書籍、網路資料、各式座談會等，以及多走訪、觀摩參與社造之社區及專業團隊就教請益。

　　1994 年有感於眷村改建計畫推行，老「眷村」在遷村後勢必消失，其固有文

化必也跟著消失。因此一個人貿然南下嘉義，在沒有幫手下，每一至二週南下嘉義待一天，從事眷村文化資料蒐集工作。因無前例可循，無法獲得眷村人及自家兄弟的認同與協助，亦只能針對眷村老人進行口訪記錄，並拍些生活照。

圖 1-2-1　眷村老人進行口訪

　　直至 1999 年的大地震引發震後重建工作，此時行政院文建會於各地展開各式重建及社區總體營造人才培力課程。花了一年半時間，文建會在各地所開設的人培課程，只要有消息，縱使相同課程、相同講師也一定報名參加。這對我後來的社造工作影響很大，這時本人已退休，幾年來自眷村文化蒐整到台地文史，已獲得家人及兄弟間的認同與支持，奠定了後來積極從事社區服務的社造工作。

2-3 找到適當位置

　　核心依據：在地培力、落實社區自主能力。

　　培力定位：社造陪伴員、社造諮詢窗口、社造服務平臺。

　　社區營造是以「人」為核心，因此勢必會與人接觸。在過程中，也必會碰到一些大大小小矛盾的事情，稍有不慎定會造成一些誤會。經過不斷地磨合，凡事容忍就事論事不翻臉，避免爭執顧全大局，但是基本原則（理念）須堅持，這並不容易。為長遠想，捨得、包容與原則堅持，每當碰到問題時先行三思再做決定。是故邊做邊學與邊學邊做，是累積經驗最佳途徑。

　　社造工作者不是神，或自我感覺良好就好。基於「初心」的使命感，當過程中稍有成就時更要虛心面對，因為未來的社造工程還在後面等著。「虛心」是要更多人的認同與參與，莫因一時自滿，「指導」成「指倒」、「輔導」成「扶倒」，就此造成永續經營可能性的遺憾。

　　2004 年很大膽地在嘉義與台中縣，同時向兩地文化局申請了社區營造點計畫，嘉義是眷村文化蒐整，台中則是大肚山的瑞井村景觀改善。兩地差異處在於，一個是成長 20 年、離家 30 年才回去的老村子，再怎麼變，兒時的記憶雖已模糊但絕不陌生。適逢小時候同學（有的已叫不出名子）陸續退休，三番兩次地勸進最後組成了工作團隊，順利推展社造點計畫。可是在台中大肚山上從事社區營造時，光是語言就傷透腦筋。三至四年間在蒐整台地文史資料的同時，能被在地人接受，真非三言兩語可以道盡。此其時低調行事，如有成就都推給在地人，不居功。以誘導方式帶領瑞井村環工隊，完成後來參與文化局社造點計畫，並舉辦了成果展。在嘉義結案時，也舉辦了第一屆嘉義眷村文化節。

2-4 我需要些什麼能力

　　一個人是無法撐起一片天的，因此在社造前提下，尋求三至五個工作夥伴並不容易，快則三至五個月，慢則可能要二至三年。此時莫沮喪，因為所謂工作夥伴，在經營社造的過程中，會有一些社區義（志）工從旁協助，而我們真正需要的是在任何時間都能暢談社區事務，以及在擁有共同的理念下，一同規劃著社區未來的人。善用周邊的人是暫時解決此問題的一個好法子，在初期透過人力調查，先期掌握這些人的專長並適時、適地邀請參與，可暫時舒緩人力問題。但是一個社區營造工作者本身需要具備那些能力？

1. 學習自我成長並主動接受各式教育訓練：做到老學到老，除發揮自己所擁有的專長外，不錯過任何與社造相關的知識學習。

2. 信守承諾與人際關係擴展：社造工作是一個無時無刻都在與人互動的工作。社造工作者為了建立自己的社會地位，以獲得社會認同與信服，信守承諾的社會價值必須堅持，並以此擴展人際關係，以利爾後社造工作

的推展。

3. 互動間的雙向交流與成長：平等對待社區中的每個人。社造工作者是以服務為宗旨，是社區社造的領頭羊而非「領導」人物。為維持高服務品質，低頭彎腰間要建立的是受人尊重與信服，強勢領導只能換來一時的尊榮。

4. 尊重他人的隱私與決定：不論是社區民眾或是工作團隊夥伴，不因個人喜好而相互排斥。要真正做到互相尊重並不容易，許多社區工作者為此放棄了社區工作，殊屬可惜，須警惕在心。

5. 擱下過去，迎向未來：社區內其實潛藏著許多能人異士，可惜的是這些人原本在社會上擁有相當的社會地位，目前賦閒在社區卻只能冷眼看社區，踏不出放下身段的第一步。社造工作是集眾人之智與力的工作。是故「放下身段」雖是不容易，但是基於參與社造工作時，仍可以此為優勢，將過去的成就轉化為社區服務，乃是社區之福。

社造工作須具備能力	學習自我成長並主動接受各式教育訓練
	信守承諾與人際關係擴展
	互動間的雙向交流與成長
	尊重他人的隱私與決定
	擱下過去，迎向未來

　　筆者大學藝術系畢業後，曾服役於部隊且兼任部隊的化妝師有九年之久。期間有關營區精神布置、營區景觀配置、裝置藝術、室內設計、展示裝潢、圖書館及營站、輔教館、心戰館、軍、士官俱樂部裝潢設計，各式伴手禮等，從設計到施工都到位。退伍後又到大學服務，期間又做了校區景觀配置、裝置藝術設計、創新社團等，以及前台灣省立美術館大門前左側至停車場之景觀設計，這些經驗對後來之社區營造有莫大的助益。

2002 年成立了「台灣省新馨文化學會」、2005 年成立「台中縣新馨社區關懷營造協會」，積極推動台地社造工作、社區教學、台地社造論壇、社區關懷等，此外還接辦公部門各種社造案、農村再生社區輔導案等，更強化了社造工作經驗。

第三節
我的社造歷程

3-1 跨出社造的第一步

　　1995 年離開眷村三十餘年後的一天，喧囂一時的眷村改建觸動著心中的疑慮。期間雖亦常回家探視，然而與眷村已無互動，眷改已是事實，有朝一日遷村後，所謂的眷村生活記憶將何去何從。想想帶著濃濃鄉音的問候、一戶戶的大紅門、轉個巷口是一條條的窄巷。譚伯伯家的大香蕉樹下，大人們正在談論著歐陽漪棻如何打下兩架米格機；媽媽們則在李媽媽家門口，討論著年節要做些什麼菜；小六子帶著一票小鬼頭急急忙忙衝過巷子，後面聲聲獅吼：「小六子給我回家！」接著看到葉媽媽拿著掃把在後面追著。擴音器傳出今天晚上七點鐘，在自治會門口播放電影《葡萄仙子》，請大家帶著小板凳前往觀賞等，這種場景在村子裡隨時都在上演著，怎能讓人忘懷？

　　反覆回味著過去生活記憶的同時，更能讓人緬懷眷村第一代是如何歷經千辛萬苦地重建第二故鄉。那些隨著政府撤退來台的老一輩軍人及軍眷，他們把自己的「根」澈底拔起並重新移植在台灣這塊土地上，那是需要多大的勇氣和承擔多少的痛苦。

　　早期老榮民因國共戰爭聚集在一起，後期並因此轉進來台。這些人從年輕時代隨著戰爭不斷轉戰大江南北，也當了不少省分的外省人，離開時沒能留下什

圖 1-3-1　晚間播放電影《葡萄仙子》

麼，帶走的卻是當地的文化。來到台灣後，因獨特的環境，陌生的語言、政治風暴、以及生活習慣的不同，讓這些轉戰來台的一群人拘限於特定範圍內，在隨時可能重返大陸的理念下，他們的生活自成一格，在奇特的政治氛圍下，他們卻變成了特立獨行的團體。一轉眼 70 年過去了，「心」之所在即是故鄉，是目前這些人的最佳寫照，文化的融合在非政治的影響下，絕大部分已相互融合。

　　眷改在即，為保留早期眷村人的生活習慣做成紀錄，在毫無經驗下幾經深思，以先去了解闊別三十餘年的眷村開始。與兄弟們討論並繞行眷村一圈，回來後一致反對，原因是我要面對的是老人與社區媽媽，基本上溝通就是問題。因為此時絕大部分人已不認識我了，但這並沒有影響我的決心，反而自認為此事日益嚴重，再不開始恐有不及。

　　可是有關這方面的事也找不到詢問的對象，反正是要留紀錄，就從最簡單的口訪與攝影開始，斷斷續續地做到 1997 年底，此時我已退休，繼續至嘉義從事眷村老人口訪、攝影記錄工作，並開始整理口訪資料。1998 年因一個人做孤獨又費力，想到以出報紙方式較快，也能讓更多人知道我在做什麼。於是以 A1 大小出版月刊型《藍天》社區報，將平日所蒐整的口訪紀錄及照片分四版印出，創刊號 300 份於 1999 年 1 月發行。並在年節於眷村聚會所辦理開筆送春聯，藉此蒐集老照片。1999 年《藍天》社區報於 11 月停刊，源於獨立辦報須自撰、自編、自印、自送忙不過來，期間共出刊 11 期。不過不斷地與眷村人互動，已引起一

圖 1-3-2 《藍天》社區報

些中壯年人的關心，然而仍無法獲得協助。在我弟的勸說下，暫停南下嘉義活動，轉而去經營大肚山台地的文史資料蒐集。

1997 年退休後某日，賦閒在家的我正於巷口散步，有輛車停下問我某某社區怎麼走，我一時無法回答，請其另找人詢問。回家後問內人某某社區在哪裡？我覺得很耳熟。內人說你拿出身分證來看看，這時我才警覺住在村子裡已十餘年了，怎會不知道呢？當關心嘉義文化蒐整時，卻忽略了自己所居住的地方，於是開始遍走大肚山台地，進出圖書館、上網找資料，甚至開始經營山上的村落，於焉開始了我不曾後悔的社造之路。

3-2 夢想與實踐

◆ 3-2-1 發想

社區營造不需要一個全能者，它需要是團隊的經營。可是也不諱言，一個社造工作者絕對需要擁有豐沛的社造知識與常識。這些不是一蹴可幾的，是經過不斷遭遇到的瓶頸與挫折，逼使自己去接觸、去學習，對自己與社區都是一種負責任的態度，且實務操作因人而異、因地而異、因一切條件不同而異，各具成效。

「潛龍於淵」人培計畫的操作想像，是為了檢視台灣歷年社造培力培植了多少社造種子。社區營造是一個很努力的過程，藉由這個過程，公部門的介入是一個契機，能提供較系統性培力、較正向之專業有關社造概念及經驗。然而歷經多

年之社造體驗，社區間所面臨的問題卻一再重演著相同的議題，一則是「不知從何做起」？再則是縱使知道後「卻不知從何著手」？指導單位煞費苦心的安排，從「學中做」到「做中學」的歷程，數年來成就了多少社區中的社造推手。

潛龍人培計畫之構想是否有解決之方，因為只有自己走過才知路途之艱辛，這是一個把社造翻過來找東西的過程，最後會發現，怎麼所有問題會聚焦在人力資源之不足。媒合在這個社造策略的背後，是一條探尋線，在這條探尋線上，所謂社區認知、社區議題、社區願景等，所期待的社區火車頭人物，是成為潛龍人培計畫所要找出來的社造源頭。

在台灣目前所培訓出來的社區規劃師，相信有很多有趣的社造故事。但是社造推動要如何成就，不只是這些社造種子的事，而是要靠很多顆種子的因緣際會所交織出來的社造版圖。如今細數多少種子仍在這塊版圖上活躍，到底一顆種子的事與很多顆種子的事，開花的差別在哪裡？潛龍人培計畫不是要畫大餅去凸顯哪顆種子的社造能力，而是如何積極有效地培育一些新的社造種子，並匯集這些種子的能量，於各社區間引燃社造之火苗，讓此一能量的呈現重新去滋潤社造之未來。

當然養成這些種子成長的目的，會考慮到不一樣的社造種子對社造之經營理念是不一樣的。因此潛龍人培計畫之目標在於「歸納」，一個曾經歷社造之社區，其推動之社造種子，一路走來尚有多少動能支持其繼續走下去？這些參與者以什麼樣的心境或心態去面對社區營造？一些具有動能卻猶豫於社造路口的未來種子，如何以一種突破、一種創意、一種新思維的方式，重新打造一個能自主性規劃及經營的社造種子，因為社造應該是一種很有感覺的事情。

因此在可行的範圍內，潛龍人培計畫將規劃以工作坊為方向的系列操作方式，試圖能有效的於一定時間內，使未來之社造種子能於社區內自主性帶動社區，並邁向社造之路。計畫執行核心理念為：

核心依據──在地培力、落實社區自主能力

培力定位──社造陪伴員、社造諮詢窗口、社造服務平台

培力整體構想──

認識社區──認同社區──關心社區──體驗社區──規劃社區──營造社區

社 區 擾 動		自 主 規 劃

社 區 參 與

圖 1-3-3 理念

◆ 3-2-2 潛龍人培──構想

1. 找尋各個時間點的記憶──社區社造能量評估

許多社區經營社造雖已數年，然而均為單打獨鬥，擁抱成果卻不懂得經營，擁有經歷卻不懂得其所以然。各社區及社團需進一步重建社造理念，並於社區間共同議題尋求出路。

2. 越界的動力──源於自發性的學習

多年來社區雖經歷了社造之歷程，然而此一經歷卻無法讓社區經營永續發展。我們試想，如果社區能於有限的指導下，透過社造經歷的回憶以及具系統性的教學，並以不同方式予以啟發，將重燃社區營造活力及動力，如此方能再造社區一片天。

推動「潛龍於淵」培力計畫，邀集台中縣成熟型社區社造推動人、歷屆之社規師、目前仍具社造熱誠夥伴，透過兩階段培力，使能觀察社區並有效建議社造觀點，提升其自主性。第一階段培訓後，配合社造中心各區輔導老師走入社區見學。第二階段參與本案各社造課程，歷經社造完整流程，以利爾後自主或擔任社造陪伴員時，能理解執行方式及指導方法。

3.「原來如此」的學習──在於社造意識的媒合與自信

策略的擬定、實施的步驟、行政與實務的結合、會議的籌開與議決、人力動員與運用，以及器材與設備的運用等，對一個新興社區而言是有些困難。然而擁有或理解箇中道理的社造種子，方能建立自信去面對社區。

4. SHOW 的工作坊

課程推演將會帶來新的教學發想。

◆ 3-2-3 五個階段格式規劃目標

依共同情境設計、齊一社區認識，並以社造知識為體、行動參與為用，透過五個階段性學理與實作設計來體驗行動歷程，以達自主規劃經營之能力，並將學習所得詳實記錄，備為爾後操作之參考。

1. 五階段培力格式──夢之翼判斷與作為

(1) 展翼──夢想起飛

目標──目的──效果

(2) 翱翔──認識與體驗

天候、自然環境（地形）、人口（語言）、生活、文化、族群、特色、產業、限制因素等

(3) 俯視──檢視與規劃

① 優勢（優點）

② 劣勢（劣點）

③ 與鄰近社區之關聯性

(4) 衝天──構想與實現

① 甲案　利⋯⋯弊⋯⋯

② 乙案　利⋯⋯弊⋯⋯

③ 丙案　利⋯⋯弊⋯⋯

(5) 振翼──夢想成真

以⋯⋯案最佳

2. 方案──對策──評估

3. 案例簡介

◆ 3-2-4 夢之翼──人訓工作坊五階段培力操作規劃

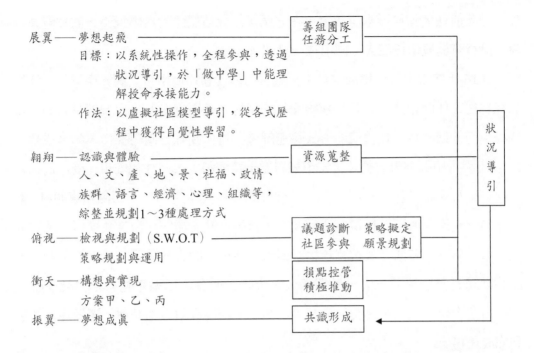

展翼——夢想起飛
　　目標：以系統性操作，全程參與，透過
　　　　　狀況導引，於「做中學」中能理
　　　　　解授命承接能力。
　　作法：以虛擬社區模型導引，從各式歷
　　　　　程中獲得自覺性學習。

翱翔——認識與體驗
　　人、文、產、地、景、社福、政情、
　　族群、語言、經濟、心理、組織等，
　　綜整並規劃1～3種處理方式

俯視——檢視與規劃（S.W.O.T）
　　策略規劃與運用

衝天——構想與實現
　　方案甲、乙、丙

振翼——夢想成眞

籌組團隊
任務分工

資源蒐整

議題診斷　策略擬定
社區參與　願景規劃

損點控管
積極推動

共識形成

狀況導引

◆ 3-2-5 團隊編成

　　「潛龍於淵」人培計畫於 2009 年實施以來，參與之社規師及社區幹部合計 21 人次，歷時最短者兩年，最長者約六年，期間均無收費。2013 年全員投入南投縣社區規劃師培力計畫，分組分鄉操作，成效卓著。2014 年年中告知本人欲前往大陸福建從事社區營造事務，如有機會前往輔導社區需要成立團隊，有意願者可以參加，其餘學員仍可積極參與其他團隊並繼續輔導社區，第一期潛龍計畫結束。

　　以下各章節僅就個人從事社區營造，從實務操作的角度去呈現整個過程。源於大陸部分因操作時程過短、輔導時程密集，每日至少 12 小時並持續一個半至三個月，均以擾動居民積極參與爲主，因此以操作過程呈現，以供參考。

　　源於 2015 年 8 月受朝陽科技大學陳茂祥教授之邀請，前往大陸了解能否以台灣社造經驗推及到大陸。於是擇日前往福建省寧德市古田縣的幾個村走逛，有黃田鎮的鳳亭村、泮洋鄉的鳳竹村、吉巷鄉的坂中村，返台後就這些村幾經討論，決定前往試做。這樣的判斷乃基於：對現行台灣社區營造操作尋求不同的操作方式，此行是一個機會，嘗試以綜合性輔導方式來達成一個社區願景的可能

性。因此前往大陸無關兩岸政治，在一個全無社造概念的新環境下，欣然背負行囊，隨行有潛龍學員四人一同前往一探究竟。

2016 年在古田縣旅遊局安排下，就古田縣吉巷鄉坂中村（觀光產業）、泮洋鄉鳳竹村（休閒產業）、鳳都鎮際面村的里村（社區旅遊），用五個月時間、每個村平均一個半月，以輪流的方式每週輔導一村，團隊分兩組操作，頗具成效。2017 年因古田縣委書記調升福安市委書記，特邀請本人前往福安市，受命為福安市穆陽鎮石馬兜老巷（文化保存）、溪潭鎮廉村（觀光產業）、曉陽鎮東源村（觀光產業）、恩輝農園（扶貧創業園區），繼續為其美麗鄉村激活並進行台灣式社區營造。另外尚有浙江省杭州市拱墅區米市巷街道的大塘社區（社區微更新）。此時團隊有潛龍學員三人、助理兩人，大陸方面有古田縣里村自培力社規師一人、山西大學一人、福建農林大兩人、福安青創協會兩人等助理，邊做邊學並順利完成任務。

此趟大陸行，感謝隨行之工作夥伴及大陸方夥伴的參與。潛龍夥伴有林庭輝、彭其龍、陳秀柑、游素珍，後有陳小鯨、吳慧玲夫婦。大陸方則是 2014 年在經營古田縣時，認識了福州大學人文社會科學院社會學系，以及至誠學院社會事務管理系系主任牛康教授，經他推薦其學生——時於台灣台中東海大學社工系博士班研究生武季亞小姐參與團隊。工作執行期間，就有關大陸方社會民情、生活習慣、在地老人語言溝通等提供看法，針對台灣語意亦能即時轉譯。共參予團隊經營了古田縣鳳督鎮里村、福安市溪潭鎮廉村、曉陽鎮東源村、以及三明市洋中鎮桂峰村等，迄今已獲博士學位。另有古田里村李晨曦、福建農林大何文賓、陝西大學史國靜，全程協助一般行政事務處理。

至於台灣部分，有台中市大肚區蔗廍里立全社區（環保）、龍井區南寮里（休閒運動）、彰化縣芳苑鄉永興社區（產業發展）、嘉義市經國新城（眷村文化保存）、台中市大肚區自強里（社區教學）。這些社區歷經本人常駐式經營少則六年，多則超過二十餘年，雖無大成但就長遠角度來看，難能可貴的是各社區目前在無公部門補助情況下，仍能繼續以社造模式經營社區，永續經營的目標已指日可待。

第二章

認識社區總體營造

第一節　社區與社區總體營造

第二節　名詞解釋

第三節　目前社區營造的積極意義

第四節　社造對社區的意義

第五節　如何鼓勵社區參與

第六節　社區為何能自主經營

第七節　跨出社造的第一步

第八節　社造的第一步 ── 觀察與診斷

第九節　認識社區的必要

第十節　如何看待社區資源

第十一節　打造社區願景

第十二節　社造人才培力教學

　　1994 年 10 月政府提出「社區總體營造」政策概念時，其本意是藉由文化工作入手，從文化藝術的角度切入社區，凝聚社區意識、改善社區生活環境、建立社區文化特色。由點而線至面，循序完成打造新故鄉，形塑新文化的理想（文建會，1999）。此一概念，其真正意涵乃是運用各種策略，促使社區居民重新認識自己所擁有的社區資源，並以此為基礎，依「由下而上」、「居民參與」、「自立自主」、「永續發展」的原則，凝聚社區內的居民共識，透過共同的參與，面對社區問題、共同規劃社區的願景，大家協同一心共創美麗家園。社區營造無法單靠個人就可以達成目標，須經過不同面向、不同層次的協調運作，並透過個人能力、毅力及不同時空環境搭配與操作方式，才能彰顯其效。

第一節
社區與社區總體營造

1-1 社區定義

　　「社區」早期是指居住在一特定的區域內，具有共同關係，且與周邊環境能產生互動與認同。在相同的理念下，亦有著強烈生命共同體之意識，並樂於參與社區各式活動的群體。但是 1991 年 5 月 1 日行政院修訂發布「社區發展工作綱要」，採人民團體型態運作。目前台灣地區各地村落幾乎都成立了「社區發展協會」，而協會的組成初期均以行政村、里為一單位，也因此讓一般人誤將「社區」看作是「村里行政區域」的範疇。但是另外有學者對社區有更廣義的看法，他們認為「社區」是指一個社會單元結構，在特定的地理區域或範圍內，他們是一群人、是一個工作組織、團體或社群所結合而成的。他們在成員互動中，建立新的生活文化並積極改善宜居的環境空間。

1-2 什麼是總體營造

　　1995 年，日本學者宮崎清在一次文化、產業研討暨社區總體營造中日交流會上提到，社區總體營造之意義在於：由社區內的居民自發性地從事自己社區內的經營建造，以凝聚社區意識進而改善生活品質。文建會《2004 文化白皮書》亦明確指出其真正意涵，乃是運用各種方法與手段，將居住在一個小地域（社區）內的居民凝聚共識，透過大家的參與共同規劃社區的願景，並面對社區的問題，也就是希望恢復並提升社區中已經逐漸喪失的居民自主能力。

　　社區總體營造就「社區」而言，是藉著社區居民積極參與地方公共事務，凝聚社區共識、透過社區民眾的自主和參與，使社區建立屬於自己的文化特色，進而促使社區活力再現，呈現一個健康、祥和、民主、有秩序的社會。社區總體營造就「人」而言，藉著參與社區工作的過程，讓社區人相互理解及學習新的工作方法與態度，進而培養他們新的社會責任及生活價值觀，投身社區公益，讓社區有能力自我發現問題並解決問題。

1-3 什麼是社區總體營造

　　社區總體營造是以社區共同體的存在和意識作為前提和目標，藉著社區居民積極參與地方公共事務，凝聚社區共識。經由社區的自主能力，配合社區總體營造理念的推動，使各地方社區建立屬於自己的文化特色，也讓社區居民共同經營及參與社區其他相關的文化活動等。透過社區民眾的自主和參與，使生活空間獲得美化、生活品質獲得提升。使文化、產業、經濟再行復甦，原有的地景、地貌煥然一新，進而促使社區活力的再現。如此全面性、整體性的規劃與參與社區經營創造的過程，稱為「社區總體營造」（林振春，1996）。

　　因此我們可以清楚了解到社區總體營造的意涵，是社區必須從全面向思考，由重新認識自己的社區開始做起。理解社區資源何在，積極地建立起自己的特質，並藉由共同的討論，發展另類而具創意的構想，以謀求社區的永續經營（慕思勉，1996）。迄今多年參與社造的經歷，對於社區總體營造的體認，是社區民

眾必須由重新認識社區開始，繼而必須認同自己的社區、關心自己的社區。透過對社區的關心親身體驗社區，從而由反省思考如何規劃社區，並能有效地自主經營社區，累積經驗謀求永續發展的可能。

1-4 社區如何營造且營造些什麼

「社區總體營造」主要在於社區共同的理念下，將社區各項資源整合轉化為可具體操作的政策。藉由「人」、「文」、「地」、「產」、「景」等面向切入，逐年執行累積經驗，並藉由「由下而上」、「民眾參與」、「社區自主」、「永續發展」的運作原則與方式，使地方和社區重新恢復活力與生機，並將之轉化為民主社會的公民意識與社區意識的凝聚作用。

◆ 1-4-1 如何運用資源──人／人力

人是社區工作的目標、亦是社區工作能量的來源，因此須積極鼓勵居民參與。首先針對社區內已退休知識分子（具行政能力者尤佳），其次為有能力從事公益之婦女、青壯年人，再其次為社區老人以及其他有志於參與公益的人。而社區能人異士的發掘不分男女老少，凡過去因某項才能且其事蹟至今仍流傳，或當下社區具有特殊才藝且有意願參與社區公共事務者。

如何運用資源／人	退休知識人員
	社區婦女
	身心健康之老人
	有志於公益事務人員
	具才藝能人，不分男女老少

◆ 1-4-2 如何運用資源──文化／創意

社區的文化特色是增加人們對社區認同的重要資源，亦常是凝聚社區意識和

社區力量的最佳切入點。而創造力及想像力是文明進展的重要推手，成功的創造力多取材於社區文化元素，通常須具有豐富的想像力。透過各式社區活動以及開放式課程，讓社區參與者於「學中做」、「做中學」的過程中，融入社區文化元素，發揮其想像力及創造力，發展無中生有、舉一反三的能力。

文化／創意　如何運用資源	社區文化元素
	豐富想像力
	創造能力
	不斷地討論

◆ 1-4-3 如何運用資源——環境／景觀

各社區均擁有極其不同的自然景觀及環境，在合法、合理的原則下獲得允諾，透過社區參與過程發揮創意，使其利用價值提升。如何能兼顧生態、綠能、節能減炭等，從無到有，分階段、分期程以及多元規劃來改善社區生活條件。

◆ 1-4-4 如何運用資源——產業／生活

生活、生產、生存是傳統社區最基本的需求，隨著社會快速發展，年輕人外移及社區老年化，社區應從傳統中尋求新的創機。

社區產業振興事涉繁雜，非言及即成亦非單一體系即能達成。前提是社區中需要具有概念及思辨的人，但光擁有熱情還不足，他還須積極推動蘊釀社區的認同，帶領風潮、集結有志之士，積極發想共商對策，並扮演社區推手，持之以恆、忍辱負重、終抵於成。

基本概念做法：1. 激活在地居民面對產業振興的共同意識、2. 整合協調公部門、專家及專業人士、地方企業、居民等共同參與、3. 不分年齡，善用地方人力資源、4. 與 NPO 組織結合，協力推動「社會型企業」、5. 尋求地方特色產業，形塑產業文化與創意發想，提升其品質與附加價值。

地方產業振興須靠大家的共同合作。不須塑造英雄，要的是一心為振興地方產業而奮鬥的人，承擔決心以期能為社區帶來全新的變革，改善社區生活型態，營造社區的信心與支持。

第二節

名詞解釋

2-1 由下而上

為維護社區的權力與利益，並彌補公共機關相關業務之不及，社區居民透過公共事務之參與，自主策定或改進公共決策、社區需求與資源配置、社區規劃等，去督促同時也協助政府，以凝聚社區居民的認同與共識。

2-2 民眾參與

當政府決策機構在規劃、策定公共政策過程中，社區居民因認知差異，適時地透過居民意識表達參與提供該決策不同見解，透過各種手段與方法，適切表達其主張與需求，進而影響該政策過程或公共事務決策。

2-3 社區自主

居民因自覺而自行組織並結合專家、學者、政府等單位，依社區共識找出社區實際需求，自主來規劃、改變社區，並能恆常經營自己的社區，讓社區能朝永續發展。

2-4 永續發展

社區事務不是階段性的工作，而是要長期經營的。藉由經驗的累積與居民

的認同、理解並重視傳承，使成為社區工作中重要的機制。而這項經驗傳承的機制，在未來各種不同時空中，能不斷地朝向整合的模式持續運作，持之以恆社區就會有新氣象產生。

2-5 公民意識

在社區中以居民為主體，因而社區內的問題及需求等議題都因居民而產生。為了解決這些問題，社區居民基於對社區之關懷、認同以及歸屬感，社區居民便自動自發地產生聯合或組織行為，儼然形成社區組織型態。然而在這些過程中，居民透過對公共政策、公共事務的關心與參與，因而學會了承擔公民基本的社會責任。

2-6 社區意識

是社區居民基於對所屬社區產生情感與認同，並形成對於社區的關懷與關心，且有意願共同以行動來解決社區所面臨的問題。付諸行動後往往可達成居民彼此間的共識，以共同創建社區美好環境而努力的意念。

2-7 社會型企業

「社會型企業」是以公共利益為目標的營利事業，但其營利不全是為了出資股東，而是為了提升競爭力，達到永續經營與擴大服務。

許多人認為社會型企業就是非營利性組織，其實社會型企業還是普通企業中的一種，只是社會型企業是主動地擔負起其社會責任，對社會整體起向上的作用，這就是社會型企業的含義（MBA 智庫百科）。

目前社區營造的積極意義

社區營造的	積極意義	是一場由下而上的無聲覺醒
		促進公共參與，落實草根民主
		改變居民想法，增進人際關係
		改善居民生活品質
		引入進步新觀念，推動社會改革
		使社區營造成為社會改造的起點

3-1 是一場由下而上的「無聲覺醒」

在社區居民有共識的條件下，整合地方上的公共事務，透過合理、合法的民主方式運作，轉達相關主管機關尋求協助。此一經由「居民參與」自主經營方式，儼然已成為社區營造操作的主軸，這與過去社區依賴「由上而下」的作為是截然不同的。

3-2 引發動機，落實公共參與

關心社區事務，尋求議題引發動機，經過社區間不斷地共同討論，期間歷經爭議、折衝、妥協、接受到終成決議，此一經歷讓平日沉默的社區居民亦有機會適當地表達意見，其過程逐漸累積成效，促使草根民主的落實。

3-3 改變社區居民的想法、增進人際間的關係

社區營造是以「造人」為核心。社區參與深深影響社區居民，透過公民參與方式，讓大部分居民適時地能反映自己的想法，鄰里間居民的互動增加，也增進了人與人之間的關係。

3-4 改善居民生活品質

社區居民在積極參與社區事務時，共同找出社區議題，居民經自主決議，共同想方法、找贊助、挽袖出力來改善社區生活環境外，同時亦可尋求公部門協助改善。

3-5 引入進步的新觀念，推動社會變革

社區營造是一種走出家門迎向社區的概念，也就是從一個「封閉式」走向「開放式」的概念。實際的參與是透過拋卸私益面對公益，走出傳統束縛，共創一個屬於自己亦屬於社區的新理念。

3-6 使社區營造成為社區居民生活意識轉變的開始

「社區本一家」。社區居民在參與及享受社區營造成果的同時，理解利人即利己，使參與社造工作成為日常生活的一部分，從而影響更多社區公民，由點到線擴展至面，讓社區營造成為社會改造的起點。

第四節
社造對社區的意義

社區營造對 社區的意義	是一種社區的感動
	是一種社區的覺醒
	是從「人」的互動開始
	從覺得「知難行易」到「知易行難」的過程
	從「坐而談」到「起而行」的思維改變
	是一種自我肯定

4-1 是一種社區的感動

社區營造是透過公民參與方式，共同找出社區議題，共同想方法、出力、出錢來改善社區生活環境。社區居民在參與及享受社區營造的過程中，理解利己即是利人，此一經內化的榮譽感動，在人與人互動間是會交互影響的。

4-2 是一種社區的覺醒

社區參與深深影響社區居民。透過公民參與方式，期間歷經爭議、折衝、妥協、接受到終成決議，營造一個能充分討論的平臺，讓大部分居民適時地能反映自己的想法，在公共事務的運作或決策過程中，讓社區居民能明確理解自己所扮演的角色。

4-3 是從「人」的互動開始

居民完全出於自動，以從事公益服務精神，對地方有認同和歸屬感。由對人的認同轉化為對觀念的認同，社區透過共同議事討論，自動自發地投入社區公共事務的營造與管理。此一氛圍長期經營下來，使居民從自私自利到積極投入公共事務，人與人、人與鄰里間的互動是非常重要的。

4-4 從覺得社造「知難行易」到落實「知易行難」的過程

社區總體營造推動過程中，公部門、執行單位與各參與社區初期一再摸索思考適當操作模式，期間難免會有困難與瓶頸發生。隨著經驗累積卻也有許多值得學習與喝采的地方，有太多人忘記了成長的土地，多年後甚至不知要如何去親近自己的家鄉，唯有回頭重新認識自己成長的社區，從認同、體驗後產生關心，繼之才會有參與動機。社區營造是要與生活相結合的，只要有心去學習、去體驗、去創造，不管是由哪個面向出發或操作，並尋求專業人士及政府部門的協助及資源的引介，引起社區居民的重視並了解社區發展困難的原因，並試著靠團隊的力量，共同提出對策以突破瓶頸。同時亦教育居民學習參與公共事務，激發社區意

識、活化社區。那麼社區營造將不再是望而生畏的社會運動，影響所及甚至會全面參與動起來。

4-5 從「坐而談」到「起而行」的思維改變

社區營造的目的就是在培養社區居民的民主素養。學會與人溝通、理解對方、尊重他人，作為參與公共事務的基本態度，社造工作不是專為別人而做，或平白為公共事務犧牲奉獻，而是期待社區居民將不理解、誤會暫置一旁，以多參與的過程，在社區討論平臺上充分表達並理性接受，將「私利」置於「公利」之下，社區的未來才有機會。

4-6 是一種自我肯定

1. 滿足個人需求

是指人們行有餘力、有能力、有興趣且願意為此付出的欲望。

2. 不斷學習自我成長

社區營造是一種全新的概念，源自於我們的生活及周邊環境的連接。社區發展促使居民的能力提升，應運而生的社區成人學習（含社區培力），提供接軌社會現況之新觀念、新知識、新體驗，轉而可體現於現實生活之中。

3. 人際關係的擴展

社區居民在積極參與社區事務時，互動間之良性發展促使對自我信心建立，進而學會欣賞及接納別人。因此居民間能相互認同、接觸，廣結人脈，達到相互成就的機會。

4. 自助助人的態度成長

助人是一種布施、是一種給予、不計得失助人的志業。在社區互動中把握機會學習成長，與夥伴相互依持，有雅量地成就別人，不居功、不膨脹自己，並隨時檢視自己最初的想法。當一個重然諾的人，隨時聆聽大家的意見與想法，作為學習成長的契機。去除成見與僵化的想法，自我覺醒，在助人之餘重塑新生的自己，這才是人生最重要的價值所在。

5. 社會身分地位的獲得

　　社區居民經過參與公共事務時其對社區的付出，通過自身的努力獲得大部分人的肯定，因而能擁有自我榮譽感與相對的社會聲望。

自我肯定的意義	滿足個人需求
	不斷學習自我成長
	人際關係的擴展
	自助助人的態度成長
	社會身分地位的獲得

第五節

如何鼓勵社區參與

社區營造的參與方式	舉辦各式會議
	居民意見調查
	舉辦社區參訪聯誼
	成立正式（立案）組織團體與非正式（立案附屬或社區小型團體）組織團體
	邀請有經驗之社造社區執行人擔任社區顧問
	拜訪社區關鍵重要人物
	尋求外來專業團體的輔導與培力等方法
	建立與社區的互信和互動、以及持續性的社區參與等

5-1 參與方式

1. 舉辦各式會議。

2. 居民意見調查。

3. 舉辦社區參訪聯誼。

4. 成立正式（立案）組織團體與非正式（立案附屬或社區小型團體）組織團體。

5. 邀請有經驗之社造社區執行人擔任社區顧問。

6. 拜訪社區關鍵重要人物。

7. 尋求外來專業團體的輔導與培力等方法。

8. 建立與社區的互信和互動、以及持續性的社區參與等。

5-2 一個好的策略是必要的

　　所謂策略簡單地說就是解決問題的方法與過程。它產生的步驟是社區發現了問題，進而了解問題，集眾人之智尋找解決方法（一連串的解決方法就形成策略）。一個好的策略是：1. 找出社區議題，並決議解決辦法、2. 不因事小而等閒視之，而是將小事情大作文章，營造效應、3. 所有操作事項，都必須聚焦一個核心「爲何而做」並環環相扣、4. 營造氛圍鼓勵社區參與，藉機組織團隊，建立社區願景。

5-3 認真思考參與能力

1. 參予社區事務，你的角色清楚嗎？

2. 因爲你的熱心及關心，願意加入成爲團隊一員？

3. 你對公共事務的容錯空間有多少？

4. 如果覺得自己有些能力，願意爲社區盡分心？

5. 不同意見人士在爲社區做事時，你會排斥嗎？

6. 你是不是那位只會批評，卻不願參與的那個人？

7. 強勢指導社區的後果，你心裡有底嗎？承擔得起嗎？

第六節
社區為何能自主經營

6-1 發展階段的操作重點認知

發展中的社區，在歷經社區營造的過程中，「學習」已成為必要之手段。社區學習的目的即是促成從個人成長到進入集體式的社區發展，主要還是在發展個人的能力，使其能為社區服務。而積極推動社區集體學習的社區發展，是因社區生活的所有面向都是學習的元素。累積不同的學習及實務經驗，最終將學習帶入社區，會給予社造推動者及社區團隊、社區參與民眾運作有較佳的互動和共事的條件。學習是社區「發現」與社區「改變」的過程，進一步了解學習，會發現對社區能力的提升具有實質的意義。

6-2 誰能直接協助社區

有意從事社區營造工作者、社區文史工作者、退休人員、社區民眾、NPO（不以營利為目的組織或團體）、NGO（不以營利為目的非政府組織）、公部門相關單位、專家、學者。

6-3 社區自主經營操作重點與成長歷程

談到社區經營，在地居民對地方生活環境和地方發展的關切應有共識，付之行動的當然是以在地居民為主體。因此如何去觀察社區，不是因為長住社區就一定了解社區，勢必要從社區營造的角度去重新檢視社區，於「尋寶」過程中檢視社區既有及隱性議題、各面向優勢條件等，建立全新的訊息與資源系統，以利爾後的運作。

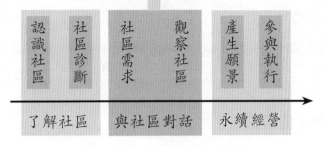

圖 2-6-1　社區自主營造歷程

　　其次社造參與不是一時興起，面對未來社區改造是一漫長及繁雜的工程。是故必須下定決心且認同這個社區，因認同而關心社區。社區議題待解，無法靠一個人或幾個人能肩擔負責完成，但是社區卻又須靠這些人積極地推動。因此針對議題、體驗及觀察問題並訴諸社區討論時，即能更切入主題，以謀求最佳與公認的策略，集結部分策略來訂定計畫共同推動，方為上策。

　　累積執行操作歷程並轉換為經驗，化繁為簡。自己的問題自己解決，無法解決的事物，分年、分階段來尋求協助。此一共識在社造歷程中，只要獲得居民的認同，社區即能自主經營並持之以恆，社區永續發展是指日可待的。

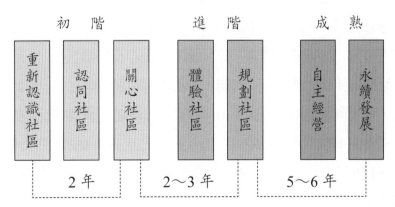

圖 2-6-2　社區自主經營操作重點與成長歷程

　　因此當我們在社區要去為它經營一番作為時，除了要有心之外，還須先理解操作歷程，如此可達事半功倍之效。首先思考當下對社區了解多少，如何重新認

識社區，並嘗試診斷社區目前所面臨的問題何在。亦須不斷地與社區對話，了解社區居民的社區認知、態度與需求，從觀察中省思社區議題，從人文、景觀、環境、產業、社區關懷等面向切入，尋求請教專家學者等解決的可能，再從一切可能之中謀求解決之道，共同理出社區未來的願景。邀請社區民眾共同參與，社造的舞台應由社區居民共同搭建、共同演繹，這才是社區營造的真諦。

6-4 社區陪伴員的養成機制

社區營造工作是一個漫長而考驗耐心的工作。除個人須有這方面興趣外，更要不時吸收新的知識、觀察、揣摩、學習及親身體驗，累積經驗不急在一時。有機會從基層（社區）事務操作開始，參與各地社造研習課程，主動設計規劃辦理社區活動。如有可能盡量將本職所學套於社區事務，如此將事半功倍。另外積極參與公部門與相關單位所辦理的社造相關課程，更要多涉獵與社造有關之影片、書籍、座談會、網路找資料等。多走訪、觀摩參與社造之社區及專業團隊就教請益。從「學中做」到「做中學」的歷程中，理解社區營造「從何做起」並知道後「從何著手」。

一個未來欲從事社區營造工作者「社區陪伴員」的養成，在過程中必須面對不同的面向、不同的變數。因此在參與社造工作時，須先定位自己，找到足以影響社區的適當位置。接著從學中做到做中學的過程中，分年、分階段，依初階、進階、高階學習，逐年成長熟成，做一個能被社區信任的社造工作者。

至於社區陪伴員的養成，「初階」參與學習約需兩年左右。期間須實際參與社區事務，並了解如何擾動社區、如何觀察社區議題。學習與不同的單位或個人進行協商與溝通事務，並從社區中找到合宜的人組成團隊成立工作室，進行社造工作坊運作藉此培力社區民眾。此外要能撰寫簡單的社區營造計畫書，以及其他相關事項等。

「進階」參與學習約需三年以上時間（包括初階階段）。此階段除參與社區事務外，因涉入社造事務已較深入，因此要面對的人、事、物層級亦有別過去，是以處理社區事務需與不同層級單位或個人協商，溝通技巧更需精進。其次須能

辦理初階培育社區夥伴，同時能獨立運作工作坊，適時地邀請專家、專業人士來指導社區。空間環境議題處理及簡單工程設計規劃。行有餘力還應在輔導團隊或專家的指導下，主動參與陪伴其他社區至少三個以上，理解不同社區的社造議題處理及運作模式，其他尚有重新認識有關社造基本概念，並能口述指導。

「成熟期」除一般社造概念、操作模式運作外，應對於社造基本培力課程之任教能力養成（不少於 3 種課程）下一番功夫。另在輔導團隊或專家的指導下，應有輔導五個以上社區的能力，此階段培力在初、進階段外，仍需兩到三年以上的歷練。

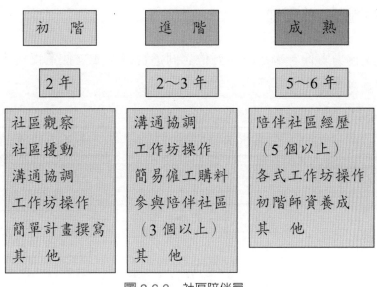

圖 2-6-3　社區陪伴員

第七節
跨出社造的第一步

7-1 尋求工作夥伴

社區的改變需要從一個有心人開始。然而沒有人天生擁有包羅萬象的能力，

他必須藉由運作學習中獲得知識、累積經驗。但是社區工作千頭萬緒，亦非一人之力可以成就，因此在工作推展間他需要工作夥伴，需要擁有各自的能量與專長的人，並願配合社造工作的推動，而這些人日後即為未來社造工作的核心支柱，也是社造工作基本團隊。

另外社造工作是一件實務工作、變數多，除靠團隊用心處理外，能力所及有限。因此須放下身段，就教於社區耆老、社造輔導團隊、公部門、或在地文史工作室、具社造經驗之前輩或社團等。因此有了夥伴協作，是有利於社區的永續發展。

7-2 成立規劃團隊的認知

1. 尋求協力夥伴：尋求三至五位志同道合好友成立社區正式及非正式社團組織及成員。

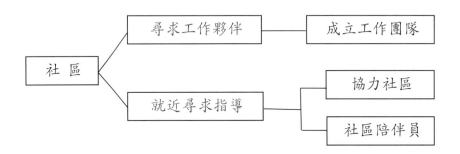

2. 探討社區環境改造議題：透過觀察社區、尋求社區議題，邀請專家學者來舉辦說明會、座談會，以理解社區議題對社區的影響，共商對策。
3. 協助勾畫社區願景：多面向探討如：社區優劣勢分析、策略擬定、舉辦說明會、活動策辦（宣傳）。
4. 規劃社造歷程：活動策辦、社區需求排序、完成規劃書（參與年度公部門社造計畫）、召開工作會議。

7-3 成立工作團隊的作法

1. 理解團隊任務：積極參與學習課程、聯繫、研商、討論、策劃、執行。
2. 尋找獨立工作場所：協調、作業位置。
3. 不斷自我訓練：釐清角色扮演、參與或策辦培力課程（學中做）。
4. 勤跑社區：多看、多聽、多觀察。
5. 要比任何人先認識社區：見微知著、言之有物。
6. 人力動員：義（志）工招募、社區居民、協力社團。
7. 分工執行：做中學。
8. 矛盾與協商（捨得、包容與原則堅持）：凡事容忍不翻臉，避免爭執，顧全大局。基本原則（理念）須堅持，以達事半功倍之效。

成立工作團隊的認知	工作團隊組成
	尋找獨立工作場所
	不斷自我訓練
	勤跑社區
	要比任何人先認識社區
	人力動員
	分工執行
	矛盾與協商
	捨得、包容與原則堅持

7-4 社區志工

志願服務是指一個人內在自我的呈現，必須是積極、正面、具有社會功能的。它出於自由意志、熱忱與愛心、貢獻社會、服務人群，建構公益服務的社群形象，進而追求自我實現的人生價值與目標。

7-5 團隊幹部須知

1. 能溝通：社區幹部要充分與居民溝通。

2. 須包容：推動過程中被誤會、被嫌棄要視為常態，勿須過度反應。

3. 勤聯繫：與社區內其他社團保持密切互動。

4. 訓助手：訓練社區內文書人材。

5. 找夥伴：尋求夥伴重點在於有心、積極、共患難。

團隊幹部須知	要充分與居民溝通
	過程中被誤會要視為常態，無須過度反應
	與社區內其他社團保持互動
	訓練社區內文書人材
	尋求夥伴重點在於有心、積極、共患難

7-6 社區討論時注意事項

1. 最好固定時間、固定地點，並要拍照、做紀錄。

2. 鼓勵發言、集思廣益，腦力激盪時不要設限。

3. 對於居民的發言間或言不及意，但不要評論，反而須予以鼓勵。

4. 充分發言後，參與者共同取捨意見以避免誤會。

5. 分區走訪社區，與不同區位居民對話。

6. 成果（照片）展示，使社區民眾產生共鳴。

7-7 分工機制

1. 主要幹部：策劃與執行。

2. 次級幹部：動員與執行。

3. 協力夥伴或陪伴員：指導與經驗交流。

4. 義（志）工：配合與執行。

5. 社區民眾：參與與執行。

```
分工機制／對象 ─┬─ 主要幹部
                ├─ 次級幹部
                ├─ 協力夥伴或陪伴員
                ├─ 義（志）工
                └─ 社區民眾
```

7-8 承接任務是一種榮耀

1. 協商認養：經協商議決執行。

2. 任務交付：直接交付。

3. 主動要求：自主性發掘問題，主動解決。

4. 協力配合：不承擔成敗責任。

5. 選項配合：選擇適合自己任務配合執行。

```
承接任務 ─┬─ 協商認養
          ├─ 任務交付
          ├─ 主動要求
          ├─ 協力配合
          └─ 選項配合
```

第八節
社造的第一步 ── 觀察與診斷

8-1 社區觀察診斷

1. 認識社區程度。

2. 社區組織間之互動關係。

3. 有無社造經驗。

4. 曾經推動社區活動。

5. 曾接受過社造人訓課程。

6. 社區民眾參與意願。

7. 是否了解社區議題。

8. 社區動員能力。

社區觀察診斷	認識社區程度
	社區組織間之互動關係
	有無社造經驗
	曾經推動社區活動
	曾接受過社造人訓課程
	社區民眾參與意願
	是否了解社區議題
	社區動員能力

8-2 從重新認識社區開始

在走勘社區的同時，極須仔細地觀察並協助診斷社區存在的潛在問題。尋找歷史的軌跡是最簡單的方法，與社區居民閒聊中了解社區問題，再從傳統中找出契機，透過對社區的認識提供社區議題，並將之拋回社區引起共鳴。只有比社區民眾更認識社區時，才有機會在最短時間獲得社區民眾的信任。

8-3 正式與社區對話

利用任何時間與機會接觸社區各級幹部、意見領袖、地方耆老、社團等，從一般茶敘交談找到社區議題，適時地舉辦座談會、討論會、說明會等，整合社區議題並理解社區需求。

8-4 從社區資源盤點著手

社區資源調查是帶領社區民眾重新認識社區的最適當方式，從人、文、產、地、景各面向入手，過程中找出社區未來可資運用之元素。

8-5 建立資料庫——有條件的公開分享

建立社區資源資料庫，匯整蒐集的社區資源並分類建檔。除運用在未來社區規畫外還可適時公開分享。資源資料庫建置完成，須有管理及運用機制，因為社區資源是社區共有的，不屬於任何個人，社區居民需要時須有一定程序，目的在維護社區資源的特色擁有。

第九節
認識社區的必要

9-1 當前你知道的社區

　　成長的社區——知其當然之想當然耳的社區，一個自小成長的社區，迄今一景一物你都能瞭如指掌，但仍有許多再平常不過、視而不見的事物，以及社區內既存的問題，就算是眼前的且屬於公共的問題，在不影響目前生活的條件下，大部分都抱以事不關己而忽視之。其中的因素固然很多，但它的存在以及對社區的影響，有些事情還是需要解決，大家卻抱著期待與等待著相關人士或單位會解決，這就是你所知道的社區。

9-2 你不知道的社區

　　1. 不知其所以然的社區

　　社區早期農業社會時代，一些日常生活使用的器物、地方上的遺址、遺跡等，這些可以感受到早期農業社會時代的優良傳統文化精神與內涵，迄今已日漸被忽視與遺忘。反觀現在的社會生活，在現代科技、自動化的文化中，人們對其生活周遭環境、器物的美感，似乎已缺乏關懷的情愫。人與人之間的關係也漸行冷漠、離遠。如何讓人們緬懷舊時的人文素養，進而珍惜保存並傳承社區的歷史文化精神與內涵，是以重新認識社區之有其必要性。

　　2. 原來如此的意外

　　社區被遺忘或被閒置的無形資源及有形資產，透過社區營造操作，找出對社區具有特殊情感或意義之資源，並重新詮釋、形塑，使之成為未來社區發展重要元素，進而發展成為社區具有特色的可能性。

　　3. 意想不到的資源

　　自覺毫無特色的社區，有天因社區一個毫不起眼的資源，居然能為社區帶來

另一片天，翻轉了對社區的認知。

　　如：台中市大里區某社區，在輔導老師陪同下，理事長帶著社區民眾走逛社區。在經過社區一現代公寓式大樓群時，忽略一個豬寮的介紹，輔導老師請理事長回來，社區居民七嘴八舌說認識豬寮所有人，理事長也補充此大樓群也是豬寮家族所有，且大家都認識。至於大樓群中間為何會留下一個豬寮，卻沒有人理解。於是輔導老師請理事長找該主人聊聊，主人不在由媳婦解釋道：「營造大樓時留下該豬寮是公公的堅持，主要是告訴兒子，大家享有今天全是因為老父親靠養豬起家，以此惕勵家族莫獨享安樂，當思過去生活之不易，堅持奮鬥方有今日。」此一經歷讓社區民眾感慨萬千，一致認為社區應以此為核心來推動社區營造。

第十節
如何看待社區資源

10-1 社區資源與社區關係

1. 自然資源：在共生、共存的條件下，以非破壞性方式向大自然取材。
2. 產業資源：除傳統產業外，留意生活周邊非經濟性產業的素材運用。
3. 文化資源：挖掘傳統與歷史寶藏的同時，積極創新、振興在地文化。
4. 景觀資源：大自然的賜予、獨特的社區風貌。
5. 人文資源：運用得當是社區營造最佳利器。
6. 環境資源：珍惜使用及再利用。
7. 處處是資源：從關心社區開始。

社區資源	自然資源
	產業資源
	文化資源
	人文資源
	景觀資源
	環境資源
	處處是資源

10-2 社造對社區資源運用的意義

　　社區資源是指在社區內，能滿足居民生活需求的所有有形物質資源和無形抽象資源。可以滿足人類生活所需之人、事、物、具體或抽象知識、信仰態度及社會制度等均可視之。

　　社區資源運用是社造工作者為了達成社造使命，除內部資源外，另透過各種管道途徑爭取外部資源，以充實社造工作團隊針對社區各種環境設施、培力與運作需求，豐富社造運作內涵，以滿足社區之各種需求。

　　一個社區其生活特性所營造出的氛圍，即是其社區之文化本質。當社區面對困境時居民企圖改善，可透過社區營造方式來盤整既有社區資源，檢視是否有被充分利用？其與社區關連的密切性如何？對社區居民生活的影響如何？是否能找出其對社區的文化營造特色？過程中社區居民參與性？

　　首先以保留社區既有文化為首要，過程中理解社區需求為何？判斷需求與在地資源能否結合，找出可能性並與社區對話。在既有社區資源中，理出可資運用之元素且尋求共識，重新詮釋一全新的社區特色，並透過創意開發來營造可持續且具代表性之社區特質。此一特質即可成為社區之全新文化面向，謀求社區一全新的發展，此即社造對社區資源運用的意義。

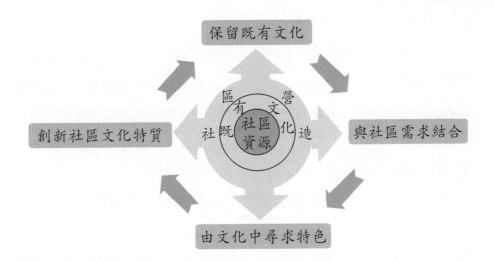

打造社區願景

　　「願景」一詞我們可以設想為「心所嚮往的圖景」，是一種遠程式和宏觀式的願望，它涵蓋了針對未來的目標、使命及核心價值，是最終希望實現的圖景。目的在於「引起共鳴」、「激勵人心」。它使社區意象聚焦，令人能掌握方向並激發社區的潛力，是讓社區能全力以赴，向前邁進的動能。社區願景必須是共同的，須透過一定的程序「協商」，或是由社區具公信力之領導者或團體，提出具體勾畫出激勵人心的願景宏圖，且能反映出社區內部大部分人的希望和夢想。是社區居民永遠為之奮鬥且希望能達到的圖景。

11-1 如何形成社區願景

1. 居民必須重新認識社區

　　只有對社區真正的認識與理解，才能多元多視角的反觀社區。透過社區資源調查、社區優劣勢分析、社區地圖繪製、社區報導等凝聚更多想法與共識，能為願景的形成奠定深厚的基礎。

2. 在社區議題中找出社區需求

　　當居民有了共識也理解社區存在的許多議題後，在不斷地討論中先釐清其對社區願景的影響，再將這些議題予以排序，找出欲解決的先後順序並想好操作策略。議題的解決須釐清公共事務及其重要性，且以即時為優先。社造之所以具有意義，就在於能夠透過各式的操作策略，將個人需求轉為公共事務的操作。

3. 居民參與及系統性討論

　　所謂系統性討論是指針對社區議題，不是只求表面式解決問題，必須系統性分析議題形成之初及之後的因果關係。透過社區居民的參與比較及深入地討論後，讓居民真正開始關心自己的社區，進而建立社區意識，此將有助於更清楚地發現問題的本質所在。

4. 共識後的整體發想

　　當社區形成共識後，共識本身即是最初的願景。在社區議題表列中，居民即可找出社區需求及未來發展方向，再擬定執行策略。共識後的整體發想讓社區願景能逐漸清晰，這樣的願景就是有過程且具有社區基礎的願景。

5. 社區願景的實踐，體現社區居民的動能

　　當了解社區願景是社區未來的發展方向，為達此一目的，社區須自訂無數的小目標，並逐年、逐項實踐。在執行的過程中仍須不斷地滾動式討論，凝聚新的共識，讓社區願景在此一過程中逐年成型且代代相傳。營造一個良性的循環互動，讓社區能夠逐夢踏實。

如何形成社區願景	居民必須重新認識社區
	在社區議題中找出社區需求
	居民參與及系統性討論
	共識後的整體發想
	願景的實踐，體現居民的動能

11-2 從社區優劣勢分析尋求解決方向

社區優劣勢分析是指優勢（Strengths）、劣勢（Weaknesses）、機會（Opportunities）和威脅（Threats），簡稱「SWOT 分析」。它原是一種企業競爭態勢分析的方法，亦是企業管理理論中相當有名的策略性規劃，主要是針對企業內部優勢與劣勢，以及外部環境的機會與威脅來進行分析。而除了可用做企業策略擬定的重要參考外，亦可用在社區事務處理，作為分析社區競爭力與願景規劃的基礎架構。其操作雖看似簡單，但卻可以用來處理非常複雜的事務。可說是一種相當有效率，且幫助做決策者快速釐清狀況的輔助工具。

對社區而言，SWOT 分析將可用來了解並研判社區的競爭優勢，有助於社區未來發展的規劃。因此社區的整體目標明確並獲得共識後，方可操作。唯進行 SWOT 分析時，應儘量將各項相關資料與條件詳細列入，如：之前的社區資源調查結果、社區議題分類、簡單的社區發展期待等，以利進一步的分析與探討。

舉例來說，優勢部分可列出社區之核心競爭優勢，如：社區擁有哪些較佳的既有條件？劣勢部分則思考社區有哪些無奈的因素，如：有哪些力有未逮之處？另外就外部環境來說，機會部分可仔細思量，在社會大環境中將有哪些對社區有利的條件有助於社區發展，如：隨著潮流的演變，將有哪些新機會？威脅部分則可觀察周邊社區或政府政策面有哪些改變，其可能威脅到社區之發展，如：哪些政策面環境改變將對社區造成負面的影響？

由此可知，進行 SWOT 分析除了可以增進社區或居民了解本身的優勢與有利機會，同時亦可進一步迫使社區或居民注意到本身的弱點與所面對的威脅。如此一來，將可在「知己知彼」並掌握大環境趨勢變化下，督促社區或居民在既有的基礎上，正視本身的短處與面臨的潛在危機，並加以改進與補強，以強化社區或居民之競爭優勢。

最後將各項條列之結果交叉分析並反覆討論，謀劃出對應之策略，而這些策略的執行與否，將會決定社區能力及未來發展的可能性。

策略是經過有效的「協調」所產生具可行性的方法、步驟及行動方案，是社

區思維的核心。掌握核心後，便容易激發創意及行動能力。

第十二節
社造人才培力教學

　　針對社區組織成員或有意從事社造工作的個人，以「什麼是社區營造」為核心，利用授課、工作坊等創意及實務教學方式，以生活、生態、生產的主軸連結「造人」、「造景」、「造產」的面向，引導社區營造理念，培育社區營造人才。依學習程度可分初階、進階、高階三階段操作，其目的是為了培養社區組織的基本社造操作能力，並提升社區民眾能主動關心社區公共事務的參與意願，提昇社區永續經營能力，進而協助社區組織推動社區營造工作。

12-1 人培課程目的

1. 讓社區居民了解參與社區營造之重要性。
2. 促成社區自主發展意識之提升。
3. 透過循序漸進的引導過程，讓社區居民逐步了解自己居住社區之環境資源與地理特色，並更進一步共同探討社區發展議題與願景。
4. 新知識、新訊息的接軌。
5. 傳授專業及非專業社造知識與技能。
6. 透過實作課程、理解社造過程。
7. 結交夥伴與新朋友。

課程目的	了解參與社造之重要性
	自主發展意識之提升
	引導居民逐步探討社區發展議題與願景
	新知識、新訊息的接軌
	傳授專業及非專業社造知識與技能
	透過實作課程理解社造過程
	結交夥伴與新朋友

12-2 行政事務處理

　　社區營造有朝一日勢必需要公部門的經費支持。然而當社區獲得該款項之後，立即會面對該款項的審核與監督的機制，這個機制是我們需要的，但是一體適用不能有例外的作業程序，突顯其制度雖好卻也過於僵化。因為公部門適用的操作方式，當遇到偏鄉農村或有創意思維及特色發想的社區，其繁瑣的行政流程、標準化的作業模式讓社區為之怯步。此一操作模式最後勢必模糊了社造精神，導致公部門的經費補助是在幫社區？還是社區為消化該補助，讓補助款核銷作業能順利結案而「成果掛帥」的結果？社區原先設定的社造構想反而成了「次要」的事情。

　　因此社區在面對社區公共事務之當下，必須面對的就是一堆繁瑣的行政作業，各式表單的填寫或自創表單、會議紀錄、各式公告、活動計畫撰寫、帳務管理、物件管理等，社區如能找到退休之公務人員、退休老師、校長、退伍軍人等還較方便，否則就需要重新栽培有意願之社區人士。

第三章

社區擾動

第一節　社區擾動從文化入手

第二節　開辦社區教學課程

第三節　舉辦社區活動

第四節　推動環境教育

第五節　地方產業

第六節　社區美學

第七節　其他

第八節　結語

　　社區營造工作是一個慢工出細活的工作。營造永續經營的條件，前端工作做紮實了，爾後工作推展就有了方向及目標。但是歷經多年社造體驗後，發現社區間一再重演著相同的問題，一則是「不知從何做起」？再則是縱使知道後，卻「不知從何著手」？社造工作是在「造人」，因此如何擾動社區居民參與，僅就過去經驗從「學中做」到「做中學」的過程中，例舉一些曾經操作過之方法，拋磚引玉提供參考。

第一節
社區擾動從文化入手

　　社造並非只有硬體發展，從文化切入之軟性活動比較容易讓社區接受且獲得社區認同，是社造意識建立之基礎。

1. 走訪社區各宮廟前、大樹下、雜貨鋪、村里長辦公室、社區組織、各義（志）工隊等，主動加入話家常並適時地導入社區公共事務。了解居民生活困擾何在、問題起因，以及居民目前如何面對問題，藉此宣揚社造理念、找尋同好等。

2. 籌組工作團隊：經常邀集同好茶敘，就社區營造概念凝聚共識並見機籌組工作團隊，初期至少三至五人，視工作推展增加人手。

3. 籌辦文化性活動，如：「大家來寫村史」、「社區宮廟巡禮」、「攝、錄故鄉之美」、「耆老訪談」等，讓村民逐步從新角度審視自己成長的社區。

社區擾動從文化入手	發行社區刊物
	設置社區社造資訊看板
	大家來寫村史
	社區資源調查
	學校社區化、社區學校化
	找出社區的數好數壞
	建立社區耆老生活履歷
	徵集招募社區義工
	蒐集社區的老照片
	拍攝社區影片編輯微電影
	社區交流參訪
	開辦社區教學課程

1-1 發行社區刊物

社區刊物是傳遞社區事務的媒介物，是與社區人分享與溝通的一個平臺。社區的大小事、活動、宣導、教育、紀錄，以及守望相告、理想、構思、社區傳奇、故事、監督等都可以在這裡看到，對社區的批評與期待亦可在此分享，透過社區刊物能更加認識社區的發展。

1-2 設置社區社造資訊看板

社區設置二至三個有別於一般公告欄式之社造資訊傳播站。凡有關社造之訊息，透過這個社區看板的資訊交流，更能貼近社區人的生活，並潛移默化地改變社區居民對社造的認知。

1-3 大家來寫村史

為了讓社區居民了解在這個成長的社區、這片土地上曾經發生過的故事和傳奇，重新喚起社區人對這片土地的情感，以及更加珍惜自己生活的地方。鄉土的調查和歷史的探索對社區來說都是重要的事，間接亦為社造奠定基礎。

1-4 社區資源調查

社區有什麼資源只有親自體驗過方才知曉。身為社造工作推動者，如不能比社區人還要清楚地理解社區，將如何與社區人對話？因此在與社區人討論社區資源前，需多次走逛社區，從人、文、地、產、景各面向觀察、訪談、觸摸、攝錄影、體驗、記錄。待時機成熟透過社區教學、社區活動來邀集更多居民參與，利用教學、分享、討論、專家導引等方式，讓居民了解社區有什麼可利用的資源。如果我們期望社區能更好，將社區可供利用的資源都讓它發揮最大的效果，社區營造就變成輕而易舉的事了。

1-5 學校社區化、社區學校化

社區附近或社區內的各級學校皆與社區生活關係密切。學校適時地開放空間供社區人運用，學校的課外活動亦開放給社區居民參與。而社區開辦社區教學，可邀請學校校長、老師擔任師資。社區公共事務討論時亦可邀請學校派員參加，不但促進學校與社區之間的感情融洽，也達成社區資源共享的目的。

1-6 找出社區的數好數壞

邀集工作夥伴或社區學員，以分組、分區域用照相機拍攝社區裡自認較佳之人文、地景、地物數十張，以及社區中最不想讓人看到的地景、地物數十張。經相互比較後，各人各挑出十張好景好物及較差之景物。將照片印出後公開展出，讓社區民眾理解一些社區現況，並引出社區間新的話題。

1-7 建立社區耆老生活履歷

在與社區對話訪談中，尤其是耆老訪談，除探究老人記憶中過去村內的人、事、物外，我們也可以在獲得其應允下，進行老人一生喜、怒、哀、樂及奮鬥持家的經歷。他們的才藝經驗都是我們學習的地方，因此我們應把社區老人當作寶貝來珍惜，讓他們至今仍能感受到被重視。

1-8 徵集招募社區義工

社區營造工作需要一批志願服務者的支持與協助，這些人都是出於自由意志提供熱忱與愛心，貢獻社會、服務人群。是故這些社造工作推動者都從自身做起，影響並帶動社區居民積極參與。

1-9 蒐集社區的老照片

於社區訪談過程中蒐集老照片。它是社區人共同的記憶，但多半被閒置在家裡的老相簿中。除個人隱私照片外，只要具公共議題，如：國小過去的模樣、土地公廟後面曾經有株大樹、社區右側過去是片池塘等照片，積極徵求同意並簽妥使用同意書，適時地舉辦老照片展由照片說故事，待有能力時予以出書。

1-10 拍攝社區影片編輯微電影

將社區事務、活動、景觀、生態、產業、人文和各式會議的過程拍攝下來，匯整為社區資源資料庫之部分。除記錄過程外，尚可邀請社區年輕人或委外製作社區影片，於網路平臺廣為行銷社區。

1-11 社區交流參訪

他山之石，可以攻錯。適時地舉辦社區參訪活動，帶著社區幹部、工作夥伴、社區義工參訪已具名聲且有經驗的社區，請教並參考其社區營造的方法。無論是其組織運作、環境景觀、活動舉辦、居民情感等，都可以藉此來豐富社區的

視野，交換彼此的心得，同時亦可體會到對方的熱忱和活力，讓夥伴親身體驗，促使重新檢討未來面對社區營造的態度。

第二節
開辦社區教學課程

開辦社區教學課	培養社區導覽員
	社區共同記憶，遊戲、童玩複製與教學
	繪製一張社區生活資源地圖
	開辦社區教學課程
	開辦地方技藝傳習工作坊
	籌辦社區讀書會
	開辦社區故事屋
	社區美食工作坊

2-1 培養社區導覽員

積極整理社區資源調查資料、規劃社區導覽路線（遊程規劃）、製作社區導覽手冊，以及安排培力課程，分室內及室外教學。號召社區義工與社區媽媽，以親子共學方式培養一批社區解說員班底。假以時日靠經驗的累積，使這批解說員成為未來導覽員的師資儲備。

2-2 社區共同記憶，遊戲、童玩複製與教學

在過去沒有電視機、電動玩具的年代，社區老人們當時玩的遊戲及童玩充滿

了自然和創意，如：老鷹捉小雞、火車過山洞、跳格子、竹蜻蜓、草編蚱蜢、滾鐵圈、紙牌、彈珠等。為了喚回老人家的共同記憶，邀請尚會製作的老人家透過社區教學、社區活動 DIY，指導社區人不分大小自己動手學習製作，體驗及認識過去老人小時候的玩具是如何與現在的不同。

2-3 繪製一張社區生活資源地圖

帶領社區人走逛社區後，藉機讓參與居民各自繪製一張社區生活機能與資源地圖，如：超商、菜市場、醫院、學校、廟宇、雜貨鋪等；古宅、斷橋、老樹、產業、遺址、遺跡等；山、水、奇景、公園與各式生態等；社區能人、藝術家、特殊產業等。不寫不知道，寫了才知道多年成長的社區是擁有如此豐沛的資源，這些社區平日難得關注的資訊，在一張紙上把它們記錄下來，這就是社區體驗時最好的法寶了。

2-4 開辦社區教學課程

自辦或協助社區團體開辦社區教學課程。為因應社區居民對社區教學的認同，須設計不同學習面向的教學課程。秉承「學中做、做中學」方式，更結合學校、在地社區及既有之社會資源，以新觀念、新教學方式，使學員於學習過程中藉著體驗、思考、分享、回饋來改變自我認知，建立自信並誘發良好生活態度，培養正向積極的社區參與，邁向成功的人生巔峰。

2-5 開辦地方技藝傳習工作坊

社區中如有傳統工藝，如：材料編織、陶藝、拼貼、烘焙美食、剪紙、雕刻等，盡可能地說服匠師們抽空傳習製作手藝，教導社區居民或孩童來傳承這些地方工藝，讓這些代表地方的東西可以流傳下來。打造地方上的特色，讓地方的臉孔被外界認知。

2-6 籌辦社區讀書會

邀請社區退休之公教人員、有志學習需求相近的個人來組織讀書會。活到老、學到老並透過討論與分享的同儕學習運作，相互分享經驗、觀點、想法與思考模式，打開社區居民吸收新知的管道。讓居民彼此相互學習並在自信與喜悅中成長。

2-7 開辦社區故事屋

社區周邊之國小都有愛心媽媽的組織，與學校合作或於非值勤時段將這些愛心媽媽集合起來，邀請專業師資培訓這些媽媽，並尋求一特定空間稍加布置，於特定時段定點為小朋友說故事。

2-8 社區美食工作坊

選擇適當地點成立社區美食工作坊。可依設備條件開設烘焙班與美食班，邀請社區較有能力之社區媽媽或退休專業級師傅蒞臨指導教學，將社區既有的私房菜結合在地產業元素，開發創新屬於社區獨有的在地美食。

第三節
舉辦社區活動

舉辦社區活動	認識社區體驗活動
	不定期舉辦跳蚤市場
	成立社區劇場
	規劃各面向社區活動

3-1 認識社區體驗活動

社區生態、環境教育、認識水圳、輕登山、社區廟宇、土地公廟巡禮；拜訪社區的老人、幼稚園、學校、警察局、工廠、企業、其他社會機構等，了解這些社區中的機構在社區中的作用，也尋找出和這些地方交流的方法。

3-2 不定期舉辦跳蚤市場

工作團隊須慎重規劃籌辦社區跳蚤市場。鼓勵社區民眾將家裡不用的物品，舉凡仍可再利用的衣服、檯燈、家具、玩具等拿到跳蚤市場，以較便宜價格來銷售讓東西繼續發揮它的功能。此舉除能讓部分資源不浪費且回收再利用，更促使社區居民、親子一同參與，互動中建立新社區關係，人際關係也更形親密。

3-3 成立社區劇場

在社區分享社區資源調查成果，將社區資源系統性分類，從耆老訪談精彩片段衍生出許多的社區故事，發展為社區故事繪本研習課程，最後由社區人自己演出故事情節。社區劇場因有了最好的劇本及演員，此時可誘導社區居民各自發揮專長，有人演戲、編劇、做道具、打燈光，讓社區戲劇自己來編演。在特定時間裡安排正式演出，將練習的成果呈現在其他居民的面前，不僅有特別的娛樂效果，更直接傳達了社區營造之概念。

3-4 規劃各面向社區活動

於適當時機匯整特定社區元素，舉辦各面向社區活動，如：行銷社區產業、在地特色文化節，亦可配合重要節慶、環境清潔日、親子活動以及宗教祭祀活動等，除活化社區外，活動的創新也讓社區活動產生更大的意義。

第四節
推動環境教育

	推行資源回收課程
環保類	推行環境教育
	推行環保教育及工作坊
	定期社區清潔月、清潔週、清潔日
	社區綠美化
	社區生態學習
	設置角落花園或口袋公園
	清溪、淨灘、淨山

4-1 推行資源回收課程

除環保志工外更應邀請社區民眾參與，教導民眾如何做垃圾分類、廚餘回收。將家裡的過期報紙、不用的鐵器鐵罐、各式塑膠類瓶瓶罐罐、玻璃瓶、舊衣服等，回收分類後使之變成可再利用的資源。不但爲社區留下了清潔空間，也相對提高了社區環境意識。透過環境維護與資源回收，讓居民成爲環保尖兵，爲社區永續奠定基礎。

4-2 推行環境教育

爲擴大社區環境意識，可進一步推動環境教育。培育社區及其周邊社區民眾了解與環境之倫理關係，增進民眾保護環境之知識、技能、態度及價值觀，促使社區民眾重視環境並積極採取行動，以達永續發展之效益。

4-3 推行環保教育及工作坊

　　環保教育可從通識教育著手。認識什麼是社區環保，繼而開設稍具深入之能源認識與運用、環境教育概念等，從概念教學到實務教學。工作坊是社區從事環保教育最有趣的場所，資源回收再利用，透過創意教學、DIY 體驗來營造社區特色。

4-4 定期社區清潔月、清潔週、清潔日

　　一般社區大環境維護多由環保志工隊整理，因此環保教育更須進入社區居民概念中。獲得居民認同後，透過社區會議共同訂定社區環保約章，除了住家日常的灑掃外，社區也一樣需要定期的大掃除。可安排選定一個月幾次、單雙週幾天或是不定期安排清潔日，不但可打造一個整潔的社區外，也可藉此增進社區民眾的交流機會，相互切磋如何使社區更加有特色。

4-5 社區綠美化

　　於社區內無爭議之公共空間或房舍，如取得地主同意則加以整理予以綠美化。如須做到社區景觀改善，因其牽涉到較專業的法令問題，在沒有公部門指導下並不鼓勵貿然操作。當然在無爭議前提下，簡易型環境景觀改善，可透過社區討論尋得解方後實施。在社區既有景觀之環境整理及特殊生態復育（螢火蟲、魚、蛙類等），最好先向公部門相關單位核備後再執行。

4-6 社區生態學習

　　繁忙的日常生活使人早已疏忽了社區中有哪些生態。透過社區營造，如何讓社區民眾認識周邊環境內有些什麼樣的植栽，以及有些什麼樣的動物、昆蟲。因此我們可以與學校合作，帶領孩童走逛校園，認識並繪製校園所有植栽種類與位置圖，以及常見鳥類識別；帶領老人分段走逛社區，尋找社區五十年以上老樹，認識其種類及其故事；帶領社區人環走社區，認識社區山腳、水邊、草地、樹叢

間等特殊植栽、樹種，昆蟲、鳥類、魚蝦等。社區生態學習透過對社區生態的親身體驗，讓居民更了解自己居住的地方，讓保護生態與愛護家鄉的意念，悄悄地在社區人心中萌芽。

4-7 設置角落花園或口袋公園

招募社區人將社區中閒置空間、畸零地、髒亂點、村道小路邊等視覺欠佳的地方，加以開闢成美麗的花園、公園。串聯這些改善後的空間形成社區的綠帶，不但美化社區景觀，也讓居民在忙碌的生活中，多出一些喘息的友善空間，讓社區生活中充滿盎然的綠意。

4-8 清溪、淨灘、淨山

過去我們生活周邊的環境是乾淨的，河川溪流是清澈的，山邊一片綠意，花、鳥、蟲、魚處處可見。然而曾幾何時短短數十年間，山邊、海灘、溪邊隨處可見棄置成堆的垃圾。鳥、蟲、魚都減少了、不見了，因此我們可結合環保志工隊、其他社會公益團體並與學校結合，踏出關心環保的腳步，共同挽袖整頓清理，讓山川恢復從前的模樣。同時也警惕社區居民及遊客共同關心、維護山川之美。

第五節
地方產業

地方產業	
	設置社區公共農園
	推動食農及食安教育
	傳統農業微轉型
	成立社區合作社

5-1 設置社區公共農園

社區內尋找一適當地點並與地主協商，獲得其首肯且簽署同意切結書後，簡單規劃可提供社區人施作。農園規劃須有適當之管理機制，以避免造成不必要之爭議。有社區專為老人或殘障人士設置之農園。如面積夠大可朝社區供餐規劃，提供蔬菜優先，餘次之。亦有社區將農園分區塊租給有需要的上班族，提供休閒、舒壓、療癒、家庭聚會、農食體驗等功效，不但可以享受田園生活的樂趣，種植出的蔬果更是沒有農藥的有機蔬菜，健康的休閒也健康地生活。

5-2 推動食農及食安教育

於社區中邀集與食農及食安相關人員，就此議題籌開討論會、座談會，並與相關單位及學校合作，邀請專家、學者蒞臨指導。藉此建構食農教學輔導資源整合且提升食農教育場域服務量，積極推動此一概念並付諸行動。

5-3 傳統農業微轉型

1. 社區傳統產業論及轉型極不容易。但是站在社區立場，可以針對有意願及有條件之個體戶，經過系統性發展分析，協助其向農業改良場或大學的果樹栽培專家請益，包括品種、育苗、嫁接技術等，也鼓勵其報名參加農民農業專業訓練班、研習班、觀摩會來改善種植技術。

2. 為提高農產品的附加價值，透過社區營造集思廣益，從創意思考中將傳統農產品加工製造新產品，如：開發社區伴手禮、設計產品包裝、尋找銷售管道並趕搭電子商務熱潮，提供消費者上網訂購的服務，共謀行銷策略來拓展行銷通路。

3. 規劃社區深度旅遊，結合社區導覽解說並推介地方產業，以達地產地銷的行銷策略。

5-4 成立社區合作社

當社區產業轉型發展到一定程度時，常會發現再好的行銷策略都會面臨販售限制，如：不能公開販售、產品沒有經過檢驗程序、銷售所得如何安排與分配等。因此社區須商議對策，有必要成立一合法之組織「社區合作社」。待累積足夠運作經驗後，進而嘗試轉型成立社區企業。

5-5 青年返鄉

鼓勵有想法、有意願回返農村的青年學子或青年，協助其提出具有實驗性或創新性的計畫構想，統合社區內、外部資源，為農村發展注入新能量，激活社區並創造社會影響力。

5-6 社區深度旅遊

深度旅遊是一種新興旅遊概念，意即遊客在涉入一旅遊景點時，感受到在地自然與人文條件內容的吸引，再透過觀察、學習與體驗，有別於一般常態旅遊行為，以達身心的解放與舒展的旅遊方式。

當社區擁有適當之自然、人文、生態、產業、景觀等條件時，可以考慮規劃社區深度旅遊的機會，活絡地方及產業發展。透過居民參與、凝聚共識、深耕在地、產業轉型，以了解土地與人文的價值所在，提供一個可以認識社區、學習社區、體驗社區的機會。甚而可結合適當距離內其他社區資源條件來跨域合作，讓來訪遊客從中探索自己、實現自己。

第六節
社區美學

6-1 社區美學源於對社區整體規劃，也就是社造之初心，願景的規劃

1. 願景的規劃，在爾後的執行過程中，是否在整體構思中一以貫之。還是在年度執行期間，以隨機方式處理，也就是有空地的地方就蓋個涼棚等，如此到後來仔細審視，卻發現這些設施大多缺少社區溫度以及整體感，如今亦大多閒置一旁，想想當初的激清所為何來。

2. 社區公共藝術的「公共」，並不是讓該行動或藝術品出現在公共空間就說它具有公共性，更不是所謂藝術家個人，藉其作品宣稱它涉及了社區某種公共議題，它就是公共。重要的是這個行動或成品是否引發集體的經驗與認同，且創造出新的價值，這才稱得上是公共藝術。

3. 公共空間的自力營造，著重於集體行動經驗對族群認同感的作用。從行動的發想、決策、推展、營造過程或完工之後的維護等，都須採取集體共識。

4. 自力營造的簡單形式往往蘊含豐富的象徵，踏實地連接上社區參與及公共藝術的結合。

5. 一件好的公共藝術，在社區共同參與後有了共識，並以簡約的形式與在地環境結合，這才是社區所要的公共藝術。

第七節
其他

7-1 協調成立社區聯盟

1. 當發覺社區資源有限,且既有資源又稍具特色,此時可考慮聯合周邊社區組成聯盟。當然這並不容易,是故須經常透過串門子、聯誼、聯合舉辦活動等方式,待建立情感與共識後,再以較合宜時間舉辦正式座談來討論合作事宜。

2. 以個人經驗來說,成立聯合社區或策略聯盟不必急就章。有了共識是一回事,結盟後之磨合期所可能發生的事,最好在正式結盟前條列分析解決。尤其是未來組織成形,其運作機制,社區間須有段調適期後,再正式成立。

3. 一個正向的社區結盟組織,能讓社造工作者彼此鼓舞且彼此支援。不論從任何面向選擇性合作,都因資源能分享,使結盟策略能共生共榮。

7-2 設置社區關懷據點

1. 社區參與社造之義(志)工,大家經商議有意願辦理「社區照顧關懷據點」時,基本條件是社區有能力儲備定量具社區照顧關懷之志工,也就是曾參加由主管機關所安排之基礎及特殊訓練,且登記在案之志工。另社區還須安排一適中之場所,至少能容納三十人以上之足夠空間等。

2. 社區照顧關懷據點,可由有意願的村里辦公處或民間團體參與設置。邀請當地民眾擔任志工,提供老人關懷訪視、電話問安諮詢及轉介服務。並視社區能力,提供餐飲服務或辦理健康促進活動,每個據點均可提供三項以上的服務。

3. 透過在地化之社區照顧,協助長者在社區中生活並了解長者生活狀況,

隨時提供諮詢或轉介服務。使老人留在熟悉的環境中生活，同時亦提供家庭照顧者適當之喘息，以預防長期照顧問題惡化，發揮社區自助互助功能。

7-3 建立社區網頁

視社區需要，邀請社區年輕人、或懂得電腦操作之社區人士來建置具吸引力的優質協作平臺，藉以方便工作團隊或特定成員可透過該平臺，將社區資訊適當地與外界互動交流。

第八節
結語

社區營造的操作方式並非以上述表列為準，僅以投石問路方式引出更多操作方法，因此操作方式因「人」而異。同樣的一個操作手段，或許有比表列還要好的方法，累積社造二十餘年經驗，我相信還有許多默默耕耘的人發展出各不相同的方法，有待大家去發掘。

第四章

福建省古田縣吉巷鄉——坂中村

遊憩慢活——浪漫坂中

——觀光產業振興——

第一節　社區簡介

第二節　社區位置、交通、地圖

第三節　社區觀察與診斷

第四節　社區資源盤整

第五節　團隊社區擾動與輔導策略

第六節　社區發展課題與對策

第七節　社區願景分析及具體行動方案

第八節　執行成效與自主經營能力

第九節　未來展望

第一節
社區簡介

　　福建省古田縣吉巷鄉坂中村位於古田縣區翠屏湖畔，距吉巷鄉政府所在地約6公里、古田縣城關13公里，海拔400公尺。除行政村坂中村外尚有一個自然村官陽村，合稱坂中村，全村120戶、共516人。居住房舍依地形起伏建蓋，天際線非常美。

圖 4-1-1　坂中村全景

　　1958年因於該地區建設古田溪水電站，舊縣城及其周邊村落均奉命遷移，原址將成水庫集水區，即是後來的翠屏湖。坂中村依山臨湖，緊連省道202線，交通極為便利。全村耕地面積約900多畝、林地面積2400多畝。擁有交通便利和臨湖氣候的優勢，近年來該村大力發展水果種植和食用菌類生產。目前全村種植有水蜜桃、油奈（一種水果，口感類似桃接李）、芙蓉李等水果700多畝，產值200多萬元。而著名鄉賢紐西蘭皇家科學院首席科學家高益槐先生，亦在村內投資發展紐西蘭奇異果的新品種試種。該村是銀耳生產專業村，全村有菇房540多座，年生產銀耳650萬袋。

　　村呈南北走向，內有移民文化館、移民文物館、鄉思島、五棟聯、自行車道、黃金沙灘、南山將軍廟、安發生技園區等，平日遊客約百來人次，假日約

一千五至二千人次。景觀秀麗嫻靜，隨著近年來大陸推動一系列惠農政策和移民後扶項目的實施，全村基礎設施建設日趨完善。村內道路、自來水、廣播電視、寬頻網路等設施完善，極大地改善了居民的生產與生活條件。

坂中村幾乎家家都有菇棚，為了照顧菌菇，該村在種菌及收成之半年內，生活作息幾乎都與菇棚綁在一起。凌晨三、四點居民開始起床作息，將一整天的飯菜一次做好，從早吃到晚，剩下的餵養雞鴨。此時進棚的進棚，去城關的也不約而同地陸續出發。五點前當陽光從翠屏湖彼端升起，村內好像沒發生過事情一樣。九點前後，進村賣菜的小車一路上用擴音器喊著「歐喲」、「歐喲」，到定點後村中剩下的老人、婦女都歡歡喜喜地聚在一起，邊買菜邊聊天。一個多月下來，看到的也只有這些民眾約三十餘人，其餘的都進了菇棚。較年輕的只有五位小媳婦，都還要帶小孩。

村領導幹部之村主任（村長）及村書記非常熱心公益，村兩委（黨委、村委）幹部也能配合分工。村內導覽工作都由村書記負責，村主任年輕有為、有想法，專門負責跑各部門找資源。村民非常好客，一般活動都在門口（含吃飯），所謂的客廳只有一盞不超過 50 瓦的燈泡。村委樓是一棟非常漂亮的三層樓房，但使用率非常低，只有重要會議時才會在會議室召開，其餘房間均閒置。

第二節

社區位置、交通、地圖

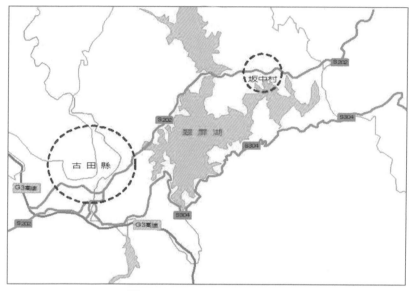

圖 4-2-1　古田縣坂中村位置圖

　　開車從 G3 京台高速公路古田下，接 202 號省道，202 號省道南北向於西邊山區與村銜接，有三個出入口，時程約二十分鐘，即可抵達坂中村。

第三節

社區觀察與診斷

3-1 社區觀察

◆ 3-1-1 作息

　　坂中村在 7～8 月間就準備白木耳養菇房工作，每日凌晨三、四點家家戶戶都忙著準備出門，找水源、溫控設施補強、菇架整理、太空包進貨、種菌等。

一路忙到翌年初，直到最後一批貨送出後，方有喘息時間。可是緊接著又開始為桃、李、油奈花開授粉。3～4月初桃花節，6月初直到8月各種桃、李等都採收後，又是白木耳的準備工作開始。每天七、八點後村內幾乎看不到人，都早早上床睡覺了。村內僅剩老人與幾位年輕的小媳婦都在帶孩子。小媳婦們也非常辛苦，買菜做飯帶小孩，還要照顧老人及菜園，抽空也要進菇棚灑水，只有黃昏男人回家後，她們會到書記家門前小廣場跳廣場舞，教育程度都不高。

◆ **3-1-2 村組織**

書記一表人才，能言善道也頗為自負。平日除招呼各地來訪領導幹部外，更主動擔任導覽工作。村長年輕有為有想法，為村務常至各單位去爭取建設經費，也因此村內各項硬件設施幾乎都是他努力爭取來的。不過兩人之間有些微妙芥蒂，但是兩人交情還是很不錯的。因為書記住在官洋自然村，而村長所爭取來的扶持項目都用在行政村坂中內，他心中是很不舒服的。其餘兩委幹部配合度高。

◆ **3-1-3 環境**

翠屏湖周邊各村落的菇房，為了控制室溫大家都用廉價的保麗龍，且每隔幾年就要換新。而更換的保麗龍多半棄置，大多被風吹到翠屏湖內，於是湖的周邊盡是一圈圈的保麗龍碎片，湖畔像是鑲了一個邊，極不美觀。

圖4-3-1　翠屏湖畔髒亂景象

村內房舍依地勢興建，高低起伏、景觀非常美麗。山上有許多二葉松，還有

一些紅豆杉，其餘多已開闢為水果園。村內各責任區都有村幹在清理，大體上道路周邊還很整潔，唯村內植栽很雜亂不一致。

◆ 3-1-4 空汙

每當白木耳採收後，大家都會將白木耳先行修整，再送到村內之烤菇房烘乾處理。而他們所用的燃料不是木材，而是將已採收後的菇包直接丟進爐內。因其內容物大多是木屑，可是其包裝物卻是塑膠袋，於是那些日子整天都是惡臭撲鼻。村內有五間烤菇房，戴奧辛的惡臭村人都知道不好，可是為求方便只好忍著了。村長、書記也都知道，但因都有親戚關係也不好說，怎麼說都是村主要經濟產業。

圖 4-3-2　烤菇房燃燒養菇包

◆ 3-1-5 導覽

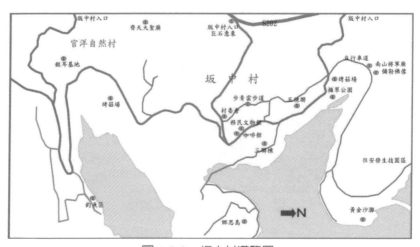

圖 4-3-3　坂中村導覽圖

村內景點有移民文化館、移民文物館、鄉思島、五棟聯、自行車道、黃金沙灘、南山將軍廟、安發生技園區等。除安發生技園區外，各景點都在村周邊，因此導覽解說並不麻煩，是故大多由書記親自解說。

◆ 3-1-6 觀光

產業有特色，但缺乏提供遊客消費的伴手禮，亦缺乏提供遊客體驗的活動。因生活起居有別於一般人，是故村民幾乎對遊客是無感的，相對的亦無法提供遊客飲食，僅有一、二家農家樂在假日時看情況營業。

3-2 社區診斷

1. 社區作息與一般人有差別，社區參與有難度。雖然仍有數十位老人與婦女，均因家務是否能積極參與，有待商榷。

2. 村環境較佳，然而景點翠屏湖及鄉思島周邊髒亂不堪，有礙觀瞻。

圖 4-3-4　鄉思島周邊髒亂

3. 社區產業均以菇類食用菌為主，相對發展觀光旅遊卻無法與地方產業結合，又缺乏另類社區特色產業。

4. 觀光產業發展不如預期，因周邊觀光條件不足：(1) 聚落景點具人文特色又集中，但是卻與周邊居民缺乏連結，反映態度冷漠、(2) 重要貴賓來訪均由書記導覽，團客來卻乏人問津。協助導覽課程培力是一施力點、(3)

燃燒菌菇包所產生之惡臭戴奧辛氣味，影響遊客旅遊觀感、(4) 因作息關係白天村內空蕩蕩，遊客於村內閒逛缺乏互動因子，無物可買、無體驗、無美食、無處玩、(5) 觀光產業發展欠缺系統性規劃。

5. 村內各處花園植栽凌亂且混植，尤其最多的是紅花繼木、紅葉石楠到處都是，高低參差不齊需統整規劃。

6. 村既以食用菌為主要產業，若社區希望與遊客以此互動，觀光工廠設置是一絕佳機會。

第四節
社區資源盤整

4-1 人

社區除書記能帶遊客導覽外，村長每天都很忙，有事要先約，他都會立刻放下手邊工作趕過來。如無特別安排，傍晚時分八點前全村絕大部分都已就寢。唯一可聊到稍晚的就是移民文化館管理員。

4-2 文

1. 村內有移民文化館：1958 年因建設古田溪水電站，舊縣城及其周邊村落均成為水庫集水區。移民遷居後，將當時蒐集的一些老縣城、村落的老照片，或請當地的畫師，用國畫方式繪出當時的記憶圖像等；房間中央有一排排的座椅、一個很大的舞台，平日接待遊客或重要會議使用；二樓均分割成小單間，書記個人使用一間，作為特殊朋友接待室。

2. 移民文物館：兩棟古民居，內部每一單間均放置一組農具，燈光昏暗，古味十足，供遊客居民緬懷過去生活情境。遊客多半只會看一間就帶過了。

3. 鄉思島：當翠屏湖水高漲淹沒了小徑，就形成一個小島。上有休閒步道、棧道、釣魚區、烤肉區、休憩區。環島小徑直達島頂，高度約 50 公尺，走遍小島約需二十分鐘。島邊水際其髒無比，都是保麗龍碎片、烤肉棄置之瓶瓶罐罐、一堆堆乾死的布袋蓮。

圖 4-4-1　鄉思島上遊客棄置物

4. 五棟聯：村內地勢較平坦地帶，以「新包舊」古法方式所建之民居。

5. 自行車道：從村內至安發生技園區全程約二點五公里，車道沿湖、山勢蜿蜒，美景盡收眼底，且村內各景點大部分都能抵達。

6. 黃金沙灘：翠屏湖有固定外包抽沙工程，將湖底的沙抽上來後堆置於岸邊。久而久之因水漂沙關係，使一整片堆沙區周邊形成一完整平坦沙岸線，居民與遊客都喜歡留滯觀景、拍照、游泳、釣魚等。

7. 南山將軍廟：原本是一間家廟，始建於明清時期。

4-3 地

該村海拔約三百餘公尺，原是一低海拔山區，因建設古田溪水電站，舊縣城及其周邊村落均成為水庫集水區，居民就近移居原來各山頭較平坦地區，形成了臨湖村落。

4-4 產

　　家家戶戶在自宅周邊都有一小塊菜園，主要經濟產業仍以白木耳為主，其次尚有各式水蜜桃等、李子、油柰；安發生技園區發展紐西蘭奇異果的新品種試種，種植面積約五公頃；小量雞鴨。村長對旅遊產業規劃很在意，並成立旅遊相關公司，但是這牽扯了許多人的利益（尤其是各界領導），許可證一直擱置處理，村長很無奈。

4-5 景

1. 坂中村臨湖正西方，每日清晨日出景色奇美，雨後水霧飄渺、氤氳而生，呈現霧濛濛之美。

2. 擁翠公園休憩觀景平臺是遊客必留之處。觀湖景、小坐休憩，居民閒話家常，找一處僻靜所在閉目養神、靜思，一個多功能之休憩處所。

圖 4-4-2　坂中村環境幽美

3. 土地公廟居高臨下，全村一覽無餘。奇怪的是此地土地公並不是閩南式福德正神，而是齊天大聖孫悟空。

4-6 生態（非專業僅註明認識的）

　　古田人對動物的概念並不深，都是以當地話稱呼，一般通用稱呼或學名大多不清楚。

1. 鳥類：常見的有紅嘴藍鵲、白環鸚嘴鵯、紅冠水雞、遊隼、畫眉、領角鴞、巨嘴鴉、玉頸鴨、斑文鳥、小白鷺、黃頭鷺、黃尾鴝、白鶺鴒、白

煩山雀、白頭翁等。

2. 昆蟲：各式蝶類、比台灣稍小的皇蛾、天蛾、水青蛾、鍬形蟲等。

圖 4-4-3　白鶺鴒與紅嘴藍鵲

聽村民說有蛇類活動，可是沒有見過；蛙類只見過黑眶蟾蜍，有地下水、自來水，但是主要飲用水大部分居然仍靠瓶裝水。

 第五節
團隊社區擾動與輔導策略

5-1 團隊社區擾動

初至社區，村主任安排團隊三人住在村委樓，行李安排妥當後，大夥背負相機先去走逛社區，了解居住環境後，開始與居民接觸。初期發現村民很少，中午被安排在一村委家便餐，順便與其聊聊有關村民生活概況，有些意外。隨後又花了三、四天時間走逛整個社區外圍，回來後將觀察結果分析討論並謀劃對策。

與村主任協調如何找些人來參與說明會，村主任也很傷腦筋，不過一週後辦理說明會時，村主任還是找來四十餘位村民參與，花了一個半小時在聲聲「不可能」、「行不通」之中結束了說明會，村主任也是很無奈。

因這都在意料之中，於是團隊依對策分頭進行。主動與居民接近，並與書記

商量請官洋村也找些人來參與，並就說明會情況做更簡顯的說明，並邀請他們來試著聽聽我們將如何協助他們。輔導坂中社區我們只有六週的時間，因此時間的壓力很大，於是我們在第二週的週末，安排第一次的社區課程，以「工作坊」方式進行。到課情形差強人意，坂中村來了七、八位老人，官洋村在書記帶領下來了一批娘子軍，中間有五位小媳婦，這五位小媳婦最後成為村內唯一生力軍。

　　第一次的工作坊主要透過一些程序，了解大家最擔心的問題為何，整合這些問題，分組讓社區人自行討論，各組最後做結論報告。結果自己的問題，都是由他們自己解決；另外就一般需求進行討論，結論是需要有吸引力或禮物大家才會來。因此在次週一，我們即以緞帶花教學、乾燥花製作等吸引官洋村的媽媽們來上課，成效異常好。小媳婦董丹將作品做好上傳微信，馬上就有朋友要訂製。小媳婦們一高興，就以好玩的心態做了不少個髮箍分享給朋友。

　　隨後每天的課程風雨無阻，「社區資源調查」以我們事前所拍攝影像與村民分享。白天隨村民進入菇棚，體驗菇棚工作，從灑水降溫、檢查菇包（檢查有無叢生雜菌），這樣走弄一圈居然也花了將近兩小時。「繪製社區地圖」課程，大人小孩來了不少人，簡單課程後分了三組來製作。村主任帶坂中媽媽們一組，官洋小媳婦一組，坂中小媳婦帶孩童一組，過程中意外讓兩位小媳婦掉了眼淚，因為她們從未在地圖上看見過自己的家，分享三組成果時大家都很興奮。

　　「優劣勢分析」課程，書記及村主任都有參加，分成坂中與官洋兩組，當交叉分析擬定策略時，大家還七嘴八舌的爭著發言，等到結束張貼結果後，書記與

圖 4-5-1　村書記與村長一同參與優劣勢分析課程

村主任均默不出聲，幾位小媳婦瞎起鬨，氣氛有些詭異。因爲「策略」列了十來項，是將目前村內存在問題須如何解決，對兩位領導而言非常爲難。因此課程結束後留下兩位領導，後續作爲是將該策略排序，分年、分階段來做，並不是要立即完成改善，兩位是聰明人，笑笑後分別離開。

5-2 團隊輔導策略

基於前因，團隊幾經商議擬定執行方向，概分兩大部分：

社區教學（初—進階課程）：團隊爲社區安排了有 60 小時的課程，從初階 20 小時、進階 6 小時、工作坊 30 小時、高階 4 小時。結果依社區接受度，初階課程從認識社造、社區參與、社區議題、策略運用等一般課程爲主；進階課程以配合工作坊操作；將高階課程改爲影片欣賞教學，從環境保護、垃圾分類、環境教育、手工藝教學、生態教育等，頗受歡迎。

環境改善及綠美化：針對社區髒亂點環境改善，以勞動帶動社區參與。

第六節
社區發展課題與對策

於進階課程中將社區發展課題提出，由參與學員分組操作，探討論形式、團隊從旁指導。就社區整體環境改善、社區整體特色營造、面對社區公設之觀念等，這些在團隊早期觀察及診斷社區時所發現的社區現象，藉機引導社區居民發現問題所在，應謀思因應對策。

6-1 社區議題

◆ 6-1-1 引導社區思考社區現存之問題所在

1. 社區有哪些地方需要改善？

2. 現在來看看社區存在著什麼問題？

3. 社區什麼位置需要做環境改善？

4. 社區有無位置安置公共設施？

5. 社區產業如何打造特色？

6. 社區生態能為社區打造什麼優勢條件？

7. 社區人力資源如何先自我培力成長？

8. 關心了硬體設施後，軟體如何兼顧？

9. 如何發想社區既有的問題？

◆ 6-1-2 社區整體環境改善

1. 社區環境整理：社區所有的花圃、花園其植栽種植凌亂；各垃圾桶邊髒亂、主要道路邊影響觀瞻；湖邊泡沫板（保麗龍）、超量的布袋蓮及垃圾清理；公設周邊環衛除有清潔員整理，誰還有責任？

2. 找到問題所在，一起動手打掃才能一起愛惜，溝通社區要開始有認養維護的觀念。

3. 即使社區有支薪清潔員，也不能把社區打掃工作全推給清潔員，住家附近應該共同整理。

4. 社區景觀改善：環境美化從自家做起；植生綠化須統一整理；髒亂點整理，大家一起來；協調鄉政府協助打造社區亮點。

5. 社區整體特色營造：社區三處進出口路小不易辨識，需要一醒目標示；社區既有移民歷史故事外，其他景點都欠缺故事性，更缺乏具特色之伴手禮及美食；移民文物館只是陳列老文物，整體缺乏親民感，場布昏暗辨識不清；白木耳產業無法形成社區特色，考慮觀光工廠化；鄉思島髒亂依賴鄉政府清理緩不濟急；如何達成湖面遊船合法化；除各地領導或各工程完工社區有照片紀錄外，平日亦應有社區圖片以記錄社區之成長。

6. 對於硬體建設之觀念：除定期保養外，平日亦須確定有人在維護；未來增設公共設施須確定有使用率（切合居民需求），以及須符合社區特色，不要為做而做。

6-2 對策

1. 於移民文化館成立社區營造點，開設社造課程，課程內容以解決當前議題為主。

2. 環境衛生：由村委帶頭示範將自家周邊環境整理、路邊垃圾桶周邊整理；與鄉政府協調，村民配合清理湖岸周邊垃圾。

3. 景觀改善：與縣政府協商項目扶持（經費補助），全村花圃、植生帶重新統整；礙眼之垃圾桶就地以簡易設施加以掩藏；主要道路邊菇棚須全面整理美化；翠屏湖內布袋蓮與鄉政府協調清理；村入口處設置簡單意象裝置。

4. 社區特色營造：透過課程引導村民營造各景點之故事；指導社區導覽員培訓；移民文化館轉型增設咖啡廳，以白木耳與黑木耳重新製作特色飲料；利用廢材及乾燥花製作手工藝，讓遊客體驗；教導製作鳳梨酥。

5. 其他：請旅遊局協助於古田門戶網「玉田在線」加強觀光宣導。

圖 4-6-1 成立社區營造點，開設社造課程

第七節
社區願景分析及具體行動方案

7-1 社區願景分析

當大家了解社區存在的問題也有了對策，如何將想法轉換成執行的動能？過程中會不會質疑推動的力量？

如何將「對策」統整實現，社區還有一項重大的問題須先解決，那就是社區未來發展要走向哪個方向？是否能獲得社區大部分人的贊同？

因此擬定一個社區共同的「願景」就變得相當重要，什麼是社區「願景」呢？就是社區須透過不斷地協商，或是由領導者掌握社區的能力，並能具體勾畫出激勵人心的遠景宏圖，重點是能反映出社區內部大部分人的希望和夢想。它是使社區意象聚焦，令人能掌握方向、激發社區的潛力，是讓社區能全力以赴並向前邁進的動能。

7-2 訂定社區願景的目的為何

1. 訂定目的是要了解它與社區或人在發展階段有共同依存的關係。
2. 在操作過程中，要讓社區理解為了社區的未來，大家為何要做這些事情、為何需要大家一起做。
3. 確認居民與社區各自的定位。

角色扮演是讓居民能了解在社區中站在什麼位置，為了社區發展，各自能為社區做些什麼？進而理解今天大家為何聚集在這裡，共思社區前途為何？

4. 願景規劃的可行性考量。願景規劃要想得到，而且須能做得到。

7-3 明確的正向發展需具備的基本認識

社區願景規劃一定是正向發展，其內涵的價值觀，需要社區居民的共同認知：

1. 要清晰的說明：讓大家清楚的知道哪些社區公共事務較符合社區的價值觀，如：沒必要的公共設施、古民居壁面敷色、沒必要的水泥鋪面、道路等。

2. 要能持續地執行：社區發展此一時彼一時，決策在操作過程中，須具有相當的彈性。但是彈性的原則，卻是面對願景價值觀要有一定的堅持與發展。也就是個人與社區的價值觀須相符，不因環境轉變而不時地調整，亦即步調須一致。

3. 追求最後結果而非操作過程，是帶領社區走向明確方向及所欲達成目標的成就。

7-4 社區願景／具體行動方案

幾經討論後社區定出「遊憩慢活──浪漫坂中」的願景，在樂活的社區環境下，展開雙臂歡迎遊客的到訪。

在確認社區願景同時，引導居民將二十幾條欲操作策略，以重要—急迫分類排序，提出具體行動方案。

1. 社區環境景觀改善：與鄉政府協調並獲其同意，將全村綠植栽全面整理。

2. 委外將移民文化館轉型，改為具休閒及觀賞老照片功能之咖啡廳。

3. 官洋小媳婦及坂中小媳婦六位加強特色伴手禮製作，如：鳳梨酥、白木耳酥餅、飲品製作。

4. 與鄉中心小學校長聯繫，建議校際活動來移民文化館舉辦，村民配合共同參與。

5. 在鄉政府未安排清潔員之前，小媳婦們與村長、書記共同整理鄉思島大體上之清潔工作。

6. 擇定社區適宜菇棚點位規劃為白木耳觀光工廠，場域踏勘及運營機制等。

7. 村委帶頭要求各住戶居家周邊環境大整理，尤其是門前之材火堆置調整。

8. 後期湖邊泡沫板及布袋蓮清理；往安發生技園區之自行車道規劃；黃金沙灘周邊環境整理；導覽技術加強訓練；白木耳烘烤房禁燒塑料袋；鄉

思島硬體設施損壞部分之維修與更換；鼓勵村民積極參與村之公共事務等。

第八節

執行成效與自主經營能力

8-1 在有限時間裡，社區先後完成了

1. 以各式工作坊為主，社造課程為輔，導引社區民眾之參與。
2. 移民文化館轉型成候鳥咖啡休閒館，老照片及老文物一個不少地成為室內裝置品的一部分。

圖 4-8-1 候鳥咖啡休閒館

3. 村主任家挪出一間空屋成為社區烘焙工房。在輔導團隊指導下，社區小媳婦們各個都能製作簡單的各式餅乾及台灣名產鳳梨酥，並利用白木耳與黑木耳製作出濃稠滑順的飲品。
4. 全村景觀園圃大換身，系統性移植各園圃內不規則的紅花繼木及紅葉石楠，並添購各式花苗木，依層次、花色重新配置全村各園圃。

圖 4-8-2　全村環境大整理

5. 全村大掃除。由黨委及村委領頭挨家挨戶勸導，如有需要並提供各式花苗布置門前。

6. 2015 年 1 月 24 日舉辦了成果展，縣委書記親自出席主持。

8-2 自主經營能力

1. 社造團隊陪伴坂中從事台灣式社區營造，全程計 6 週約四十五天左右，每日除晚上就寢外，幾乎白天利用每一分鐘與社區互動密切。但是因村內生活作息非比尋常，能參與的人實在少得可憐。但任務仍須完成，在特別要求下村長或許會找些人頭來參與，平常參與人數十來個，唯有官洋村五個小媳婦風雨無阻揹著、抱著、帶著小小孩來上課，她們對新知識之渴求有些出人意表，其中只有董丹是高中畢業，她具有領導能力且能歌善舞，有時書記還讓她三分。

2. 村主任徒具熱心腸，也時常親自參與課程。但是對於社區未來，自認縣、鄉政府各級領導對他印象良好，只要開口就可獲得項目支撐，對於社造只是尋新鮮，實際效益他並不在意。很可惜坂中村黨委端芳因大部分時間要處理家務及公務，其對社造很有概念。原本希望在第二階段，能以她家菇棚位置來規劃白木耳觀光工廠，她老公願全力支持，可惜未盡全功。

3. 村書記能言善道，對於社造自有一番說詞，導覽課程自詡村內唯一。因

對坂中村建設沒有擴及官洋他很在意,對社造均冷處理。

4. 在團隊陪伴期間曾獲縣委書記的關心。縣旅遊局副局長帶領幹部及親朋來村體驗,非常認同社造概念是能激活美麗鄉村,然而後繼乏力,徒呼奈何。

第九節
未來展望

2016 年原本計畫與坂中村進行第二階段社區營造,委於生活作息影響未能改變,加上白木耳產業讓社區居民生活無慮,且又是縣級旅遊亮點區,村主任及鄉政府已無意參與,因此作罷。

後經觀察,侯鳥咖啡廳已關閉,已回復之前的移民文化館;烘焙工房烤箱已移走;民宿設置後從沒開始所以也沒結束,無疾而終;特色飲品(白木耳與黑木耳汁)小媳婦們奮鬥一陣子之後也放棄了,社區又回到原點。

第五章

福建省古田縣泮洋鄉 —— 鳳竹村

尋幽探秘，品味鳳竹

—— 休閒產業開發 ——

第一節　社區簡介

第二節　社區位置、交通、地圖

第三節　社區觀察與診斷

第四節　社區資源盤整

第五節　輔導團隊社區擾動與輔導策略

第六節　社區發展課題與對策

第七節　社區願景分析及具體行動方案

第八節　執行成效與自主經營能力

第九節　未來展望

第一節
社區簡介

　　鳳竹村處於泮洋鄉南部，距縣城 23 公里，離鄉政府所在地 7 公里，與中直村為鄰，海拔 925 公尺。全村共有 525 戶，總人口 1,975 人，目前實際人口約八百餘人，是泮洋鄉人口最多的行政村。該村下轄土貓墘、江坪、洋尾、茶墘、曲鬥、梨洋、田螺灣、牛車墘等九個自然村，耕地面積 3,843 畝，山林面積 15,200 畝。其中最為突出的是高崗草場，位於泮洋鄉中直村境內，緊鄰鳳竹村約兩公里，海拔 1,487 公尺，總面積三千多畝，是南方罕見的高山草原之一。寬闊的草原加上成群的悠閒牛羊，時常令遊客似放飛思想的野馬，與大自然融為一體。尤其是每年的 4～5 月份，滿山盛開的高山杜鵑花（映山紅）更是一大奇景，身處這花的海洋中，渾然忘我身在此山中。

圖 5-1-1　山村與高山杜鵑花（映山紅）

　　曲鬥聚落區有明代建築，亦是重要傳統經濟產業區；洋尾聚落區有明、清代建築，迄今保留尚佳且都有人居住，也是近來計畫經濟建設產業區，以反季節經濟作物為主。各家戶周邊多少都有一些農地，大多是蔬菜；村內部分民眾仍搭建菇棚，種植白木耳、猴頭菇；洋尾聚落與土貓墘之間，是鳳竹村新開發之 70～80 年代較新式建築區，有村委樓、市集、廣場、公車等，是該村生活機能區。洋頭聚落區意外發現一些舊遺址，據村主任講多是明代舊居。

　　村內有一條古官道為早期經商來往福州之重要道路。古民居式養畜房、商

店、客棧等都保存尚好。周邊景觀環境優美，有兩條溪貫穿聚落。村口有一小型水庫，戶戶都有地下水井，自來水來自於山上之溪流並接管至各戶，但遇雨必渾，主要飲水還是靠瓶裝水。有一中心小學，學生約二十來個，另離村約莫六、七公里有一泮洋初級中學。

村內80%都是古民居，洋尾聚落仍有張、葉、羅三家老古宅，目前胡姓占大多數。周邊除產業區外綠竹遍布，有各色高山杜鵑、有需四、五人合抱之千年紅豆杉四棵、兩人合抱之紅豆杉有許多棵；清朝修建之拱形石橋，橋面居然有六顆巨型柳杉，是一奇景；小型瀑布有兩個在村周邊，大型瀑布離村約兩公里處，其周邊斷崖峭壁、水流湍急且叢林密布，景觀秀麗雄偉，是一尚未開發之處女地；高崗草場雖然是中直村境內，但離鳳竹村也只有兩公里左右，走路都不難。每當5月中旬漫山遍野的高山杜鵑，奇的是90%都是紅色，樹型千奇百怪，古田人都稱其為「映山紅」；巨石嶙峋穿插其間，尚有一天湖，平日周邊都是放養之牛群，其景觀讓人心神舒暢。

村內環境髒亂，幾乎男性人手一支菸且隨地吐痰；貫穿村內之兩條溪也是髒亂不堪；有種植區其周邊一定有成堆的農藥瓶罐、各式肥料袋，皆有待整理。

第二節
社區位置、交通、地圖

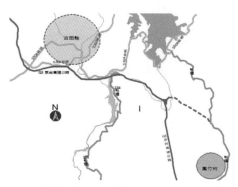

圖 5-2-1　鳳竹村位置及交通圖

交通：

1. 由 G3 京台高速公路轉縣道沿山路直達鳳竹村。

2. 由古田縣沿 S304 省道轉縣道直達鳳竹村。

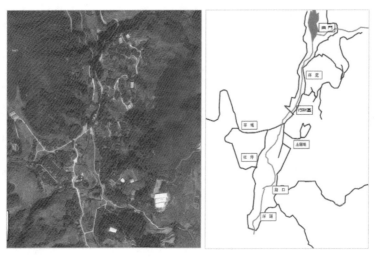

圖 5-2-2　鳳竹村／自然村──聚落區域圖

第三節

社區觀察與診斷

3-1 社區觀察

◆ 3-1-1 居民人物

1. 在洋尾聚落有張姓、葉姓、羅姓三間明、清時古民居，保存尚好且依然有人居住，村內仍以胡姓為多數。

2. 胡村長是村內學歷較高者，自我意識強烈，社會經驗豐富。

3. 一個村裡書記應是主事者，可是村書記沒念過書，村內大小事均配合村長。自來水系統維護與維修也都由村書記負責，不論會議或是有領導、來賓到村來他從不發言，可是辦宴席時他做菜的手藝卻少有人能及。

4. 泮洋鄉初級中學胡校長熱心村建且愛攝影，其有關村文化保存、老民居、生態、景觀、產業、老照片蒐集，均有系統性整理。

5. 老人會胡會長曾經做過村長、村書記，老婆因中風癱在床上多年，都是老會長獨力照顧，是一位頗受村民尊敬之長者，連村長都禮讓他三分。富有正義感，是村內第一個響應支持社區營造的老人。他有個魚池在村內，在茶堆山裡他還有一個農場養雞、魚、羊，目前由他兒子在照顧。

6. 胡老三為村長的弟弟，一個具生活技能且料理功夫亦強之人。輔導團隊進駐鳳竹期間，他與張龍、老人會副會長三人一直都配合無間。

◆ 3-1-2 古民居

洋尾聚落有明、清古民居三座，是屬張姓、葉姓、羅姓三家；花厝在洋尾聚落偏南，屬張姓古民居。因其廊柱、窗戶、門楣、簷樑等均有精美之雕花木刻；五連厝為五棟民居連接一起，整體外觀為夯土結構，內部均為木造閩式建築，因村內聚落大多為散戶；糧棧則在村委樓附近，屬於村生活機能區。外觀為夯土牆，內部木造結構，早期為蒐藏糧食之處所，也是四棟聯，無人居住。

圖 5-3-1　古民居

◆ 3-1-3 廟宇、祠堂

廟宇有鄭伯師公廟、胡氏祠堂、觀音廟、吳公明王廟、白馬大王廟、玄天上帝廟。

◆ 3-1-4 景觀

鳳竹羅源際瀑布群：在鳳竹水庫左側聚落區外山間，距鳳竹村約三、四公里，只有狹窄的小路可行且人煙稀少，是一尚未開發之地。

圖 5-3-2　羅源際瀑布

鳳竹水庫：原為曲鬥溪的一積水潭，後以工程將之擴建為一小型水庫，間以地形落差形成冰姬瀑布與龍潭瀑布。

橋樹一體：在村口有一座清朝修建之拱形石橋，周邊都是柳杉及紅豆杉，橋面就有六顆巨型柳杉，是一奇景。

◆ 3-1-5 地方產業

人參果農場、溫江洋農場、胡老憨生態農場、曲鬥農場、中華鱘基地、高山蔬果基地、白木耳基地、平菇基地。

鳳竹較有名之產業是番薯粉、烏骨雞、山雞（環頸雉），中華鱘養殖場只採魚卵並不吃魚肉。

3-2 社區診斷

1. 村兩委（黨委會與村委會）一些幹部關係密切，在村內常與村長跟前跟後。村民好客，這些領導們三不五時串門子，走到哪吃到哪，與村民互動感情深厚。

2. 村長對村建設非常仰賴項目支撐（經費補助），又很捨得花錢（不惜超

支），手頭上累積了許多呆帳，因此又必須以公費項目補助中設法抵銷，結果又會出現新的呆帳，此惡性循環結果常坐困愁城。

3. 隨地吐痰、亂扔菸頭、各式不用的手頭垃圾亂丟等。胡姓是大姓又都有親屬關係，是故村中有些陋習村長也無可奈何，再說他自己也照丟不誤。加上廢棄之農藥瓶罐及肥料袋，溪中還有棄置之白木耳、泡沫板（保麗龍板）。

圖 5-3-3　滿地垃圾

4. 最強社區團體為婦女腰鼓隊，曾去古田及其他地方表演。

5. 村民過於仰賴高崗杜鵑花海季，而高崗草場卻屬於隔壁中直村境內，因此花季項目補助都給了中直村，鳳竹村只能面對花季回程之遊客車輛。

6. 村保有傳統生活特色，村委會附近有兩間商店及衛生室，老人每日均聚會於此話家常。

7. 老房子門口因疏於照料，溝邊砌石塌陷且野草叢生。

8. 多個自然村聚集一起，生活步調略有差異且有些雜音，但大家調適還不錯。

9. 反季節農作收成還不錯，番薯粉品質佳，名聲在外。

10. 缺少具特色產品，因此對外缺乏競爭力。

第四節
社區資源盤整

4-1 人

1. 胡村長：高中畢業，自我意識強烈，社會經驗豐富，言談間總有保留，但為人隨和。除前一任村長外，他與村民關係密切。對村的建設自有想法，但似乎跟鄉政府關係並不是很好。因一條通往高崗草場的道路，為了拓寬道路以利車輛通行，自作主張砍了幾株大型柳杉，被前村長告到法院，一直官司纏身，是個好大喜功的人。

2. 村書記：應是主事者，可是村書記沒念過書，村內大小事均配合村長。自來水系統維護與維修也都由村書記負責。不論會議或有領導、來賓到村來他從不發言，可是辦宴席他做菜的手藝卻少有人能及。

3. 老人會老會長（胡老憨）：85歲，富正義感且熱心公益以身作則。是村中唯一能於會議中，拍桌指著村長及書記大罵的人，一個頗受村人愛戴的老人。

4. 胡副會長：80出頭，沉默寡言、生活技能豐富，如：竹編、竹藝、廚藝等，擁有一大片人參果基地及反季節蔬菜園區，全程跟隨團隊運作。

5. 胡老三：55歲，村長弟弟，熱心公益屬於行動派。前面還未說實，後面就一頭投入，生活技能豐富，如：竹編、竹藝、廚藝、各式機器運用與維修等，平日仍以種植各式菇類維生，全程跟隨團隊運作。

6. 張龍：32歲，村中唯一青年人，吃苦耐勞，熱心學習廚藝，全程跟隨團隊運作。

7. 初中胡校長：熱愛攝影，其有關村文化保存、老民居、生態、景觀、產業、老照片蒐集，均有系統性整理。

8. 吉諾博士（Dr.Gino）：福建雲農匯生態農業有限公司副總經理，慈善基

金會執行長。每年五、六月間均會邀請一些大學生至鳳竹小學，同時頒發助學金及禮物。目前正積極推廣無毒農產品推廣活動。

9. 村中心國小胡校長：能配合社造運作，也會帶領小學生實作體驗社造工作。

4-2 文

1. 鳳竹村（行政村）：由許多聚落組合而成，各聚落間靠得非常近，從外觀還真不容易說從哪裡到哪裡，是一個自然村的集合村。這些聚落他們都自認是自然村，聽村民說：「村內有條古官道是通往福州的必經通商道路，早期因居民生活困頓，鳳竹一帶山區常窩有土匪沿途會打劫商賈，所以就聯合聘請有武術底子的人來帶領村民抵抗，至今村內仍有會武術的人。」

2. 古民居：洋尾聚落有明、清古民居三座，是屬張姓、葉姓、羅姓三家。

3. 花厝：在洋尾聚落偏南，隸屬張姓古民居。因其廊柱、窗戶、門楣、簷樑等均有精美之雕花木刻。

4. 五連厝：五棟民居連在一起，整體外觀為夯土結構，內部均為木造閩式建築，因村內聚落大多為散戶。

5. 糧棧：在村委樓附近，屬於村生活機能區。外觀為夯土牆，內部木造結構，早期為蒐藏糧食之處所，也是四棟聯，無人居住。

6. 廟宇、祠堂：廟宇有鄭伯師公廟、胡氏祠堂、觀音廟、吳公明王廟、白馬大王廟、玄天上帝廟。

4-3 景觀

1. 鳳竹羅源際瀑布群：在茶墩聚落區外山間，水流湍急，河面寬窄適宜漂流、溯溪。其山勢陡峭適宜攀登（初級），周邊小徑也可闢為自行車道。距鳳竹村約三、四公里，只有狹窄的小路可行且人煙稀少，是一尚未開發之地。

圖 5-4-1　山勢陡峭適宜攀登

2. 鳳竹水庫：原為曲鬥溪的一積水潭，後以工程將之擴建成一小型水庫，間以地形落差形成冰姬瀑布與龍潭瀑布，都在村口附近。

3. 橋樹一體：在村口有一座清朝修建之拱形石橋，周邊都是柳杉及紅豆杉，橋面就有六顆巨型柳杉，是一奇景。

圖 5-4-2　橋樹一體

4. 千年紅豆杉：在村口曲鬥水庫（鳳竹水庫）附近，有一棵約三、四人合抱，臨崖生長，其根部有三分之一外露，其下端是前往水庫之步道。

4-4 產業

1. 人參果農場：胡副會長種植，口感特殊水分多，屬涼性。一般人吃一兩個就不會再吃了，銷路不好，也種植了反季節蔬菜。

2. 溫江洋農場：反季節蔬菜種植為主。

3. 胡老憨生態農場：養魚、放山雞、羊、蔬菜等。

4. 曲鬥農場：養放山雞，以烏骨雞較多，還有番鴨、山雞（環頸雉）、蔬菜等。

圖 5-4-3　山雞（環頸雉）

5. 中華鱘基地：養殖場只蒐集鱘魚卵，魚肉都沒有加以開發利用。

6. 高山蔬果基地：反季節蔬菜種植為主。

7. 白木耳基地、平菇基地。

8. 村周邊山區都是竹林，番薯粉是季節性重要且有名之產物。

9. 各家均會以鳳竹紅米製作紅酒。

4-5 生態（非專業僅註明認識的）

在村駐留期間，以非專業觀察僅註明認識的生物，其生態之多樣性令人驚豔。

1. 鳥類：紅嘴藍鵲、白頰山雀、白環鸚嘴鵯、黑鵯、鵲鴝、烏鴉、白頭翁、八哥、黃尾鴝、鉛色水鶇、白鶺鴒、斑鳩、遊隼、山雞、竹雞（環頸雉）、小白鷺、黃頭鷺、池鷺、綠繡眼、麻雀、白眉鶇、蝙蝠、鵂鶹、領角鴞等。

2. 蛙類：樹蛙、大樹蛙、數種澤蛙、小雨蛙、石鑑（略小於牛蛙之巨型蛙）、黑眶蟾蜍等。

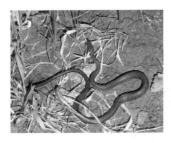

圖 5-4-4　生態豐富

3. 甲蟲類：甲蟲、鍬形蟲、各式金龜蟲、各式天牛。

4. 蝶類：粉蝶、無尾鳳蝶、鳳蝶、蛺蝶、枯葉蝶、斑蝶。

5. 蛾類：天蠶蛾、水青蛾、大燕蛾、尺蛾、毒蛾類。

6. 蛇類：赤尾青竹絲、眼鏡蛇、無毒蛇類。

 第五節
輔導團隊社區擾動與輔導策略

5-1 社區擾動

第一階段

1. 因是第一階段，在村長安排下於村委樓會議室，村兩委及居民將近七十餘位參與了說明會。參與者反應佳，奠定爾後工作推展基礎。

2. 善用白天。幾乎每日白天由村長及數位村委陪同走勘村設施，並不時討論他們及村民對村之期待與想法，回住所後加以整理，以備參考運用。

3. 走勘社區的機會讓更多村民認識我們，沿途更力邀大家每晚至村委樓來聽課。

4. 爾後課程或工作坊，到課人數最少亦有二十幾位。

圖 5-5-1　課程進行

第二階段

1. 本階段執行期間將近三個月。正式運作前，村長花了近半個月的時間，將流經村內之兩條溪完全整治，部分村小路亦將之整理平整。

2. 在第一階段期間老會長曾拍桌，當著大家的面指責村長及書記不能親歷恭爲。因此本階段許多任務，村長都挽袖與村民一起操作。

3. 餐飲烘焙創意課程非常火熱。

4. 在老會長親自帶領下，幾乎都動員起來整治環境。

圖 5-5-2　村長帶頭清溪

5-2 團隊輔導策略

第一階段

1. 本階段執行期間共一個半月、約五十天左右，有限時間內操作方式，須

更緊湊。

2. 走勘社區盡量拍攝所見之景象，如：村景、建築、生活、產業、生態、水系、山景。

3. 團隊商議第一階段規劃靜態課程：(1) 社造課程依初階、進階兩階段授課，間以影片欣賞及工作坊操作方式進行、(2) 動態操作以環境整理及綠美化為主，生活面要求不亂丟菸蒂、不隨地吐痰，並擇時完成清溪。

4. 成立社區營造點。

圖 5-5-3　社區營造點

第二階段

本階段銜接第一階段村之參與意願，規劃進階安排並引動村民朝向親手做、願意做方向，以滿足村之規劃願景，短程目標能見其功為主。

1. 與村民溝通，放棄高崗草場景觀，重新思考蒐整開發本村既有的亮點。

2. 入口意象以杜鵑花植栽圍成「鳳竹」兩字，並作美化修護。

3. 村內街道巷弄植栽美化，如：橋樹一體周邊整治。

4. 洋尾村三棟祖厝整治活化。

5. 鳳竹生態文化館設置，以圖片呈現村之歷史、人文、古蹟、生態、產業及景觀等。

6. 全村導覽解說圖設計、導覽員培訓。

7. 鳳竹特色文創商品與美食教學與生產。

8. 完成村之願景規劃。

第六節
社區發展課題與對策

鳳竹村在 2015 年 10 月～2016 年 1 月實施了第一階段的社造基礎操作；2016 年 3 月～8 月實施了第二階段進階社造操作。因此社區「發展課題」將以兩階段方式陳述，而「對策」部分則以第二階段為主。於學習課程中，引導村民以工作坊討論形式，團隊從旁指導，就社區整體環境改善、社區特色營造、村之優勢存在、人力動員等，誘發社區居民去發現問題、面對問題，籌謀因應對策。

社區不乏青壯年人士，有關課程參與意願高且課堂回饋亦佳。然而動嘴易，親力為之意願則普遍欠佳，這是大家都心知肚明的事。因此引得老會長拍桌大罵，並對輔導團隊保證，翌日就開始配合團隊整治環境。結果第二天配合老會長掃地的有婦委村幹、腰鼓隊的媽媽們，都自動帶工具來掃地並整理環境，對後續運作影響甚鉅。

6-1 社區議題

引導社區思考社區現存之問題所在。

第一階段

1. 社區環境有哪些地方需要改善？

2. 參與志願服務的困難為何？

3. 高崗草原（杜鵑花）跟社區關係檢討。

4. 社區人力資源如何先自我培力成長？

5. 未來如何因應高崗杜鵑花節？

6. 社區生態能為社區打造什麼優勢條件？

第二階段

1. 社區整體環境改善從何處啟動？

2. 大家如何面對社區特色產業打造,你的角色為何?

3. 找出社區亮點所在。

4. 協助完成社區願景規劃。

5. 社區特殊地景、地貌、森林等,如何營造休閒觀光條件?

6-2 對策

1. 社區整體環境改善:(1) 利用課堂放映台灣有關志工在社區營造扮演之角色,並強調志願服務的意義、(2) 放映村內景觀圖片,檢討須改善環境位置、(3) 爭取在座村民積極投入參與,並以翌日上午七點觀察參與人數。

2. 以胡老三為主,組成村手工藝及廚藝創研小組,先以廚藝為主,竹藝為輔。

3. 導覽課程邀集村民、村長與兩位校長,就脫開高崗草場後村內亮點所在有多少,團隊協助繪製地圖標示。

圖 5-6-1　社區地圖繪製

4. 清溪後由村委負責巡視,以防養菇人家棄置廢菇及保麗龍板。

5. 社區特殊地景、地貌、森林等,就可開發休閒觀光條件與村民討論,先以村長及兩位校長的看法為主,討論可行性分析,團隊最後分享看法並付諸討論。

6. 取得社區共識後,協助規劃社區願景及短程可達之目標工作。

第七節
社區願景分析及具體行動方案

7-1 社區願景分析

鳳竹山村天然景觀秀麗,可惜的是長期村民只關心高崗杜鵑花季,對村周邊景觀忽視的結果,使森林、溪流、瀑布群、峭壁、林道均處於原貌狀態未曾開發。因此透過導覽課程,讓村民了解村之優越條件,並引導設想村之未來發展。

願景分析是整合村內及村周邊條件綜合分析,以及村民未來面對遊客時,了解鳳竹村能提供怎樣之服務。

◆ 7-1-1 明確的正向發展需具備的基本認識

願景的規劃須做足全面的考量,若只考量眼前事物,未來社區的整體發展會受到影響及走調。因此在檢視社區條件時,須以社區資源大圖方式呈現,再分區討論,最後匯整成願景。

村內傳統產業毫無競爭力,高崗花季也只有一、二個月,登山遊客為賞花將車輛停放邐迤長串並延展至村內。然而甚少人在村內消費,村人多在高崗天湖邊搭棚販賣餐飲,但遊客也只路過不消費,對村只留下汙濁廢氣外一點好處都沒有。因此對村之未來發展幾經反思,決定鼓勵村民暫時擱置高崗草場之依賴,回歸對村的重新認識與思考。

分兩大部分考量:一是以村為主體含周邊資源盤點,二是以村一至五公里範圍內的資源盤點。透過課程及工作坊討論,居民發現了社區之美欣然接受,並針對高崗杜鵑花季節轉依賴為機會,適時以發展引導式觀光旅遊模式,積極推介村之半日遊或一日遊行程。為達此一目的需全村配合,從多面向先改變自己,塑建條件後,即可嘗試開始運營。

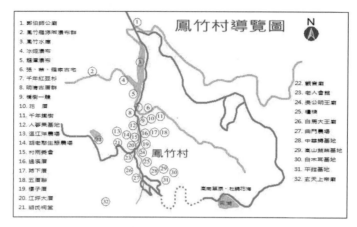

圖 5-7-1　社區導覽圖

7-2 社區願景／具體行動方案

在有了社區共識之後，社區定出「尋幽探秘，品味鳳竹」的願景。

在社區願景確認後，引導居民擬定操作策略，提出具體行動方案。

1. 社區整體環境改善：(1) 全村動員完成清溪工作、(2) 移植山腰各式彩色杜鵑花，種植於村開放空間、(3) 崩塌之溝渠邊壁重整、(4) 村口橋樹一體爛泥路重整、(5) 各家戶環境整理、(6) 以竹筒製作「菸屁股的家」放置於村民常聚會場所。

2. 組成村手工藝及廚藝創研小組，先以廚藝為主，竹藝為輔。

3. 將社區既有之青草藥類調製成青草藥飲料；以低溫炭烤研製鳳竹雞；利用番薯粉研製加工點心等。

4. 繪製導覽地圖及導覽人員培力。

5. 清溪後為防長年廢棄物棄置習慣住戶，由村委輪流巡視勸導改進。

6. 就社區外圍特殊地景、地貌、森林等，規劃可開發休閒觀光條件。

第八節
執行成效與自主經營能力

8-1 他們真的做到了

1. 整體環境改善：在老會長刺激下，並以理解志願服務者身分挺身而出，原本估計會有 7～10 位村民，結果一早七點於村委會就集結了 34 位村民，隨後幾天增加到 44 位，最後又增加至 107 人。於是輔導團隊將之分三組，一組至橋樹一體將道路整平並美化周邊；第二組到山腰採集有色杜鵑花，並分區種植於村內；第三組負責整治有礙觀瞻之崩塌水溝邊壁重建、堆砌之石柱再運用、髒亂庭園重整。由村長帶頭，請各戶將自家周邊環境整理。

圖 5-8-1　社區環境總整理

令人佩服的是橋樹一體組，其遇雨便成泥道，連汽車都很難行。該組決定到溪裡去取石頭來填補，可是下到溪裡要再走一段路，於是這些婦女志願工作者決定就地爬下溪裡去取石，每一顆石頭都比她們頭還大。來回弄了五、六車，不但把爛泥灘填平，周邊還砌石成邊，種植山邊所取回之金針花。男人們還在橋樹一體對面山坡平臺整治台階，主動以碎石圍拚一紅星巨型鋪面，邊上還以竹搭建一座涼棚，可供賞景休憩用。

另一組大家攀爬在難以立足之邊坡，挖取比人還高之有色高山杜鵑，再一車車運回村內。更換村道周邊原本稀稀落落的花樹，多餘的花樹則協助種植於公共空間，並有限分給住戶美化庭園。

第三組重新堆砌整治崩塌水溝邊壁，並將重約四、五百斤之石柱由五、六個人扛起，一塊塊搬運至無蓋水溝上，平鋪七、八塊成一漂亮休憩平臺。協助將髒亂庭園鋪石排字「鳳竹歡迎你」，獲得一致好評。

2. 社區特色營造：將社區既有之青草藥類改變口感，調製鳳竹青草茶飲料。並以雞為鳳、筍為竹，將放山雞或山雞，腹內裝填作料必有筍，以低溫炭烤研製具特色之鳳竹雞。獲縣領導們一致好評，並定名「鳳竹雞」。
   因應高崗花季，於社區內為快速提供餐飲服務，利用粗竹節製作碗、盤，並研製快速茶餚，如：竹筒飯，使遊客無須下車即可獲得餐飲服務，利用番薯粉研製加工點心等。

3. 利用導覽解說課程，引導居民於社區地圖標示社區周邊亮點位置，繪製導覽地圖並培力導覽解說人員，計有老人會副會長、兩位校長、兩位村委、婦女會成員。

圖 5-8-2　社區導覽解說課程

8-2 休閒旅遊——在地資源運用

1. 社區特殊地景、地貌、森林等，就可開發休閒觀光條件與村民討論，村長及兩位校長都有想法，討論可行性分析，團隊統整歸納後分享看法，

獲得共識並繪製願景圖。

2. 在激活鳳竹美麗鄉村「尋幽探秘，品味鳳竹」的願景規劃，以開發休閒旅遊為主，休閒運動為輔。

3. 休閒旅遊尚須陸續完成

(1) 生活文化館：以圖片、情境模型呈現山景、村貌、古建築、古道、產業、民居生活、活動、環境、生態樣貌等。

圖 5-8-3　社區生活文化館

(2) 古民居聚落指引、解說系統：指引標示、解說牌。

(3) 青年客棧：須大整理與設備配置、服務人員培力，相關產業協調配合。

(4) 社區美食：除竹筒飯、鳳竹雞外，仍須開發更多點心類產品。

(5) 生活體驗：教導遊客體驗鳳竹，如：竹編、草編、自製伴手禮（餅乾、點心、鳳梨酥等）、國小簡易拓展活動、採栽蔬菜等。

4. 休閒運動開發：未來設置區域位在鳳竹水庫西方約五公里處羅源際瀑布群附近，為一處尚未開發之景區。本規劃須有外資企業投注開發。

(1) 露營區：臨鳳竹水庫邊高地（梯田）約 2 公頃，距離鄉道約六百公尺處，闢建露營區設施。

(2) 溯溪戲水區：可分三區段：緩流區適合兒童戲水，水質清澈深度較淺；中段為初、中級溯溪訓練區；瀑布區（含）前後距離約三公里，為高級溯溪攀岩區。

(3) 攀岩登峰區：亦可分初級及高級攀岩區。

(4) 自行車運動路線：除休閒自行車道外，該區另可開闢極限自行車道區。

(5) 探索運動園區：設置較專業之設施及團隊。

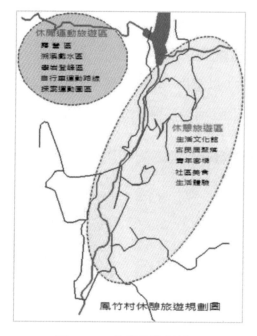

圖 5-8-4　休憩旅遊規劃

8-3 社區自主經營能力

　　鳳竹參與第一階段社區營造歷時五十餘天，第二階段歷時近四個月，就以第二階段發展而言，從正面來看一切發展順利。然而從另外一個角度看，上級領導對社造漠不關心，鄉政府在執行期間一直質疑成效，且其對村長一直都有意見，就更是忽略此事。

　　就村長而言，從正面看他也真的挽袖彎腰跟著幹，結果他心底下另有打算。他原有一些債務纏身，更嚴重的是，當初全村環境大整理徵求志願服務者參與時，第三天人數為 43 人，但從第四天開始連續三天人數暴增至 107 人，團隊當時非常高興。然而事實真相是，有一日有位村民（志願服務者）來輔導團隊要求數日來的工資，此事曝光後村長也無所謂，當然也與團隊無關。雖然一再告知志願服務是不給予工資的，但沒錯村長為做好人這樣安排無可厚非，沒想到最後

他的債務及這筆工資都算在團隊身上，最後還是協助他幫忙處理完畢，也沒有交惡，但是也不可能會有下一階段了。

至於村社造工作，動能最強的也只有老會長、副會長、胡老三、張龍、國中胡校長等數位，只是能做卻無法規劃，源於大家在開始有感覺時已經結束。雖號稱進階階段，實則只能算是初階結束。因此自主經營社區的能力，也只能看他們的堅持了。

第九節
未來展望

2016 年結束後經觀察，村傳統產業稍有改變：

曲鬥農場：除傳統農業芹菜這兩年收成豐盛；小林養雞場所養烏骨雞、山雞（環頸雉）、紅面番鴨等都大賣。

胡老憨農場：老會長的農場在兒子的經營下，在古田縣開了一家店面，販售自家農產品，魚、雞、鴨是大宗，蔬菜次之。

村內年輕人改竹筒飯材料、低溫烤雞、鹽烤豬肉、台式肉燥等，為農家樂主菜。

除去曾經參與過社區營造的夥伴能覺醒改變思維，尚能靠轉型持續經營，但村的整體自主經營行動力已停滯。目前有一台灣博士所屬基金會三不五時協助該村小學外，目前與該村正積極合作推動無毒農業，狀況尚可，進一步效益有待觀察。

第六章

福建省古田縣鳳都鎮際面村
──里村

隱世秘境田園，悠遊體驗里村

── 社區旅遊規劃 ──

第一節　社區簡介

第二節　社區位置、交通、地圖

第三節　社區觀察與診斷

第四節　社區資源盤整

第五節　社區擾動與團隊輔導策略

第六節　社區發展課題與對策

第七節　社區願景分析及具體行動方案

第八節　執行成效與自主經營能力

第九節　未來展望

第一節

社區簡介

　　鳳都鎮際面村位於 916 縣道沿線，距古田縣城十公里、距鳳都鎮中心六公里。村落面積一千一百餘公頃，轄有前村、里村、珠洋、壩裡四個自然村，總人口 1,807 人，際面溪穿越聚落區。際面村以「大野山」銀耳有限公司爲地方產業龍頭，推廣標準化無公害銀耳生產；另外在聚落區外，打造千畝優質水蜜桃生產基地，致力水果產業經濟。鎮政府積極發掘該村「紅色文化」資源，將早期抗日期間，江作宇曾率領一批人組成游擊隊，以其多次成功襲擊日軍引以表率，將江作宇故居重新整理修繕，列爲本地紅色文化遺跡。

　　2013 年際面村被列爲鳳都鎮「美麗鄉村」建設重點村，以及「人才、興村、富農三年雙倍增」的試點村，通過推進農業產業升級、基礎設施建設等，力爭實現鄉村產業、文化、環境等面向的全面提升。

　　里村是際面行政村的一個自然村，在際面村西北方約五百公尺處，全村長約一千八百公尺、寬約五百公尺，面積約九十公頃，全村約九十戶，人口 61 人。全村大多姓李，老人占了 80%，產業有各種桃類、李、油奈、少數食用菌類、竹筍等，際面溪里村段穿過村前，流向際面村。

第二節

社區位置、交通、地圖

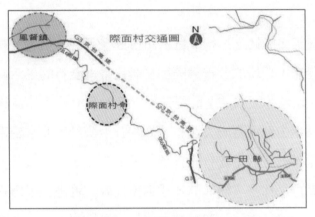

圖 6-2-1　際面村位置圖

　　際面村在古田縣西北部、鳳都鎮東南方，其介於兩者之間，農交車程約二十五分鐘，主要道路為 916 鄉道。古田縣、鳳都鎮都有 G3 京台高速公路匝道出口，也都銜接 916 鄉道。

第三節

社區觀察與診斷

3-1 社區觀察

　　鳳都鎮的際面村是初次接受社造，源於鎮書記非常熱心，適逢 3 月底村內要辦「桃花節」，在鎮書記一再要求下提前於年後 2 月 27 日前往該村，去之後方知該節慶活動已交給專業公司包辦，我們只能從社造角度協助製作社區資源文化館。

　　進駐初期以際面村爲對象，利用時間每天早出晚歸走遍全村，從中找尋社區資源，如：鳥類、動植物、古民居、山村生活、建築特色等，繪製社區資源地圖，草擬社區可發展之方向。並利用村民好奇心理與其交談，並介紹社區營造理念。

　　際面村是鳳都鎮所轄之一行政村，2013 年獲選爲「美麗鄉村」項目補助，爲村增設了硬體設施，環境的改善爲際面村居民帶來全新的生活條件，卻未因此帶來產業、文化、環境等面向的全面提升。

　　離村約一公里山區內有一大瀑布，高約五十公尺，非常隱密，因從未開發仍保持原貌。村偏西約五公里處有座五華山，高約一千一百公尺，「峰奇、石峻、洞幽、水秀、庵古、林密、樹異」，「華頂秋霞」更是「玉田八景」之一。山上另有道教聖地——棲真道院，還有神奇變幻的蜈蚣洞、一口歷史久遠的古井，民間流傳有「獅公劍」的美麗傳說。

　　在際面村有三千多畝的桃樹林，每到桃花盛開的季節就有遊客來此賞花。這裡盛產水蜜桃而聞名在外，品種以白鳳、大久保、甜桃、朝霞爲主。際面水蜜桃主要分布 600 公尺海拔以上地方，因爲海拔高，品質佳且澀味少，深受人們的喜愛。

　　際面村還是老區基點村，有其光榮的革命歷史，是抗日期間老游擊隊幹部江作宇的故鄉，他的故居位於際面與里村之間。

　　此期間曾於社區各據點展開說明會，結果因文化不同，一切向錢看、有錢才參與的心態，花了將近三個月時間徒勞無功。因此放棄際面村前村，而入山找其自然村一個叫「里村」的山村。「里村」就是位在山裡面村子的意思，90% 都姓李，九十餘戶共 61 人，可勞動人數爲 57 人。

　　「里村」爲際面村的一個自然村，四面環山景致優美，入口處有三株巨樹、兩株柳杉、一株樟樹，均有 100～200 年樹齡；村尾亦有兩株柳杉，成爲村之特殊景觀，村後山也有一株樹齡更久遠之巨大樟樹。村主要道路爲一條東西走向，且與際面溪里村段平行之水泥道路。村尾再繼續往山裡走約兩公里處原有一個瀑布，枯水期目前尚有水垂下；下有一水潭，村民叫它毒龍潭，附近還有一小廟。

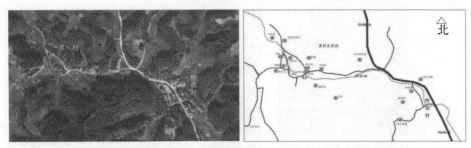

圖 6-3-1　里村位置圖

村落全是古建築民居，民風非常純樸，篤信風水、生活單調且規律有序。村無網路、沒有電視亦無其他娛樂，蔡公廟前是村民聚會聊天場所。

村內絕大多數都是老人，除務農外各個身懷絕技，如：竹編、棕櫚編、竹藝、養蜂、養兔、青草藥、建築修復。村內有一年輕人是無生產能力的人，他因病造成聾啞但熱心助人，團隊進入後，經激發其潛能學習竹藝，讓他賺了人生第一筆錢。

3-2 社區診斷

鎮政府對台灣式社區營造充滿期待，鎮書記是一頭熱且非常自負，對社造是一點概念也沒有，從頭到尾將團隊視為景觀設計公司。

際面村民非常在意村收入，認定團隊是為其帶來財富的台灣投資團隊，因此在推展社造工作期間，簽名要收錢、聽講要收錢，要求工作要收錢。

「里村」為一未經開發之自然村，二十多年來從未有鎮垃圾收集車進村收集垃圾，其垃圾均棄於際面溪，因此溪岸邊成堆的垃圾全靠大雨後的洪水沖走。多年來各級領導也從未進入過村內，甚至連鎮書記都不知道有這個村的存在。因此鎮的項目補助也從未在村內做過任何設施，是一個真正被遺忘的村子。

圖 6-3-2 環境髒亂

第四節
社區資源盤整

4-1 人

1. 村內絕大多數都是老人，除務農外各個身懷絕技，如：竹編、棕櫚編、竹藝、園藝、養蜂、養兔、青草藥、建築修復。

2. 鎮人大會主席：是一位很自負的人，高高在上只能聽他的，其他的他不管。

3. 紀委書記是包村幹部（責任制），要求團隊在工作範圍內不要節外生枝。

4. 寶花：鎮政府非正職人員，大學畢業，鎮政府與團隊之聯繫人。

5. 村長：從事白木耳貿易，沒有上級領導關心，村內事從不過問也不關心。

6. 晨曦：2015 年 2 月剛退伍返鄉之 24 歲青年。適逢 3 月桃花節巧遇團隊，跟著團隊同進出並不時提問，最後跟著團隊共同參與，並收其為在地社造種子。

7. 村內有一年輕人是無生產能力的人，他因病造成聾啞但熱心助人。團隊進入後，經引導激發其潛能，發現其有雙巧手，於是教導他學習竹藝。

4-2 文

1. 蔡公廟：神龕上主祀蔡公主師，傳說蔡公姓蔡，其名不詳。青水龍吳村人，生於宋，出生時就有異像，能知前世之事。蔡公從小只吃素不吃葷，而且能預知風雨陰晴，眾人都感驚訝，視他為異人。長大後曾拜法水主師為師學法。學成歸來後傳說其曾落腳此處，因此立廟供奉。

2. 江作宇：抗日期間老游擊隊幹部，其故居由鎮政府專款重新修復。

3. 龍潭：村尾再繼續往山裡走約兩公里，原有一個瀑布，枯水期目前尚有水垂下；下有一水潭，村民叫它毒龍潭。相傳早期水潭內有一毒龍，常興風作浪發大水淹沒村莊及莊稼。此事後來讓五華山道觀的道士知道了，來到潭邊作法並以寶物鎮住毒龍，迄今毒龍偶而翻個身，仍會掀起小洪淹漫莊稼。附近有一小廟，據聞是五華山道士曾暫厝於此，後人為紀念所建。

4. 村無網路、沒有電視亦無其他娛樂，蔡公廟前是村民聚會聊天場所。

4-3 景觀環境

1. 四面環山且景致優美，入口處有三株巨樹、兩株柳杉、一株樟樹，均有100～200年樹齡。源於風水關係，江作宇後代家屬火燒此三株巨樹托神明保護，只有一株一人合抱不了的大樹較為嚴重，垂直燒掉其三分之二，只剩三分之一約二十公分厚之樹幹，然卻枝葉茂盛蔚為奇景。因此事與村民起了衝突，目前跟里村人少有往來。

2. 村尾亦有兩株柳杉，成為村之特殊景觀，村後山也有一株樹齡更久遠之巨大樟樹。村主要道路為一條東西走向，且與際面溪里村段平行之水泥道路。

3. 際面溪里村段是上游，沿溪兩岸均是垃圾，當季雨勢稍大必會發洪讓村落淹水。其帶來的淤泥都會覆蓋田地，村民已習以為常並自我安慰每年都有附養分的新土，作物會長得很好。

圖 6-4-1　柳杉

4. 際面村含里村的農田均成梯田狀，山坡地均種植桃樹與李樹。

4-4 產業

1. 盛產水蜜桃，品種有白鳳、大久保、甜桃、白桃為主；李樹、油奈次之。
2. 稻米、蔬菜。

4-5 生態（非專業僅註明認識的）

1. 鳥類：白頬山雀、烏鴉、白環鸚嘴鵯、鵲鴝、白頭翁、黃腹鵯、黑鵯、白鵺鴝、山雞、竹雞、遊隼、鉛色水鶇、紅嘴藍鵲、小白鷺、黃頭鷺、池鷺、簑鷺、綠繡眼、八哥、秧雞、麻雀、橙腹葉鵯、領角鴞等。

圖 6-4-2　黃腹鵯、白環鸚嘴鵯

2. 蛙類：樹蛙、大樹蛙、數種澤蛙、小雨蛙、花臭蛙、石靈、黑眶蟾蜍等。

3. 昆蟲：

甲蟲類：甲蟲、鍬形蟲、各式金龜蟲、紅娘華、薑、石龍子、草蜥、各式天牛。

蝶類：粉蝶、無尾鳳蝶、鳳蝶、蛺蝶、枯葉蝶、斑蝶。

蛾類：天蛾、水青蛾、鬼蛾、尺蛾、毒蛾類。

蛇類：紅花蛇、眼鏡蛇、草蛇、無毒蛇類。

4. 動物：松鼠、山鼠、山羌、野豬、家鼠、泥鰍、黃鱔、地龍子等。

圖 6-4-3　花臭蛙、地龍子

 第五節
社區擾動與團隊輔導策略

5-1 社區擾動開始

時值 5 月底恰好本人正在鳳竹，當時夥伴動員村民四十餘人參與全村環境大整理，並分三組進行：1. 將山上的各色高山杜鵑移植到村內做美化、2. 將社區入口橋樹一體周邊環境整理、3. 社區倒塌排水溝渠護邊重整、髒亂點綠美化。

3 月～5 月底期間曾於際面村各據點展開說明會，結果因文化不同、有錢才參與的心態，花了將近三個月時間徒勞無功，因此放棄際面村前村。在這將近三個月時間，因不斷走逛該村，知道離際面村不遠處有一個自然村叫「里村」，因

此決定前往試試。

　　至 6 月中旬每日與村民套交情、閒聊，晚上集合村民介紹什麼是社區營造與志願服務精神，同時介紹鳳竹動員自願服務者整理全村環境，成效卓著，居然感動村民都願起而效尤。

圖 6-5-1　與村民走勘社區

　　由於時間緊迫，輔導計畫 7 月底將結束，於是每天與村民交流找問題、謀對策。晚間邀集大家就白天所遭遇的議題，利用簡報、影片、案例為大家解說，獲得村民一致的肯定與參與意願。

　　此期間適逢一剛退伍之 24 歲的年輕人，回鄉後得知社區營造毅然放棄求職，轉而跟隨團隊要學社區營造。經多次試煉與徵詢，欣然收為大陸弟子。每天白天單獨給他上課，從什麼是社造、台灣經驗、賦權、組織及運作、經費核銷、心智繪圖、生態、表單製作、社會型企業、環境教育等。每次與本人討論事項，必須以心智繪圖方式呈現再解說，一個月的時間，他自己都說比他一生所學都要實用。

5-2 團隊輔導策略

1. 為配合桃花節，於際面村內一個路衝房舍牆面製作入口意象。並於青年客棧二樓迴廊，利用平日拍攝之照片，依山居、村景、自然生態、古民居、產業等分類整理，放大印出設置村生活文化館。

2. 積極指導晨曦這個年輕人，使之成為里村唯一社造員。

3. 村雖小卻五臟齊全。預先規劃全村未來發展，爾後再與村民討論。

4. 為塑建村民成就感，先以竹藝切入。

5. 除引動勞動力外，軟體概念亦須及時導入。

6. 帶動古田縣「大專生創業孵化基地」年輕人入村協助。

7. 環衛優先、生態保育次之，村改同步進行。

8. 與縣府旅遊局保持密切關係。

9. 村民生活單調，須設想解決方法。

10. 與福州農林大學生聯繫，暑期來里村擾動。

第六節
社區發展課題與對策

6-1 社區發展課題

1. 溪流周邊垃圾亟待處理。

2. 三不管的村子，亟需走出一條自己的路。

3. 面對快速發展的社會，傳統產業須跟著轉型。

4. 村無法獲得建設項目支撐。

5. 村民流失嚴重。

6. 地產地銷值得推動。

7. 村活化為優先考量。

6-2 對策

1. 全村願配合，依討論決議貫測執行。

2. 初步編組分工，為未來運作奠基。

3. 村願以晨曦爲領頭羊，讓他爲團隊間之平臺。

4. 晨曦另帶領兩位村民組成核心幹部。

5. 6月15日全村勞動人口且自帶工具，從清溪開始顯現決心。

6. 團隊另以婦女爲主成立烘焙班，以在地食材從頭學習如何製作糕餅開始，目標爲創新產業升級。

7. 以晨曦爺爺爲主，負責全村道路整理及綠美化。

8. 爲求轉型，村發展仍以邀請遊客到訪爲要。前期規劃以社區需求爲前提，規劃完整架構並分階實施，且爲時程考量，依村動能滾動調整操作。

9. 與閒置空屋之屋主協商五年無償，並同意讓團隊能以「修舊如舊」傳統工法將舊屋修復。藉以提供爲「里村」社造工作室，繼而轉型爲村合作社。

10. 村景雖美，一片綠意與周遭環境同質性太高，難具特色，須配合改善。

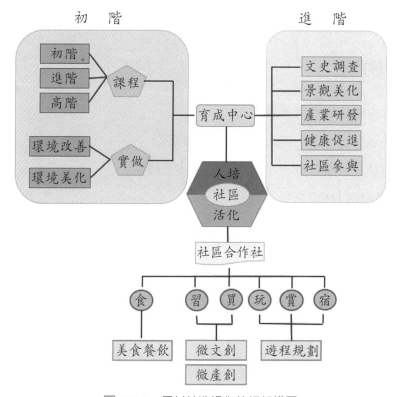

圖 6-6-1　里村社造操作執行架構圖

社區願景分析及具體行動方案

7-1 社區願景分析

　　一個十多年沒有任何官方眷顧的小聚落，在與團隊接觸後，自覺可以走出一條自己的路。麻雀雖小，五臟齊全，有文化、有景觀、有生活面、有產業等，這樣有點封閉的小村，欠缺的是累積十數年的垃圾處理問題、沒有網路、沒有電視、沒有公共設施、少有外人進入、村民陸續搬出且面對快速發展的社會，村傳統產業缺乏競爭力。

　　在有限時間內村民思考先將小村激活，勢必村民需全體動員。考量未來將引進遊客，目前所欠缺的條件以及具備的有利條件，經過整合且多次討論後，村以「隱世秘境田園 · 悠遊體驗里村」為願景。

◆ 7-1-1 分析

1. 從村口進到村裡全長約一千八百公尺，為吸引遊客到訪，在這麼短的距離內，要讓遊客停留一小時不容易。因此規劃主軸引導居民須先完成面對遊客需求，以村能提供什麼樣的條件為主。其次，讓遊客透過導覽解說引導其漫步入村，村必須以故事導引，讓遊客在足夠的氛圍中緩行入村。接著尋找適當場所，讓遊客能體驗村居生活。經多次與耆老訪談有關村之古老傳說並經整理後，以五華山道士龍潭除惡龍傳說為遊客導引主軸：相傳古時村西內山有一景致優美之水潭及瀑布，是村民閒時休憩賞景之場所。不知何時來了一條毒龍眷戀於此，時常興風作浪並破壞莊稼，令居民困擾不已。此事傳至五華山道觀，駐觀道士攜鎮妖寶物到此除妖。歷經一番激鬥，該龍被寶物鎮住並沉陷潭底，至今毒龍已不見，據信寶物應仍在潭底。據此，未來開放遊客到村旅遊之際，村即以此傳說轉換成遊戲，導引遊客走訪村落。

2. 村雖小，若須激活應全面整頓，建置滿足遊客所需條件須全村配合。

3. 爲追求村之願景，設定可達成之短程目標，如：環境整理、成立村工作團隊、烘焙班、整合達人製作各式手工藝等。

7-2 具體行動方案

1. 配合輔導團隊以村激活概念，並決議由晨曦爲領頭羊。

2. 由晨曦媽媽爲首的烘焙班，在團隊的指導下，從練習製作餅乾開始，接著製作菊花酥、牛角麵包，最後是台式鳳梨酥。

3. 晨曦加緊對村史認識及村故事蒐整。

4. 村景觀大改造，晨曦爺爺負責村道路及居家環境改善、綠美化。

5. 全村動員清理溪中垃圾。

6. 村口設置入口意象、村導覽地圖。

7. 蔡公廟後方設置祈願樹。

8. 於稻田與山坡桃樹交界處設置地景藝術，活化一片綠之單調。

9. 獲得房東兄弟同意，並簽下切結書之閒置房舍一棟，內部須全面整修。

10. 確認福建農林大林姍何時會帶同學入村進駐。

11. 依願景結合際面村，做整體規劃。

此番規劃是透過社區議題、優劣勢分析、願景規劃與對策等程序完成。

(1) 里村生態文化休閒亮點區：係因全村面積屬狹長型且長距不及 1800 公尺，遊客滯留時程過短，但自然生態及景觀資源豐沛、配合周邊景區設施與社區連結，將傳說故事導入導覽及活動設計，如：①加強導覽人員培力、②社區環境改造、③旅遊產業配套措施規劃、④遊戲區規劃、⑤休閒空間規劃。

(2) 生態休閒登山步道區：於步勘社區時尋獲之新自然景觀區，村民亦甚少來此。前行約一點五公里山凹處可遠觀桃李產業區，沿途蕨類植物、數種竹林，生態豐沛。入口即在際面村內，爲保持原始狀態，規劃避免過多人爲設施，如：①規劃一條登山主道三條支道，僅設計路

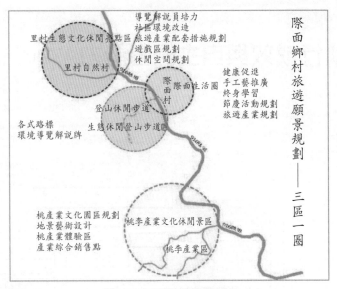

圖 6-7-1　社區願景規劃

標指示牌、②各停駐點設置解說牌。

(3) 桃李產業文化休閒景區：原是際面村民桃李產業集中種植區，路口有產業區遊客服務中心，區內除植株外，上有各式打卡景點、涼亭等，如：①桃產業文化館設置、②地景藝術設置、③桃產業體驗區、④地方產業綜合銷售點設置。

(4) 際面生活圈：緣於際面村（美麗鄉村）對於台灣式社區營造認知落差大，因而前往里村經營，但一般簡易營造還是可為，如：①健康促進、②手工藝推廣、③終身學習、④節慶活動規劃、⑤旅遊產業規劃。

第八節
執行成效與自主經營能力

8-1 執行成效

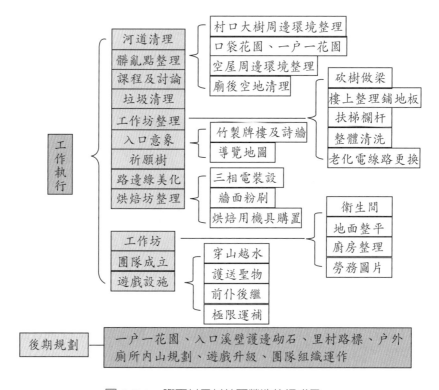

圖 6-8-1　際面村里村社區營造執行成果

1. 花了四天的時間清溪，將一公尺寬的河道清除了累積十餘年的垃圾，並將河道拓寬六至八公尺寬，意外地防止了兩次超過 80 年以上、且從沒發生過的大雨洪水所造成的嚴重災害。

圖 6-8-2　村民清溪

2. 清溪後凝聚了民氣，接著每天白天整理環境，晚上上課（依議題安排）
   或討論村未來願景及目標。

圖 6-8-3　課程與夜間生態觀察

3. 里村正式進入社造情境。經過七、八天的討論有了完整構想，6 月 23 日
   開始全村邊採桃邊做社造，大半時間只剩下兩、三人在做。若遇重要工
   程時，村民會暫時放下採摘李、桃、油奈並配合完成工程。

4. 數十年未曾有各層級領導進入該村，特邀請各階層領導進村關心。並透
   過協助古田縣「大專生創業孵化基地」成立，縣長主持開幕式後，為其
   簡介古田社造歷程，現場請縣長支持並設法協助補助兩村之經費。當天
   事後經過一番討論，縣長立刻指示由吳副縣長負責，針對兩村經費需求
   進行了解。在其進入里村之前，鎮書記、鎮人代會主席、包村幹部（鎮
   紀委書記）及一些幹部都陸續到達。吳副縣長現場看到全村清溪舉動，
   理解這全是志願服務時，當場決定願協助撥補經費。繼續參觀烘焙班

成果，並在祈願樹繫上祈願牌。走勘結束前安排吳副縣長與村民對話，暗中要村民開口跟吳副縣長要項目經費，現場即獲得同意讓村民非常興奮，因為他們認為這經費是靠他們自己要來的。

圖 6-8-4　副縣長巡視社區

5. 透過軟體（行政概念）教學使村民了解組織的重要，也適時地找到一無人居住之古民居，經獲得土地及房舍使用（含修繕）同意書後，村民十餘人開始以「修舊如舊」古法方式，花了一週時間整修完畢，成為社區「社造工作團隊工作室」，也是未來遊客服務中心。

6. 修繕組另外完成入口意象，竹製桃詩迎客裝置藝術。

7. 村道及居家環境改善，重點是連棟古民居門口之堆積廢材及垃圾清除；移植山上採來的四季海棠、千日紅等綠美化村之各角落。

圖 6-8-5　環境綠美化

8. 生態課程改變村民對小動物的態度，早前是看蛙踢蛙、看蛇打蛇。透過影片及帶領村民夜間巡蛙，讓村民理解自然界之生物食物鏈關係。有種蛙叫花臭蛙，大的有手掌般大且不怕人，晚間村民上課或討論議題時，

村民都會說：「老師！花臭蛙又來聽你講課了」；溪中漂來一條蛇，村民將牠撈上來拿給我看，我稍微觸摸一下跟他們說：「你們也來摸摸，看看發生了什麼事。」因無外傷，骨骼也無異狀，村民一致說是上面有人在噴灑除草劑，青蛙沾到後被蛇吃了，因此死了。此事真假無從追究故含糊帶過，但是對於環境汙染的概念，多少已經影響村民。

9. 成功引導村民成立合作社概念。邀請古田大創會成員來村付費走逛（事前已溝通）。當晚並與村民就此收入討論未來處理方式及管理機制，花了兩週時間大家才有了共識，為此成立了「社造工作團隊工作室」，也是未來遊客服務中心。

10. 7月中旬以後本案即將結束，因此村民更是積極投入，團隊分工各組均按部就班趕工中。

11. 指導晨曦以毒龍潭故事為主軸，設計各式「尋寶」遊戲。並由村口導覽解說後，依遊戲分組過關方式節節入村，最後在回到工作室時，以DIY體驗活動，完成全程尋寶遊戲。

12. 7月21日有來自大陸各省不同學校的大學生，共四男四女到里村服務，剛到時各個逞強好勝誰也不服誰。傍晚以引導方式整合他們理念，並技巧性透過未來分工，安排了任務性領導及工作組別。告知團隊精神及意義，並利用晚間講述社造概念及操作方式，對爾後運作發揮了超出想像的成就。

圖 6-8-6　晨曦與學生簡介社區

13.邀請縣委書記、縣長、各副縣長及單位幹部，另外尚有古田縣所屬各鄉書記、鄉長到村「拉練」（視察），讓鎮書記興奮莫名。

14.上午一大早在太陽尚未直接照射前，於村口以紙水泥製作村導覽圖以及金錐家的養兔園、養蜂場壁面裝飾。下午太陽太大，跟這些學生講述什麼是社區營造並展開討論。

圖 6-8-7　學生參與體驗社區

15.7 月 24 日舉辦了成果展，並為社區營造工作坊揭幕。古田縣府兩位副縣長、縣旅遊局局長、副局長、民富中心主任等長官、鳳督鎮書記、人代會主席、家庭教育學院副校長、媒體、社會團體、鄉賢、青創協會等蒞臨指導。走過入口意象，由晨曦以遊戲帶動村導覽方式過站前行，陸續參觀了社區營造成果，最後至工作坊，由姍姍帶動遊戲最後一關體驗里村生活遊戲並獲得寶藏。在晨曦做結尾說明後，大夥與村民共享美食。總結獲得各界一致好評與肯定。

圖 6-8-8　古田各級領導與來賓走訪里村並為成立之社造工作坊揭幕

16.晚間隨村民一起討論並規劃團隊離開後的工作方向，獲得村民支持。安排古田縣的人脈協助，有大創會、家庭教育學校副校長、古田電信管理處處長、旅遊局副局長、民富中心主任等，彼等事前均已安排妥當，學

生必須親自去爭取。

17. 於是學生在村內先後完成：(1) 村中青草藥草的檢視紀錄、(2) 繼續村內垃圾分類工作、(3) 依個人專長教導村民，如：孩童繪畫、舞蹈、成人書法體驗教學、婦女廣場舞教學、(4) 戶外蚊子電影、(5) 義務為老人剪髮與配眼鏡、(6) 舉辦唯一的全村過生日宴，同時舉辦家常菜創意比賽。

圖 6-8-9　學生實踐體驗社區

18. 當 8 月 11 日學生要離開時，全村披紅掛彩出動歡送學生，一路淚灑至村口。

8-2 自主經營能力

1. 團隊經營自我要求，與村之互動在於誠信，允諾支票一定兌現。當然在獲得村的認同下，社造推動更具信心，因而調整步驟。原本是第一次的初階教學，結果發展出人意表，繼而進階、高階進度一併處理。這全歸於村民成熟的學習態度與認知，對於村的未來充滿期待，操作過程配合度高，村民各展智慧以奠定永續之條件。

2. 在積極推動硬體設施同時，軟體更要先行。從團隊組織運作、各式表單製作、理念溝通、適時地舉辦活動，以能持續啟動社造動能、操作環節與技巧等，是社區永續經營的基本條件。

3. 不斷溝通。社區課程依溝通議題展開,比教條式課程有效,村民接受度較高。

4. 各操作項目、財務管理等方式,均先與村民討論提供辦法,最後再曉以正確操作方式(引導式教學)。村民理解後,至終從未因金錢而發生過爭端。

5. 村內唯一年輕人,當他理解社造對家鄉會帶來正向變動,於是毅然跟隨著學、跟著做。在一個多月中將所學能盡情發揮,在於學有所用。運作過程遭遇挫折時,團隊僅指導方向,問題還須自己解決。透過心智繪圖、魚骨圖,從需求中完成執行架構,最後還能指導八位大學生,依圖完成活動規劃與分工。

6. 當全村理解社造對生活的改變,並能帶來立即村的收益,因之能全力投入。

7. 團隊離開里村四個月後,里村登記成立「里村社區產業合作社」,初期以協助村民推銷桃和李。在與晨曦接觸時,指導其發展桃酒製作、純蜂蜜、肉用兔、竹藝、發酵果汁、桃膠製作;至各魚具店調查需求後決定養蚯蚓;利用溪流養鴨,每年 3 月桃花節舉辦活動招攬遊客,重點是全透過合作社對外行銷。

8. 2018 年晨曦受邀於福州永泰縣鄉村振興研究院,負責輔導下轄五個村之鄉村教育、生態農園、農村激活等人才培力工作。

圖 6-8-10　社區合作社除在地農產品外,更積極推動各式加工產品

第九節
未來展望

1. 2016 年，古田縣委書記謝在春先生調陞福安市委書記，古田縣接任書記不會續接前任書記未完成工作，因此古田社造只能停擺。

2. 鳳督鎮鎮長亦換人，每年 3 月的桃花節鎮政府都是外包顧問公司辦理，然而里村亦自辦活動，卻遭鎮政府要脅不許辦理，甚而鎮長親自出馬威脅。因為這幾年遊客都會經過際面前村而直接進入里村，使前村毫無收益。2018 年鎮政府更派公安人員進村威脅晨曦，但是里村活動照辦，鎮政府也拿他沒辦法。

3. 在一個人治社會中，這類事件屢見不鮮。因為約略了解社造的是上層，中下層是一竅不通也不屑學習，一切都要看到實體成果為要，其他都不重要。

4. 里村目前合作社只有三位不支薪夥伴在經營，但社造精神已深入村民心中。晨曦在農閒期間於永泰縣協助鄉建工作，這是在大陸社造推動中已留下永續傳承的精神。

5. 迄今團隊仍在關注里村及晨曦的發展。

6. 里村目前 2020 年全村積極推動無毒社區，以及公共堆肥製作。迄今由一退休之女老師帶領社區，一年來多數農家大都已自主配合施作。

第七章

福建省福安市穆陽鎮——石馬兜

好穆陽——鎮如其名，灼至民生

—— 文化保存 ——

第一節　社區簡介

第二節　社區位置、交通、地圖

第三節　社區觀察與診斷

第四節　社區資源盤整

第五節　社區擾動與團隊輔導策略

第六節　社區發展課題與對策

第七節　社區願景分析及具體行動方案

第八節　執行成效與自主經營能力

第九節　未來展望

第一節

社區簡介

　　穆陽鎮位於福建省東北角，地處福安市西部，穆水溪畔，浦賽公路北側，是福安市主要集鎮之一。轄區面積 18.5 平方公里，耕地面積 3,680 畝，總人口 1.5 萬，其中非農業人口 7,306 人。

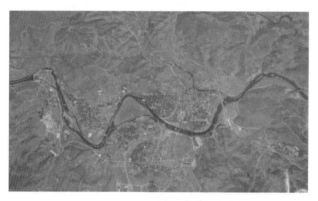

圖 7-1-1　穆陽鎮區位圖

　　穆陽鎮坂中村、桂林村及周邊康厝畬族鄉、穆雲畬族鄉，均為少數民族畬族人。

　　穆陽歷史悠久，人文薈萃。古代繆、穆同音，穆陽為繆姓聚居地，是宋代鄉賢繆烈故里。鎮區交通方便，穆陽溪河可通木船。1956 年前，周寧、政和、松溪等縣的生活必需品就從這裡集運。茶葉、穆陽烤肉、水蜜桃、線麵、紙傘為地方特產。

　　基礎設施較為完善，電力資源豐富，穆陽水電站總裝機容量 5,000 千瓦，自來水廠日產 3,000 噸，行動電話網路覆蓋全鎮。文化衛生醫療設施完善，鎮區內有中學兩所、小學兩所、幼稚園五所，在校生六千多人，轄區內有福建省唯一的民族醫院及衛生院。沿民族醫院邊小巷前行，即為石馬兜古巷。

　　歷史悠久的「石馬兜」，從穆陽溪碼頭由南向北穿過前街、石馬兜長約三百

公尺，寬則不足四公尺。過去由於水路發達，穆陽是周寧、政和等閩東、北的物資集散中心，連接碼頭的石馬兜成為當時穆陽古鎮最繁華的傳統特色商貿街巷之一。沿街商鋪林立且商賈雲集，紅極一時。隨著時代的變遷、交通格局的變化，石馬兜日漸冷清，空置的房子也越來越多，成為被遺忘的角落。

據穆陽鎮政府網站記載，早在明朝初年，隆崗祠房祖的父親祿四公就砌了一條石子路，那是雨巷的雛形。這條路的初始作用應該是通往溪邊觀前碓渡以及三清觀，直到明朝萬曆年間繆氏修建了五門，從皆春門到南薰門這一段正式成為一條街——皆春街。同時開闢的前街與皆春街在南薰門外交匯，前街兩邊店鋪林立，水陸商貿頻繁，可見當時石馬兜一帶很繁榮。

石馬兜由來為相傳因早期此地水陸商貿頻繁，一些上、下船的馬夫會將馬匹牽繩拴在石柱上，因此有人稱此地為拴馬兜，也有人稱之為石馬兜。

正北的皆春門是用大石頭砌造的，是繆氏宗族出入之門，屏牆上有州守鄭瑄的題字「敦睦遺風」，用的是繆彤兄弟的典故，於民國時期拆除了。從皆春門踱到南薰門，其鋪設的鵝卵石路明亮光滑，遍布周遭迷宮般的小巷小弄也不例外，有的地方石子還排列成各種圖案。現今的雨巷被定義得更長，水泥路面從衛生院鋪蓋到前街乃至穆水溪畔——曾經的曠野地帶，繆氏五門的皆春門與南薰門早已不復存在。

2017年石馬兜迎來「新生」的機緣。具有特色產業的穆陽鎮被評為全國特色小鎮，以此充分發揮穆陽古鎮古民居眾多的優勢，著重打造石馬兜古街、蘇堤古街、百歲咸頭閣古街。挖掘「古」色來發展旅遊文化產業，石馬兜古街由此踏上了重振新生之路。

第二節
社區位置、交通、地圖

2-1 社區位置

　　穆陽鎮地處福安市西部，穆水溪畔，浦賽公路北側，是福安市主要集鎮之
一。

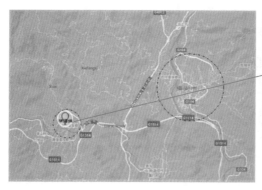

圖 7-2-1　穆陽鎮石馬兜街區

2-2 交通

　　高速 G1514 即在鎮郊，下高速左轉約兩公里即達鎮中心；省道 302 下浦線橫
貫全境，穆陽溪與賽岐港連接，福穆線與 104 快速道交接，區內交通便捷。

　　從福安汽車北站搭乘中巴，票價八元，約半小時抵達穆陽鎮。下車沿街行走
不到一公里，過穆陽橋即可看到一條幽深的巷子「石馬兜」。

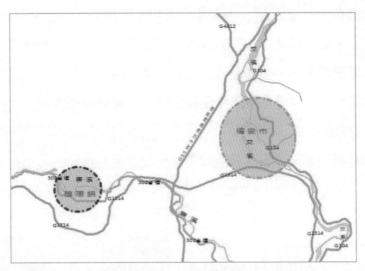

圖 7-2-2　穆陽鎮區位圖

 第三節
社區觀察與診斷

3-1 社區觀察

　　穆陽多巷，其縱橫交錯織成密密的網。漫步窄巷裡老房子錯落有致，於小巷窄處抬頭望天，天是細長的一條。在巷裡偶爾裸露的空地，不是祠堂就是宗廟，高大的宗祠建築是典型的徽派建築，有馬頭牆、翹角簷。

圖 7-3-1　穆陽鎮遠眺

　　小巷店鋪多，有鐵匠鋪、小吃鋪、酒坊、製酒坊、零食店等。店鋪樓下開店，樓上住人，從不打廣告、不掛招牌、不愁巷子深。哪家酒釀得沉，哪家鐵打得實，顧客都瞭若指掌。要逃避鬧市的喧囂與浮躁，小巷是最好的去處，特別是雨天，撐一把傘在巷中漫步，聽屋簷滴水聲、雨燕嘰嘰喳喳聲，你會明白什麼是詩意，石馬兜因此又稱「雨巷」。

　　村人80%都信仰天主教，是故穆陽鎮到處都是教堂。石馬兜老人幾乎每晚都會去教堂，一次可容納200～300人非常壯觀，與台灣非常不一樣。

圖 7-3-2　　石碼兜巷天主教堂

　　石馬兜街加石馬街的一百公尺，共長約四百多公尺、寬則不足四公尺，兩側明清式建築，古意盎然。穆陽的房子都是依溪而建，汲水洗衣非常方便，溪邊的房子是土木結構的。巷內有鐵匠鋪、小吃鋪、手工納鞋底店、傳統剪紙店、傳統手工點心店等。石馬兜老巷處於鎮中心區，周邊均為商業區，生活機能方便，居民和善好客。

　　蘇堤是穆陽鎮的一個自然村，主要產業是線麵，其為福安市重要特色產業。

　　穆陽鎮書記年輕有為且到過台灣幾次，對社區營造有幾分概念；福安市委書記因其對台灣社造有看法，特囑團隊協助該鎮老街活化。

3-2 社區診斷

1. 老街區歷史文化意涵強烈，唯處於現代商圈中心，其發展深受限制。固守老文化產業的也只剩下老人，青壯人口都外移，自家產業缺乏時代性也都無意傳承。長巷漫漫空屋幢幢，尤其在最美下雨天時深感孤寂之美。

2. 在鎮書記熱心推廣社造概念時，各級幹部均能積極配合，然而這些人卻對社造一竅不通，只有好奇與觀望。舉辦說明會時均認為不可能，從旁說明也是顧左右而言他，因此由他們找人參與，令人疑慮。

3. 村民大多信天主教，而且每天都會去教堂。教堂容量大，少說可容納三百多人，每晚最少也有一百五十人以上，可善加利用。

4. 老街區建築體大致完好，但仍有些牆體傾斜、剝蝕、破損。

5. 隨手丟棄菸蒂、雜物，雨遮凌亂、柴火堆置雜亂，老街髒亂待整。

6. 兩間打鐵鋪空間狹窄黝黑，且無門面。

7. 針對教友建立關係，因為團隊大多也是天主教徒。

8. 與一般鄉村建設不同，規劃執行須再考量。

第四節
社區資源盤整

4-1 人

1. 穆陽鎮書記：年輕有為且到過台灣幾次，對社區營造有幾分認識。2017年5月他又再次到台灣，其行程會到桃米社區，臨行前告知去桃米社區請其與鐘雲暖聊聊社造問題，回來後跟我說桃米精神值得效法，且對社造有進一步認識。團隊操作期間，曾多次親臨石馬兜關心操作成效，並一再走逛古巷提供想法。沿途與居民互動親密，社造觀念溝通一度默契良好，但是卻屈服於在操作過程中，一定要看到有形的、可見的物件，殊屬可惜。

2. 穆陽鎮鎮長（女）：一位有氣質且非常幹練的人。幾次的說明會及相關課程她都有參與，但卻不干預社造事宜，最後一樣屈服於在操作過程

中，一定要看到有形的、可見的物件。

3. 穆陽鎮某部部長（女）：聰穎狡黠、很有主見，領導能力強，是書記安排與團隊對接的窗口。團隊活動極少參與，操作後期一再要求團隊須完成可見之物件製作，據言因兩地體制不同，結案核銷須有可見物為憑。

4. 小繆（城管）：是部長交代公務外隨團隊運作，行政庶務均由他負責，配合度高。過程中深受社造影響，對穆陽漸有看法，處理公務毫無外地城管的惡習。

5. 石馬兜片區繆書記：石馬街、東旭街區域書記，能言善道，書法、手工藝俱佳。團隊操作期間配合度高，凡事均與主任親為，對於動員社區人參與，雖態度積極，實際也只能動員幾位村幹、委員（婦女），唯執著於有錢才能做事，殊屬可惜。

6. 東旭街管理主任：有主見，團隊操作期間配合度高，相同地執著於有錢才能做事，亦屬可惜。

7. 穆陽鎮老鎮長：籌建穆陽大橋，私人擁有過去穆陽的老照片。

8. 鎮政府行政人員麗芳：大學畢業，公餘參與社造且有想法，籌組穆陽文史工作群組。

9. 石馬街道主任（女）：公務忙，能配合團隊運作。

10. 教友甲、乙（家庭婦女）：能配合團隊運作。

11. 繆先生甲：中心小學財務管理，穆陽賓館負責人。很有想法且有幹勁，與團隊配合度絕佳，只是不參與團隊活動，只玩自己的。

4-2 文

1. 穆陽鎮人文歷史悠久，宋代從熙寧九年（1076年）至咸淳四年（1268年），192年間計出進士56名；近現代，沙家浜原型人物黃烽將軍、閩東第一留洋博士王駿聲、鄉賢黃葆芳與林卓午等人才皆是穆陽人。

2. 穆陽鎮郊周邊大多是畬族人。

3. 歷史悠久的石馬兜，過去由於水路發達，穆陽是閩東、北的物資集散中

心，連接碼頭的石馬兜成爲當時穆陽古鎮最繁華的傳統特色商貿街巷之一。沿街商鋪林立且商賈雲集，紅極一時。隨著時代的變遷、交通格局的變化，石馬兜日漸冷清，空置的房子也越來越多，成爲被遺忘的角落。

4. 穆陽鎮石馬兜古街、蘇堤古街、百歲咸頭閣古街，各具特色且均可發展旅遊文化產業。

5. 老街區歷史文化意涵強烈，古厝建築群不乏明、清時代遺留，只是長巷漫漫空屋幢幢，尤其在最美下雨天時深感孤寂之美。

6. 小巷店鋪多，有鐵匠鋪、木雕、小吃鋪、酒坊、醬酒坊、零食店等，十分熱鬧。

圖 7-4-1　打鐵鋪、理髮店、木雕修飾店

7. 傳統的節日如：端午節、元宵節、中秋節等外，其他尚有神仙生日、祖宗祭日；至今還遺留著民間的巫文化，如：樟樹崇拜、石頭崇拜等。

8. 爲彰顯廉潔傳統，古建築翹角簷下均有懸魚板牌。

4-3 景

1. 穆陽溪貫穿穆陽鎮，四面環山。山不高卻也陡坡連連，精緻優美。

2. 穆陽多巷。小巷縱橫交錯且房屋錯落有致。裸露的空地大多是祠堂、宗廟所有，高大的宗祠建築是典型的徽派建築，有馬頭牆、翹角簷。

3. 走出穆陽步行約三十分鐘可抵達蘇堤村，放眼望去幾乎家家戶戶門口都在晒線麵，一片白紗饒有趣味。

4. 兔耳嶺風景區：位於堂義村後山，與第一旗山山脈相連，山勢以奇松怪

石、陡而不險且高而不危。矮小的蘆葦春夏披綠衣，秋季白茫茫，形成獨特的風景，5 月開滿杜鵑花，為旅遊登高最佳去處。

5. 白雲山景區：冰臼群的發現對研究福安古氣候、古地貌具有極高研究價值，同時更將有助於提升白雲山風景區規劃、建設、發展的等級，是「閩東、北親水遊」的一大亮點。目前福安市委、市政府已將冰臼群列入白雲山風景區旅遊總體規劃，景區面積由原來的 32 平方公里擴大至 95.88 平方公里，並將白雲山風景區作為國家級旅遊風景區。

6. 九龍洞：位於白雲山西麓的南溪村附近山澗之中，兩側高達百丈的花崗岩峭壁危立。傳說有九龍出沒因此故名。洞由巨大的花崗岩堆疊而成，大小不等、形態各異，洞中有洞且深不可測。洞的上游溪澗陡峭，流水常年傾入石洞，穿潭入石。所經之地石洞一層套一層，流水一潭接一潭，有人把這裡的瀑布稱作「連級瀑布」。洞中岩石奇姿異態，表面光滑異常。

7. 白水洋：是鴛鴦溪五大景區中最具特色的天然景觀，平坦的岩石河床是由一整塊巨石構成，淨無沙礫，登高俯瞰其形狀似一塊整平的巨大農田。稀有淺水廣場享有「天下絕景，宇宙之謎」的盛譽。三大淺水廣場中，面積最大的中洋達 4 萬平方公尺，最寬處 182 公尺，河床布水均勻且水深沒踝。陽光下洋面波光粼粼一片白熾，故稱之為白水洋。

4-4 產

1. 穆陽烤肉：由穆雲桂林村歷史悠久的桂林拌麵扁肉店（桂林亭街）發明，桂林拌麵扁肉店現今已有百年歷史，在福安市名氣很大。當地人都愛吃其店裡的拌麵扁肉，連各地旅遊人士都專門開車來吃。當時製作烤肉是作為拌麵餌料，久而久之味道精美的烤肉也隨之在食客中流傳開來，也是最正宗的唯一一家烤肉店。從上個世紀初王心田先生創辦至今，手藝一代代傳承，現由第三代店主王松光繼承。

圖 7-4-2　穆陽特色產業

2. 穆陽水蜜桃：閩東傳統的在地特產，歷史悠久且享有盛譽。以福安西部地區為中心，主要分布在穆陽、穆雲、康厝、溪潭等鄉鎮。由於具有果大核小、外表美觀、色澤鮮豔、肉質柔軟多汁、味甜清香、風味獨特等優點，其鮮果在市場上顯示出強勁的競爭力。其深受消費者的喜愛，被譽為穆陽「仙桃」、「閩東珍果」，已成為福安西部地區綜合經濟效益高，且具有市場競爭力的綠色產業。

3. 坦洋工夫紅茶：福建省三大工夫紅茶之一，產區分布很廣，以福安市坦洋村為中心遍及福安、拓榮、壽寧、周寧、霞浦及屏南北部等地。福安的產茶歷史源遠流長，據史料記載可追溯至晉隋兩朝時期，到了唐代已有「比屋皆飲」之習俗。入宋又盛行「鬥茶」，出現了「茶馬交易」、「茶馬互市」方式，後經元、明、清使茶葉生產進一步得到發展，並開始對外貿易。近年來政府強力打造「坦洋工夫」品牌，11 種以百年老字型大小「坦洋工夫」為統一品牌的茶葉包裝亮相。2006 年坦洋功夫被列為「中華名人特供茶」，並獲得國家地理標誌保護產品。

4. 穆陽線麵：福建福安傳統的地方麵食，從元朝時期傳入，經過數百年的改進細白勻潤且落湯不糊。其生產和加工的歷史悠久，可追溯至 680 年前。數百年來穆陽線麵一直保持著純手工製作的工藝，經發、捶、擠、搓、拉等九道工序精作而成，不同的季節、不同的天氣有著不同的配

方。雖不能長期保存，但味道卻非常好，福建閩東一帶人幾乎都在吃這種線麵。

4-5 社區故事

1. 雨巷：石馬兜之所以被稱為「雨巷」有其坊間傳說，因為它原有一條曾經被叫做皆春街的悠長巷子，連接了前街與後街（雨巷長三百多公尺），其筆直的巷道使兩邊列店望衡對宇，簷角相接，昂首望天也只剩下一線天。雨巷似乎已成石馬兜的一張名片。

2. 懸魚：「羊續懸魚」為一成語，典出《後漢書，羊續傳》。漢時官吏羊續為河南南陽太守時，有府臣送魚給他，其他府臣起而效之。為杜絕此風他就把魚懸掛起來，府臣再送魚來時，他就以懸魚教育府臣，從而杜絕了餽贈風氣。後人遂用「羊續懸魚」、「懸魚」、「羊續懸枯」、「掛府臣魚」等，表示居官清廉、不受賄賂。

3. 眉頭岐：穆陽溪邊有一巨石約二點五平方公尺，卻裂分成三塊。奇異的是對半裂開後，其中半塊再裂成對半，裂開處有如刀切，地方人都叫它「眉頭岐」（福安話「沒頭蛇」音譯）。沒有人知道是如何造成的，老人家於是就說了故事：在古代穆陽溪裡住有一條巨蛇和一隻巨蜈蚣，牠們常為爭奪地盤而纏鬥，造成翻江倒水弄得村民苦不堪言。又有一次為了在穆陽溪畔的巨石下有一巨穴，為此兩怪又纏鬥開來。正巧雷公巡遊

圖 7-4-3　清廉標示——懸魚

至此，發現兩怪正在騷擾地方，於是操起天釘劈下天閃巨雷，擊斃兩怪取走首級，卻也將巨石劈開。遺體隨溪水沖入大海，從此村民得以安家樂業，「沒頭蛇」傳說因此流傳至今。

4. 繆灼生和穆陽大橋建橋史：繆灼生出生於 1933 年，於 1994 年退休前，歷任過福安市穆陽鎮鎮長、穆陽水電站站長、福安市企業局副局長等，現居住於穆陽。

圖 7-4-4　穆陽老鎮長訪視

1970 年穆陽大街發生了一次大火，雖然消防車馳救，但是由於穆陽溪阻隔且溪寬無橋，消防車只能在對岸康厝鳴笛乾著急，眼巴巴地看著穆陽大街一棟棟的民房、店鋪被大火吞噬，徒呼負負。對此他看在眼裡急在心裡，心想穆陽大橋非建不可。

1971 年春節剛過，他即積極開始籌建穆陽大橋。在國家沒有補助項目，鎮政府也沒有適當的款項營造下，發起籌建穆陽大橋困難重重。但他從未灰心喪志仍四面奔波，並協調村街幹部領頭幹，一面發動群眾，一面努力籌募資金。最後整個穆陽及周圍民眾皆感同身受，大家都動員起來有錢出錢、有力出力，甚至有民眾將當時的醬油廠（現在的教堂）、茶棧（現在的繆氏宗祠）都賣給了供銷社，籌得三萬元人民幣作為動工資金。他還到處請人向上級建言，終於獲得地區副專員史光明等的支持，史專員曾四次到現場觀察；地區物資局局長馮克和更核批400 噸水泥等，使工程順利進行。

圖 7-4-5　穆陽橋

　　功夫不負有心人，經過他等的執著與努力，219 公尺長橫跨整個穆陽溪的穆陽大橋，終於在 1973 年初如期建成通車，多餘的水泥也一併將穆陽街頭至街尾鋪蓋起來，穆陽群眾歡欣雀躍。在全民監工下，大橋結構非常完整，直到 2009 年 10 月，歷經 36 年終於迎來了穆陽大橋橋面拓寬工程，將原本 7.8 公尺橋面左右各加寬 1.5 公尺，同時並加高 40 公分的人行道，同時於橋兩側邊加設欄杆及路燈，使穆陽大橋煥然一新。這還要歸功於當時舊橋體工程紮實，否則歷經三十餘年只有拆橋重建。所有建橋事蹟均於穆陽大橋重修碑記中詳載。

第五節
社區擾動與團隊輔導策略

5-1 社區擾動

1. 初期為滿足鎮政府面對市委辦年度「拉練」（上級視導），鎮書記希望在「拉練」時能先完成一些可見物件，幾經考慮口頭允諾，心知爾後必出問題，暫時也只能先答應。
2. 於走逛石馬兜巷時與居民閒聊，建立關係。
3. 參加每晚的天主教會彌撒，並與神父協商於彌撒後留十分鐘與村民解說

來意。

4. 與地方意見領袖茶敘，邀請親朋積極參與。

5. 請繆先生甲居間協調與穆陽中心小學互動，創造未來合作機會。

5-2 團隊輔導策略

有別於鄉村社區營造，且石馬兜老街又不能動，因此先以「造人」爲主。

1. 舉辦多場次說明會，同時要求片區書記能協助找到 15～20 人來參與。

2. 利用東魯支祠——繆姓祠堂爲穆陽社造基地。

3. 設置「石馬兜社區營造點」作爲培訓基地。

4. 提供師資以及專業的社區營造課程。

5. 成立「石馬兜社區營造工作坊」。

6. 「石馬兜社區營造點」環境改善及景觀規劃。

7. 「石馬兜社區營造點」從事社區營造運作機制。

8. 與中心小學接洽，積極推展家庭教育與社區教學。

第六節
社區發展課題與對策

6-1 社區發展課題

1. 思考石馬兜老街、兩側老屋雨遮凌亂，除公派清潔員外，居民均被動式配合。

2. 各級領導未能配合積極參與。

3. 「拉練」導致課程及進程倒置，未來極有可能影響社造概念。

4. 空屋及巷道環境整理。

5. 村民不理解台灣式社區營造。

6. 傳統文化產業已日落黃昏。

7. 社區居民生活單調，缺乏活力。

8. 周邊商圈機能完備，黝暗老巷缺乏吸引力。

6-2 對策

1. 鼓勵教友及村幹成立志願服務隊，自願清理環境衛生。

2. 與部長協調請片區書記邀請周邊民眾參與，並以幹部優先。

3. 透過東旭街主任主動協調屋主，將空屋及其周邊環境整理，如獲同意，團隊將請學員協助整理及綠美化。

4. 與神父溝通於彌撒後借些時間，讓村民理解並接受台灣式社區營造。

5. 將老巷傳統產業以修舊如舊方式，將其門面整飾並予以整合規劃。

6. 召開第二次說明會，除解說社造對老巷的助益，並依此改善居民疑慮，以利未來課程開設方向。

7. 「拉練」導致課程及進程倒置，未來極有可能影響社區人的社造概念，因此唯有邊做邊走。

8. 周邊商圈機能完備但黝暗老巷缺乏吸引力。於未來規劃中，透過村主幹溝通並伺機協助轉型，一以技藝傳承為要，再則請專家指導以結合時代使產品創意化。

第七節
社區願景分析及具體行動方案

7-1 社區願景分析

　　居民經過社區優劣勢分析後，石馬兜片區繆書記提議：「好穆陽——鎮如其名，灼至民生」——「穆」有溫和、美好之意；「陽」有鮮明的、向陽的意思；「灼」有明亮的、照耀的意思；「好穆陽」是鎮政府社群網站名，獲得參與學員一致認可通過。

　　雖然這次社造是以石馬街及東旭街片區（區域）爲規劃場域，然而仍是以穆陽鎮爲主，所以願景規劃裡，石馬兜是含納其中的。

　　針對石馬兜古民居眾多且保存良好的現狀，以及其過往輝煌的歷史，居民有意將這裡作爲民俗工藝文化街來恢復打造。策劃民俗工藝街專案，以穆陽鎮手工藝品油紙傘爲主要景觀裝飾，打造成集結穆陽鎮以及福安、閩東本土特色風味小吃，以及非物質文化遺產工藝於一處的特色「雨巷」。

　　從環境整治入手，線纜地下化工程。引導傳統手工作坊、民間工藝品製作、傳統特色風味小吃、特色風情文化院落、主題客棧等商業業態入駐。充分挖掘古居文化和穆陽故事，發展旅遊文化產業，真正實現「把遊客引進來，把時間留下來，把錢包掏出來」。

7-2 具體行動方案

1. 在有限時間內覓得穆姓「東魯支祠」祠堂，作爲社區教學場所。
2. 在社區領導對邀人參與態度不積極情況下，團隊以社區媽媽、天主教教友爲對象，鼓勵及工作坊實作等塑造學員成就，配合參與。
3. 針對老巷弄環境美化，與屋主進行溝通並協助其改善。
4. 社區媽媽願配合成立環衛志願服務隊，團隊協助完成運作機制辦法。

5. 因「拉練」提前指導之紙水泥，繼續以穆陽故事為核心，進行後續製作。

6. 與麗芳成立穆陽文史蒐集群組，指導社區媽媽訪談老人並蒐集故事，為「社區報」做準備。

7. 針對石馬兜老巷什麼可以做以及什麼不能做，與各級幹部進行討論。

8. 與穆陽中心小學校長協商，於學校積極推動社區教學，以達「學校社區化、社區學校化」，並以學校與民富中心分別為固定教學中心。

9. 邀請台灣專業社造工作者及專業學者，至穆陽展開社造工作及教學。

10.所有工作均以工作坊烹飪班學員為基幹，配合其他社造工作運行。

第八節
執行成效與自主經營能力

8-1 執行成效

1. 穆陽鎮社造課程及工作坊參與統計。

月分	課程節次	參與人次	工作坊節次	參與人次	碰頭會次	參與人次	留駐天數
3～5	20	160	33	313	15	89	55
6～7	2	14	4	27	1	5	16
合計	22	174	37	340	16	94	71
附記	合計參與總人數 3～7 月共計 608 人次						

2. 積極推動社區民眾參與社造課程。

圖 7-8-1　社造課程

3. 穆陽鎮石馬兜老巷弄環境改善：

(1) 5 月 1 日說明會後，參與者清洗「東魯支祠」廚房與教室。

(2) 3 月 11 日繆書記及陳主任完成石馬兜角落花圃兩處，居民自主完成院落整理一處。

(3) 社區環保志願服務隊清理穆陽溪邊及石馬兜巷弄衛生三次。

圖 7-8-2　環保志願服務掃街

(4) 工作坊操作紙水泥作品 87 件，為壁面美化準備。

圖 7-8-3　社造工作坊——紙水泥

(5) 蒐集塑膠瓶及瓦楞紙空盒，指導廢棄物回收再利用。共完成塑膠瓶拴馬兜景觀裝置一座、並與紙水泥配合完成花盆一個、花器三個。

圖 7-8-4　廢棄物再利用

4. 社區工作坊指導教學，先後完成穆陽故事蒐集、社區報教學及出報《好穆陽》；運用紙水泥製作社區故事塑版上百件、壁面「石馬兜」巷弄導覽圖一式；塑膠瓶蒐集製作「拴馬兜」大型裝置藝術一座；蝶谷巴特製作各式包包、方巾；「漢字學府」認識漢字，字源、字根教學；烹飪課程包含各式麵食、小吃、飲料教學；社區教學座談會三場次。

5. 穆陽鎮鄉村教育──社區教學：

(1) 於穆陽中心小學開辦家庭教育課程：「什麼是鄉村教育」、「什麼是台灣式社區營造」、「漢字學府──字源與字根探討教學」。

圖 7-8-5　漢字學府教學

(2) 教導社區報編輯課程，並指導《好穆陽》社區報出刊。

圖 7-8-6　《好穆陽》社區報

(3) 於民富中心開辦講座，邀請台灣僑光科技大學李世珍博士，主講「社區營造中婦女的角色」；開辦台灣社區營造專業輔導張昭友老師，主講「地方文化對社區營造的重要性」。

(4) 協助完成志願服務者編成運作草案規劃。

8-2 自主經營能力

1. 所有幹部的積極性不夠。因對社造初期「造人」（觀念溝通）為先的認知差距，在有限操作時間內過於強調須有「可見」物件產出，此一誤會一時無解，可想當團隊一但退出，社造即告結束。

2. 運作期間與村民間建立良好關係，期間產出如麗芳因興趣成立「好穆陽」文史調研社群網站；房東繆先生於民富中心成立社區教學組，並與中心小學教務處合作，定期安排課程，邀請社區耆老、專業師傅、學校老師教學。

3. 街道主任帶領社區媽媽定期為穆陽溪周邊及巷弄做環衛工作、對烹飪教學結果持續複習。

4. 有社區媽媽兩人對塑膠瓶再利用極有興趣，會利用網路教學來學習製作技巧。

5. 協助繆先生甲成立穆陽民富中心，規劃以：(1) 便民中心、(2) 代銷具特色產品、(3) 社區人才培力中心。

6. 年輕人小繆對社造充滿期待，雖然擔任人人討厭的城管，但是跟著團隊期間深受社造觀念影響，處事態度軟化、不厭其煩先溝通再下決斷，深獲街道讚許。可惜近聞他已經離開穆陽，前往城關另謀他職了。

圖 7-8-7　穆陽民富中心開幕

7. 協助提供想法但無法落實。社區營造非一蹴可幾，必須從學習中發現問題。所謂「他山之石，可以攻錯」，經過討論形成共識，進一步化為行動，使理想願望得以完成。然就現況論，部分幹部不願參與學習且囿於成見（不了解），當然也無法提出問題。民眾所提建議亦藉各種理由推託窒礙難行，因而落於空談。社造團隊曾經過「優劣勢分析」課程討論產出之問題與對策，亦淪為課程的結果，流失於無形。

第九節
未來展望

1. 石馬兜街是難得保存較好的古建築聚落，其中仍保有古老傳統手藝，如：打鐵鋪、手工釘鞋底等，因與商業街區接近故生活便利。此一特殊景觀的活化，須在整舊如舊下以恢復舊觀為主，所有創意應考慮以舊包新概念規劃。

2. 巷弄環境仍待加強，須有效宣導居民住戶自主維護，打造老街親和友善空間。

3. 老街傳統技藝逐漸凋零且欠缺適宜休閒活動，須針對老人及婦女開辦終身學習教育課程。

4. 老街區深受古民居、古巷弄文化意涵限制，整體景觀不宜改變，建議維持現狀。

5. 就社區營造觀點看，特色營造應在於傳統技藝的維繫與傳承。

6. 缺少專人隨伴學習。期前曾與片區幹部協調，邀請或指定對社造有興趣人士（年齡、性別無拘），期間再透過課程伴學、個別指導、疑難解說、思維方法、計畫擬定、實做步驟等體驗，從「學中做」、「做中學」的

過程實習成長，視個別能力逐步進階，期能發揮創意永續經營。唯就現況而言成效極差，然而歷經此次體驗式社區營造，如能促使相關人士的覺醒，其後續效應一定可觀。

第八章

福建省福安市溪潭鎮──廉村

懷古幽情，光耀八閩在廉村

────觀光產業────

第一節　社區簡介

第二節　社區位置、交通、地圖

第三節　社區觀察與診斷

第四節　社區資源盤整

第五節　社區擾動與團隊輔導策略

第六節　社區發展課題與對策

第七節　社區願景分析及具體行動方案

第八節　執行成效與自主經營能力

第九節　未來展望

第一節
社區簡介

　　廉村位於福建省寧德市福安市溪潭鎮，位於福安市溪潭鎮穆陽溪中游西岸，舊名富溪津、石磯津。省道下浦線繞村而過，現有人口二千六百多人，姓氏以陳姓較多，耕地面積一千一百多畝，產業以稻米為主，季節性有茶葉、草莓、臍橙、麥芽糖、甘蔗。

圖 8-1-1　廉村俯瞰圖

　　明嘉靖三十九年（1560 年）築城牆以禦倭寇，稱廉村堡。堡平面略呈橢圓形，周長 1,258 公尺（現存 850 公尺）。牆面用鵝卵石疊砌，中為泥土夯築，牆基厚 4 公尺。東、西尚存三個城門，用花崗岩條石疊砌，城堡內面積達 10 萬平方公尺。有明代官道，中用鵝卵石拼花、縱向平鋪三條條石，長 500 公尺且橫貫城堡東西。官道兩側尚存大型明、清時期民居 26 座、清代祠廟 4 座。不少家庭大廳迄今仍完好地擺放著當時造型古樸、雕鏤精緻的大型木屏風。

城東有明代古碼頭 2 座，用鵝卵石鋪砌、寬約 3.5 公尺，曾是通往大海的內河港口，也是溝通閩東北和浙南的水陸樞紐和物資集散地。沿溪是用鵝卵石鋪就的古道，路旁並立幾方石碑。

廉村被喻為開閩進士第一村。因薛令之是福建第一位進士（唐神龍二年、706 年中進士）且為官清廉，被御賜村為「廉村」、溪為「廉水」、山為「廉嶺」之名。

廉村歷代人才輩出，自唐至清獲取各種功名者共五十多人。宋大觀三年（1109 年）到南宋寶祐三年（1255 年），146 年間共有進士 23 人，其中出現陳雄一門五進士，其父子兄弟三代俱登高第的奇蹟。宋代朱熹與其父朱松都曾到廉村講學。

第二節
社區位置、交通、地圖

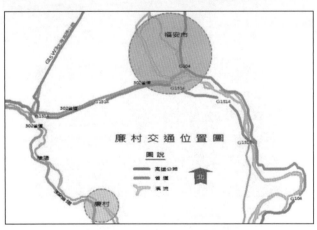

圖 8-2-1　廉村交通位置圖

廉村在福安市區西南 15 公里處。從福安市搭農交車走 302 省道約三十分鐘抵達廉村；從公車站搭往穆陽鎮走，沿 G1514 高速公路下接 302 省道，於村口下車約二十分鐘；若搭計程車約二十分鐘。

第三節
社區觀察與診斷

3-1 社區觀察

廉村是福建省少見的古文化村。1992 年 5 月,中國社會科學院考古研究所和福建省博物館的專家學者考察了廉村的村容、村貌和古文化遺跡,對保護完好的古建築、古碼頭、古雕刻、古官道及古城堡讚不絕口。現已逐步開闢成為福安古文化旅遊地。

村內官道縱橫,有以石條、石塊精心拼嵌成八卦、太極、麥穗等圖形的古官道。

村外有一條長約一千二百多公尺的古城牆環圍廉村,藤蔓相繞、苔跡縱橫、巍然屹立。古碼頭曾是溝通閩東、北及浙南的水陸樞紐和物資集散地,繁華一時。然而這些如今隨著流水而消逝,只留下寬五公尺多鋪排的鵝卵石石階,緩緩地伸入溪流。

圖 8-3-1　廉溪古碼頭

穆陽溪漲水嚴重時,水高約十公尺左右,因此溪中沙灘地長約八百公尺、寬約三百公尺是沒有任何硬體設施的。每年旱季均以整片油菜花海來吸引遊客。

與村各級幹部相談,幾乎從沒有聽說過社區營造這回事,稍微理解後均抱持

「沒項目支撐是不可能的」心態，尤其在無法付費還要找人參與，更是難、難、難。

3-2 社區診斷

1. 福安市及鎮政府數年來爲廉村投入大量項目經費。在軟硬體上，將廉村打造爲具歷史文化意涵的美麗鄉村，結果造成村民對有形之硬體設施，需公部門用錢來打造，後續維護也是要靠經費來支撐。

2. 村歷史文物及傳說已成爲村之生財工具。假日訪客較多時，於不同時間隨機訪問來自福州、外縣市、廉村周邊村落、廉村人等遊客，問題爲：「薛令之及廉文化」是你這次來廉村的目的嗎？匯整結果出人意料，答案有：(1) 我聽說過，至於廉文化那是針對幹部的吧！（4 組遊客）、(2) 不會因薛令之及廉文化而來廉村，我是來看油菜花海的！（7 組遊客）、(3) 我有去看解說，但我來看花海的！（4 組遊客）、(4) 如果拿掉薛令之及廉文化，廉村就什麼都不是了！所以薛令之及廉文化對我們廉村來說，是很好的品牌。（1 組遊客）、(5) 遊客是來看花海的，關不關心薛令之及廉文化，我不知道。（5 個居民）

3. 各參觀據點旁一定有攤販，所以只要一拍照，風景中必會出現攤販身影。

4. 沒有適當之停車場。樟樹林廣場販賣部、門前及道路髒亂。

5. 因爲廉村是重點文化村，年年都有各級政府的項目補助，有錢才能辦事的概念，在村幹間已成爲牢不可破的觀念。

6. 各級村幹對社區營造毫無概念，雖然連辦三次說明會，在交互影響及村幹不配合下，社區營造須審慎推動。

7. 意外的是村婦女們對社造充滿期待。

8. 舊村委樓閒置浪費。前廣場爲農交車停靠位置，往返福安非常方便。

9. 村民均老化，古碼頭咖啡廳兼民宿是一在地大創生所經營。

10. 因距福安城關較近，大創、青創人士來往頻繁。

第四節
社區資源盤整

4-1 人

1. 以村導覽解說員少華為首，能擾動村婦女參與社造工作。

2. 村中尚有製麥芽糖及黑糖能人。

3. 村支書記在廉村開了一家稍具規模的餐廳；村主任沉默寡言，整天不知在忙些什麼，稍不留神他就不見了；村財委一直抱持社造無用論。

4. 少華：廉村導覽解說員（有給職）。村內最認同並配合社造之年輕人，村內有家與母親同住，但需每天來回福安與廉村間，因夫婿與孩子都在福安。

5. 陳先生：團隊住宿的房東，曾做過村書記及村主任，是具影響力的意見領袖。並不認同社造，其主觀言論也間接影響長者的參與。

4-2 文

1. 南朝梁天監年間（502～519年），光祿大夫薛賀由江南遷入福建，輾轉定居於石磯津。他的第六代孫薛令之勤奮讀書，在唐神龍二年（706年）終成為八閩第一位進士，及第後授官左補闕、太子侍講。時宰相李林甫弄權，東宮官受冷遇，薛令之憤懣不平，題《自悼》詩於牆上曰：「朝日上團團，照見先生盤。盤中何所有？苜蓿長闌幹。飯澀匙難綰，羹稀箸易寬。只可謀朝夕？何由度歲寒？」表示對唐玄宗做法的不滿。唐玄宗見詩後豈能容得？當即在旁和詩一首：「啄木嘴距長，鳳凰毛羽短。若嫌松桂寒，任逐桑榆暖。」薛令之便稱病辭官還鄉。後唐玄宗聞其家貧，讓長溪縣每年撥給賦谷，薛令之總是酌量領取，從不多要。唐肅宗即位後感念昔日師生之誼，旨召薛令之入朝，是時薛令之已去世。為嘉

許他的廉潔清正，肅宗敕封他所在村爲「廉村」，水爲「廉水」，嶺爲「廉嶺」。後唐時（923～936 年）有陳姓遷入廉村。從北宋大觀三年至南宋寶祐六年（1109～1258 年）的 150 年間，廉村薛、陳兩姓共出過 17 位進士。其中陳姓還有一門五進士、三代俱登高第的寵榮。

2. 巷陌深處翹然高昂的粉刷院牆是建於明清時代的古民居，以及古祠堂、古屏風、古榕樹等供後世景仰者憑弔，不少家庭大廳至今仍完好地擺設著昔日造型古樸、雕鏤精緻的大型木刻屏風。據傳宋代廉村鼎盛時，官道兩旁聳立 16 座氣勢顯赫的進士府第，因爲歲月遞嬗和戰爭兵火現已不復存在。但在薛令之故居遺跡前兩尊尚存的小石獅，應是廉村歷史最明顯的見證。

4-3 環境景觀

1. 村內主要建築有：明清時期的廉村城牆、陳氏宗祠、陳氏支祠、後湖宮、媽祖廟、陳樹安宅、陳佳松宅、聰明泉、薛令之故居、靈穀草堂（薛令之讀書處）、古碼頭等。

2. 廉村古堡在明萬曆二十四年（1596 年）就有城牆環村而築，全長 1,400 公尺、牆厚 3.6 公尺，現有高度 4.4 公尺，是一道堅固的防禦工事。城堡原有八個門，現仍存六個。在沿溪的一段城牆中，兩座完好地用條石構築的拱頂牆門巍然屹立，和門前清流明淨的廉溪流水、近旁繁茂蓊鬱的古榕秀色相互映襯，平添許多景致。

圖 8-4-1　廉村古城牆

3. 城堡內的古官街典雅整齊。官街上的官道，由三條縱向平行鋪排的光潔條石組成，中間鑲嵌著精心拼花的細小鵝卵石。祠堂前面的場院則用鵝卵石拼嵌成數個直徑達一至三公尺的圓形圖案，共同構成線條流暢、氣派莊嚴的圖畫。

4. 沿溪城牆南邊有保留完好的唐宋古碼頭。據舊《福安縣誌》記載，當年這裡「漁舟漁貨並集。遠通建寧府諸縣，近通縣城及各村落。」過去這裡河床很深且溪流開闊，海潮漲起可直抵村頭。因此它既是直通大海的內港，又是溝通閩東北和浙南的水陸樞紐和物資集散地，地位相當於賽岐港。沿溪是一條鵝卵石鋪就的五公尺寬古通道，路旁並立著幾方苔跡斑駁的古碑石。碼頭用碩大的鵝卵石一級一級鋪排，緩緩地伸向溪流。

圖 8-4-2　廉村古官道

5. 城牆南邊有一約四十平方公尺的水塘，當地人稱之為鳳池，被水芙蓉覆蓋已有異味。

6. 明月祠原建於明正德八年，後失火燒毀，於乾隆四十三年重建。相傳薛令之幼時於此讀過書，這裡還保存一對明萬曆二十七年青石浮雕香案，距今有四百多年的歷史。大廳兩側擺設的 14 塊展板，左邊的展板展示的是薛令之的生平介紹，右邊主要展示薛令之的詩詞，以及歷代名人讚美傳承薛令之「苜蓿廉臣」和廉村的詩詞及史載。

7. 位於新村尾樓後方是廉村休閒場所。占地約五十平方公尺，池中種上蓮花，「蓮」通「廉」，表達廉村進士們潔身自好、為官清正廉潔的高尚品德，同時希望以古人為鑑，清清白白地做事。

4-4 產業

產業以稻米爲主，另有茶葉、茉莉花、番薯、花生、季節性草莓、臍橙；加工產品有麥芽糖、紅糖；田草織席（藺草織席，現已沒落）等，大多在外經商。

圖 8-4-3　廉村產業——茶與茉莉花

4-5 生態（非專業僅註明認識的）

村生態資源豐沛，各種鳥類、昆蟲、溝渠內居然還有螯蝦、草蛇。

1. 鳥類：黑鶇、白頭翁、郊鶯、白鶺鴒、紅嘴藍鵲、喜鵲、八哥、樹鵲、遊隼、白頰山雀、褐紋鳥、領角鴞、家燕、麻雀、黃腹鷯、磯鶇等。

2. 樟樹林廣場超過數百年巨樹群，二至五人合圍的巨型樟樹有七株、老榕樹有三株，非常壯觀。

3. 昆蟲：各種天牛；甲蟲類有各式金龜；粉蝶、蛺蝶、鳳蝶等；蛾類有天蛾、水青蛾、較小之皇蛾、尺蛾。

4. 兩棲類：黑眶蟾蜍、貢德氏赤蛙、澤蛙、雨蛙；溝渠內均有螯蝦。

第五節
社區擾動與團隊輔導策略

5-1 社區擾動

1. 當意識到村幹部難以配合的態度，團隊只有設法親自邀約當地人。

2. 連續舉辦三次說明會，第三次以活動帶動感覺後，現場指導 DIY 蝶谷巴特，吸引 14 位社區媽媽有意願參與團隊安排之活動。

3. 邀約幹部均不參加，有請溪潭鎮紀委書記（包村幹部）出面並指派鎮委負責，村兩委幹部才無奈地參與課程。幹部不重視，村民參與意願相對也低落。

4. 以社區媽媽製作之乾燥花書籤贈送好友，並邀約來工作坊。

5. 以少華為主，協助覓得十位社區媽媽與兩位男士，經溝通願配合團隊操作。

5-2 團隊輔導策略

1. 妥善運用少華能言善道且具有領導能力，凡事言出必行。安排她擔任組長，在村內極獲人緣，主動成立手機群組並主動邀約。

2. 社區營造（員）培訓課程同時成立社造工作坊。

3. 社區環境教育與維護機制規劃（垃圾回收再利用）。

4. 社區景觀美化與維護機制規劃（巷弄美化、入口意象）。

5. 廉文化推廣無效益，無法融於民眾日常生活，須有創意思考規劃。

6. 完成社區願景規劃，村民貪圖外力資源且利用薛令之當成商品，此心態須改善。

7. 社區特色重整及創意開發。

第六節
社區發展課題與對策

6-1 社區發展課題

1. 改變村民及村幹對村建外力資源之依賴。
2. 廉溪（穆陽溪）長年淹水，沙灘地無法充分利用。
3. 只有假日及特定活動遊客稍多，並不如預期。
4. 雖然鎮政府有補助清潔員工作，然而不能獲得村民肯定。因遊客少，清潔人員幾乎平日無工作，如以志願服務方式去整理環境是不被認同的。
5. 廉文化推廣無效益，徒具形式無法融入生活當中。
6. 居民對社區環境維護皆抱持冷處理態度，全因村幹不關心，清潔員是由鎮政府派遣，責任當然由鎮政府承擔。
7. 村在享受既有歷史光環下，對社區未來願景從未期待，更沒有想法。
8. 社區特色各異其趣卻互不相關，須計畫性重整及創意開發。

6-2 對策

1. 就現有人力透過參與式社造教學及工作坊，改變村民及村幹對村建外力資源之依賴。
2. 於工作坊教導村民及村幹重新認識社區、體驗社區。
3. 就台灣式志工組織編成與運作機制，與村民、村幹分享。
4. 廉文化推廣無效益。市府及鎮政府投入大筆款項印製各式文宣品，廉村各角落均能看見，然而徒具形式無法融入生活當中。「廉文化」離現代民眾一來太遠，二來「廉潔」之風應針對各級幹部才是。再來強注式觀念非來自於關心，這種措施是無效的，因此激勵社區，規劃如何打造可融於民眾生活的產品為要。

5. 村環境維護是由鎮政府派遣之清潔員（有薪資）負責，成效如何村幹並不關心。因此居民對社區環境維護，一向抱持冷處理態度，團隊就此加強志願服務概念。

6. 利用課程及工作坊讓學員能重新認識社區。並由優劣勢分析中找出社區未來可發展方向，並協助規劃未來願景。

7. 重整社區特色及創意開發，以迎合觀光所需之條件。

8. 整體構想：

(1) 甲、社區資源盤整與運用

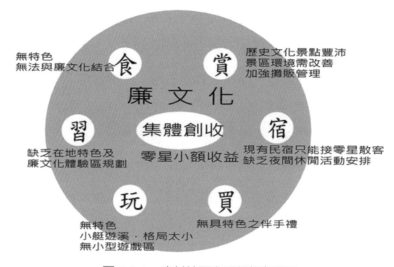

圖 8-6-1　廉村社區資源盤整與運用

① 成立村旅遊合作社（或企業公司），統合村既有資源並積極整合開發旅遊運營條件（目前村所不足）。

② 村硬體條件夠，但經營條件需「人」的投入，這也是目前村最缺乏的。

③ 凡事仰賴上級補助，有錢才辦事，沒錢不辦事，此一在村內普遍現象是阻礙村之發展最大主因。

(2) 社區營造概念與廉村文化連結

① 開辦社區營造人才培力課程。

②　社區營造與廉村文化座談會。

(3) 社區環境教育及綠美化

①　垃圾回收再利用。

②　巷弄美化及入口意象規劃。

③　成立社造工作坊。

9. 鄉村旅遊「廉」文化傳承與創新概念傳達

(1)「廉」文化資源整合與運用。

(2)「旅遊產業」微文創、微產創工作坊基地建置與運作。

(3) 鄉村旅遊微型活動規劃。

第七節
社區願景分析及具體行動方案

7-1 社區願景分析

經社區學員多次討論，透過社區優劣勢分析後的策略方針，聚焦鄉村旅遊定出社區願景：「懷古幽情，光耀八閩在廉村」。

1. 唐神龍二年（西元 706 年），村中學子薛令之考中進士，成為「開閩第一進士」，官至左補闕兼太子侍講。因薛令之為官清廉，當時其教導之唐肅宗（當時皇帝）為感佩恩師廉潔、剛直的高風亮節，賜村名為「廉村」，是中國唯一由皇帝敕封以「廉」字命名的村莊。

2. 唐宋時期，這裡出了 33 位名進士而以「進士村」遠近聞名。

3. 現存的古城堡、古官道、古碼頭、古祠堂、古民居、古木雕、古石雕、古字畫以及大量的民俗文物，盡顯其源遠流長的歷史文化、內涵豐富的人文景觀。

4. 廉村為福安市重要亮點美麗鄉村，為推廣廉文化將該村定為旅遊景區。

5. 為迎接遊客，純樸的居民也動起來，各別將自家拿手手藝到處設攤販售，為村民帶來一些微收入。

7-2 具體行動方案

1. 開辦社區營造人才培力課程。以少華等五位社區媽媽為對象，強化社區營造概念與技能提升；與村書記就廉村文化舉辦庶民座談會，加強「廉」文化資源整合與運用，需與民眾生活做結合才有意義。

圖 8-7-1　廉村社造課程

2. 「旅遊產業」微文創、微產創工作坊基地建置與運作，教導製作具特色之在地美食；利用蝶谷巴特啟發村民想像，製作各式物件；與村民討論如何研製具在地特色之伴手禮。

3. 與鎮紀委書記（包村幹部）討論，擬將每年沙灘帶種植油菜花一事，改種植各式季節花卉，並規劃成為年度「花毯節」。

4. 廉溪每年發洪漲水，在沙灘製作高約十二公尺景觀裝置藝術，以水深標高為單位製作，一來成為當地之地標，二來當淹水時，可立刻知道目前水的深度。

5. 加強社區環境教育及綠美化，並於工作坊指導垃圾分類後回收再利用。

6. 鄉村旅遊微型活動規劃，花海節時於油菜花種植區設計簡單小型活動，能與遊客產生互動。

第八節
執行成效與自主經營能力

8-1 執行成效

1. 廉村社造操作統計。

月分	課程節次	參與人次	工作坊節次	參與人次	碰頭會次	參與人次	留駐天數
3～5	9	68	9	62	13	101	42
6～7	2	14	4	27	1	5	16
合計	11	82	13	89	14	106	58
附記	合計參與總人數 3～7 月共計 277 人次						

2. 由鎮長主持之「廉村未來發展」座談會中，有關環境整治及廉文化推廣兩大議題之建議：(4 月 8 日下午四時至五時半於村委會)，詳見下方：

(1) 有關環境整治議題處理

　① 停車場周邊引導裝置問題解決

　　a. 增設進出口標示牌。

　　b. 穿越樟樹林之道路須修邊，並於兩側植矮灌木，一來可增加美化，再來不會破壞林相整體美感。

　　c. 遊客量大時增派車輛導引人員。

　② 垃圾處理問題

　　a. 指派清潔人員定時定點收集垃圾，並指派專人現場道德勸說。

　　b. 針對旅遊車領隊，先期告知有關進村參訪中不時叮嚀注意事項。

　　c. 應告知村民先做好自宅環境衛生。

　　d. 當日垃圾絕不留到明日處理。

③ 有關攤販擺設位置問題

    a. 攤販集中管理,設置臨時販賣區與保留預留區。

    b. 製作各式警示牌,嚴格管制。

    c. 召開攤商主會議,透過溝通達成共識。

    d. 攤販標價須明示。

(2) 有關廉文化推廣議題建議

    如何將薛令之事蹟讓村民關心

    現有薛令之事蹟已到處可見但成效不彰,乃因大家對「廉」字的解釋定義,拘限於正直不貪、有節操,如:「清廉」、「廉潔」。但是「廉」字還有:《莊子‧讓王》:「人犯其難,我享其利,非廉也。」;唐朝《姚合‧新昌里》:「近貧日益廉,近富日益貪。」「清廉」、「廉潔」是官場文化,與庶民無關,一般人認為與其無直接關係故毫不在意。

    至於《莊子‧讓王》:「人犯其難,我享其利,非廉也。」其意是指當人們有困難時,我只想到如何從中獲得好處,這是不廉潔的行為。此意才是大家所關心的。

    就社區營造觀點,各式宣傳手段目前已足夠。透過社區營造打造社區特色,並將各式產品重新包裝設計,將薛令之的事蹟以各種面向印製於包裝上。所有景點亦可考慮以薛令之相關事蹟,並予以命名(如:樟樹林──耕讀園),以上僅供參考。

3. 指導學員陸續完成其他,如:苜蓿飲──薛令之在其《自悼》詩中有「苜蓿長欄干」句,故以苜蓿為名;明月丸子──以芋泥、番薯泥、麥芽等製作,將薛令之幼時讀書之明月祠為名;進士蛋──台式茶葉蛋,取八閩進士的薛進士之進士為名;靈穀包──台灣刈包,以薛令之成年後讀書處「靈穀草堂」為名。並將所有故事印於包裝紙上,於油菜花節時設攤販售,邀請福安市黨委鍾常委及其幕僚品嘗並由少華解說,獲得一致嘉許。

4. 製作由學員在走讀社區後，完成之大幅社區生活資源圖，有別於村既有之導覽圖。

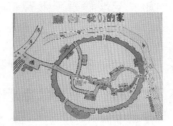

圖 8-8-1　社區地圖繪製

5. 村口「廉」意象牆。廉溪沙灘「廉」文化景觀裝置藝術，古官道邊住戶石牆景觀綠化配置，完成各式設計圖樣。

6. 邀請參與學員及社區居民參加喝茶碰頭會，就社區營造所造成之困擾及社區願景探討，進行漫談式解惑篇，共舉辦三場次。

7. 私下應學員邀請就烹飪教學後，一同討論製作技巧。

8-2 自主經營能力

1. 社區營造非一蹴可幾，必須從學習中發現問題，所謂「他山之石，可以攻錯」，經過討論形成共識並進一步化為行動，使理想願望得以完成。然就現況論，部分幹部不願參與學習，囿於成見（不了解）當然無法提出問題，民眾所提建議亦藉各種理由推託窒礙難行，因而落於空談。社造團隊曾經過「優劣勢分析」課程討論產出之問題與對策，亦淪為課程的結果，流失於無形。

2. 無「共好」信念，缺「互助」精神。志願服務是本著「愛與關懷」的精神，無私奉獻且不求回報，一同創造「共好」的社會。然社區居民，不論是在地或移居雜處，其自主性高且不易產生共識，又面臨青年外移、老弱無力，少數中壯年不能放下身段推動社區工作，居民積習難改，缺乏「自助人助」精神。

3. 以「不知」爲已知，空談抵消實力。少數基層領導囿於「已知」而不求「新知」，不能改變徒耗一己之力。僅能做一人之事亦無法長久，又以「不知」空談論事，影響有心人士參與意願，使社區營造操作「事倍功半」以致一事無成。

4. 社區參與學員學習態度認真，難獲得村幹部關心。以少華爲主之社造工作小組，在與團隊持續學習中，均肯定社造是改善村未來的唯一良方，然而她們卻沒有決定權，建議也無法獲得回應。

5. 社造輔導到期，團隊按既定時程離開，短時間撒下社造種子是否夠繼續，仍需村幹與居民之覺醒。廉村未來難料，然而社造因子仍悄悄地在萌芽滋長，迄今團隊與廉村夥伴於群組中雙方仍保持聯繫，亦就一些社造資訊持續交換概念中。

第九節
未來展望

　　社造是造「人」的教育，在改變人的觀念、溝通、說明、學習、宣傳、參與必不可少，唯「實質可看」、「短視近利」，只想「成就在己」的想法心態，最終只能淪爲「走馬觀花」、毫無實質內容的廉價販賣自己（如：廉村）。反而創造「人文」價值且讓人「感動」，才是觀光永續發展的意義，這才是社區營造的真正意涵。

　　廉村基本上擁有非常豐富「人文」、「景觀」、「產業」資源，然而因錯誤地以爲只要有「錢」即能解決問題，而上層單位爲求有功，不惜砸下重金打造美麗鄉村，卻忽視軟體建設。因政治體制不同，未來廉村發展只能靠認同廉村的在任各級幹部支持，一旦新任主幹發現廉村成就已爲前任所造而放棄廉村時，此刻

廉村也只能哀聲嘆氣地認了，在團隊看來也只能表示我們已努力過了。

逝去的已經逝去，守住的是這份文化、這份沉澱、這份感動。廉村，那掩不去的璀璨光芒依然在經年遺存裡熠熠閃亮，令人神往。

第九章

福建省福安市曉陽鎮──東源村

日出白雲 · 光罩東源──有禮相邀 · 轉動幸福
──觀光產業 · 扶貧創業園區──

第一節　社區簡介

第二節　社區位置、交通、地圖

第三節　社區觀察與診斷

第四節　社區資源盤整

第五節　團隊社區擾動與輔導策略

第六節　社區發展課題與對策

第七節　社區願景分析及具體行動方案

第八節　執行成效與自主經營能力

第九節　未來展望

第一節
社區簡介

1-1 曉陽鎮東源村

曉陽鎮東源村位於福安市的西北部、曉陽鎮的東部，坐落於「閩東第一山」白雲山腳，平均海拔 720 公尺，是福安市的西北高原，是通往白雲山景點的主要通道，距鎮區五公里。全村現有 165 戶、人口約 375 人，為一自然村。現有耕地 300 畝、園地 5,000 餘畝、林地 1.05 萬畝。該村主要發展優質水稻、晚熟葡萄、茶葉及旅遊業等。該村現在晚熟葡萄面積達 420 多畝，均採避雨大棚栽植。

1-2 恩輝農博園

「恩輝農博園」籌建於 2009 年 5 月，於 2011 年 7 月正式成立福安市恩輝生態農業有限公司，位於白雲山世界地質公園——曉陽鎮境內。農博園總投資 500 多萬元，占地面積 500 畝（一期投資 200 萬元，租用土地面積 200 畝），規劃三個園區：一是高新農業技術示範園、二是休閒觀光農業園、三是四季水果採摘園。

農博園引進國內外優特果樹品種 11 大類，其中 68 種水果為全省首次引進品種。主要以「果樹—牧草—禽畜魚」的生產模式，應用現代生物農業技術，用草養禽畜魚，微生物有益菌轉化禽畜魚糞便的良性迴圈，形成低碳、環保、生態的立體化現代農業。

第二節
社區位置、交通、地圖

2-1 曉陽鎮及東源村社區位置

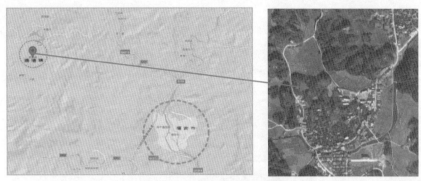

圖 9-2-1　曉陽鎮位置圖

2-2 交通

1. 縣道 952 終抵曉陽鎮，公車起終站直達福安，只約需三十分鐘。

2. 福安經穆陽至曉陽鎮約需四十分鐘，該道路因由白雲山景區管委會管理，道路並未開放遊客使用，其管制口兩處均有交警管制，不過他們都是上下班制，下午五時就無人看管，在地人不受限制。

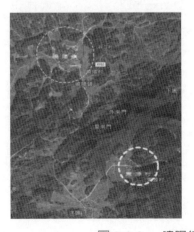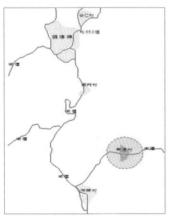

圖 9-2-2　曉陽鎮東源村交通圖

第三節
社區觀察與診斷

3-1 社區觀察

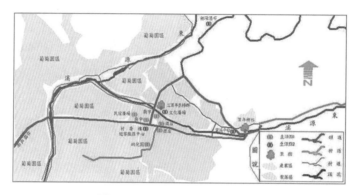

圖 9-3-1　東源村社區資源圖

◆ 3-1-1 東源村

1. 全村聚落面積不到 400 平方公尺非常小，可耕作地面積遼闊，60% 都是晚熟葡萄（巨峰葡萄），15% 是種茶葉，其餘才是稻米、蔬菜類。非農忙期時村民都至附近打工，年輕人都遷住福安市。

2. 全村人口約三百餘人，除小部分顧家小媳婦外，餘均為 60～80 歲老人；青壯年人均於福安工作，平均二至三週回來一次；兒童有 30～40 個，村有自辦幼兒園並收有 19 位小朋友，其餘都由村民所雇民車，送孩子往曉陽鎮中心小學就讀。

3. 村書記及村長當曉得社造是以「造人」為要時，都說不可行，因為除葡萄、茶葉種植農忙外，村民都到外地打工，晚上回來很早就睡了。

4. 副鎮長受鎮書記指定與團隊對口，年輕和氣，體認社造的重要，指派鎮政府行政人員（大學畢業）一定要參與。

5. 村書記指派一小媳婦負責團隊所需。

6. 村內文化廣場邊擁有 300 年以上之巨大樟樹群，村尾有高大百年柳杉、樟樹、榕樹群。

7. 村委樓是一棟綜合式樓層，樓下是遊客服務中心，樓上是村委辦公場所，除開會外幾乎都沒人使用。

8. 村委樓對面是村信仰中心──顯赫神宮（華光大帝），平日作爲老人活動中心；其旁邊爲文化廣場，亦有一小祠堂奉祀地主公（地方財神）。

9. 聚落入口有三塊巨石，均有二點五公尺左右高、寬約一公尺，只有一顆巨石橫置，上書「東源村」。

◆ **3-1-2 恩輝農博園**

圖 9-3-2　曉陽鎮恩輝農博園區

　　恩輝（女）32 歲，2008 年畢業於廈門集美大學外貿英語系。一次偶然機會，她發現曉陽的氣候和土壤條件十分適合發展生態農業，因此她決定到曉陽鎮租地建生態農業觀光園，初期家裡極力反對，後來獲得母親的協助，並陪同經營迄今。

　　第一階段她以大棚種植 12 種葡萄，並以扶貧爲宗旨，扶植曉陽鎮貧農幫忙採收葡萄，且放養山雞由貧農圈養，兩年內獲益全歸貧農。當貧農生活改善後再談條件，獲得寧德市委辦之肯定與表揚。

　　現擁有租用土地面積近四百畝，規劃成三個園區：一是高新農業技術示範園、二是休閒觀光農業園、三是四季水果採摘園。

目前正在洽商另再租含山坡地約三百畝，種植四季水果及養鴨、魚。休閒觀光農業園區已有規劃圖。

3-2 社區診斷

◆ 3-2-1 東源村

1. 到達東源村經村書記安排，輔導團隊暫住書記家，他家人在福安市，假日才回福安探視家人。安頓好後在茶間泡茶閒聊，作一簡單意見交換並了解村之困境，找人參與一事其多所保留，不擔保能找到人。會配合團隊邀請村民參與，村書記在未來團隊的課程他都會參加。

2. 農忙期間外村民都到外地打工，晚上回來很早就睡了，而且教育水準普遍不高，很難激出意願。委於現狀找人參與的確困難，屆時只有請副鎮長出面協助。

3. 民舍磚造樓房，全然已現代化，亦有新包舊。

4. 因白雲山景區尚未開放，雖是通往景點的主要通道，但是只有零星過客。

5. 晚熟葡萄及茶葉是主要產業。

6. 村聚落面積過小，雖有巨樹群，但面對旅遊開發毫無條件可言。

7. 村連接往白雲山景區主要道路尚有一點二公里，缺乏條件吸引遊客轉道東源村。

◆ 3-2-2 恩輝農博園

1. 場區面積遼闊，以季節性水果種植為主，種類最多的是葡萄，其他類水果次之，蔬菜、畜禽類再次之。管理者只有恩輝與其母親。

圖 9-3-3　恩輝農場葡萄大棚種植區

2. 農忙期缺工嚴重。部分鎮民常藉故爲難農博園。

3. 恩輝年輕有膽識、有遠見，能言善道具領導能力，獲得省、市各級領導賞識。

4. 爲迎合時代趨勢，她理解傳統農業非常辛苦，故力求轉型，嘗試將農園朝向多面向發展，如：(1) 將傳統農作區定義爲生態園區 (2) 開闢休閒觀光農業園區 (3) 專業人培中心 (4) 農產品再開發基地 (5) 部分農業區交付在地貧戶管理，以配合國家扶貧政策。

5. 休閒觀光農業園區已有規劃圖，前期作業尙未規劃。

6. 現有作業區與遊客接待區混用，作業器具散置。

第四節
社區資源盤整

4-1 人

1. 曉陽鎮副鎮長是此案包村幹部，非常關心及對社造之好奇，指定鎮政府一般行政人員，公餘一併參與社造相關課程。

2. 村書記交辦一小媳婦（電大在學中）負責團隊生活及需求。

3. 村民林先生具各式謀生技藝，如：木工、泥水工、電工等。

4-2 文

1. 村委樓對面是村信仰中心──顯赫神宮（華光大帝），平日作爲老人活動中心。其旁邊爲文化廣場，亦有一小祠堂奉祀地主公（地方財神）。

2. 村內有一文化廣場，占地約一百坪，村不知如何運用也從未運用過。

3. 村用一民居作爲幼兒園，收有十數位兒童。教學資源簡陋，由一位村委

（村婦）在帶小朋友，環境差。

4-3 景

1. 2004 年，距村 32 公里的白雲山被評為省級風景名勝區。在特定時間白雲山雲靄繚繞，經陽光照射會出現奇景，一圈圈光暈形成同心圓狀且五顏六色，地方人稱其為佛光。2007 年 7 月村北約七公里處有九龍洞壺穴群的發現，引起社會各界極大的關注。

2. 村內文化廣場邊擁有 300 年以上之巨大樟樹群，各具姿色、氣勢雄偉。村尾有高大百年柳杉、樟樹、榕樹群。

3. 村聚落區從村頭到村尾不到 150 公尺。

4. 東源溪穿過全村，為白雲山融雪，水質清澈。

5. 古民居幾乎全被現代式磚房包圍；山上森林密布，村道上山約一公里處其路邊有一瀑布，距路邊二十來公尺，高約一百公尺。

4-4 產

1. 主要發展優質水稻、各種葡萄、茶葉、旅遊業等產業。該村現在晚熟葡萄面積達三百八十多畝，均採用大棚避雨栽培方式。

2. 恩輝農博園引進國內外特優果樹品種 11 大類，其中 68 種水果為全省首次引進品種。主要以果樹、牧草、禽畜魚的生產模式，應用現代生物農業技術，以草養禽畜魚。其「魚菜共生」概念形成低碳、環保、生態的立體化現代農業。

圖 9-4-1 東園村產業——茶與葡萄

4-5 生態（非專業僅註明認識的）

1. 鳥類：烏鴉、鵲鴝、白鶺鴒、山雞、竹雞、遊隼、鉛色水鶇、紅嘴藍鵲、小白鷺、黃頭鷺、綠繡眼、八哥、喜鵲、麻雀、領角鴞等。

圖 9-4-2　喜鵲與遊隼

2. 蛙類：樹蛙、數種澤蛙、黑眶蟾蜍等。
3. 蝶類：粉蝶、無尾鳳蝶、蛺蝶、枯葉蝶、斑蝶。
4. 蛾類：天蛾、長尾水青蛾、尺蛾、毒蛾類。

圖 9-4-3　各種蛾類

第五節

團隊社區擾動與輔導策略

5-1 社區擾動

1. 委請副鎮長與鎮書記，邀請村民於村委辦舉辦說明會。

2. 爲面迎「拉練」以廢棄物再生方式指導村民製作手工藝，並針對村委辦旁巨大立石，規劃製作入口意象。

3. 走訪各戶閒聊，邀請參與社造課程。

4. 走訪恩輝農博園，並與恩輝討論生態農業觀光園區規劃方向。以地方光餅爲主題，以「禮」爲核心來推動「餅道」，是一種表演形式。

5. 蒐集「餅」與「禮」相關之歷史故事。

5-2 團隊輔導策略

1. 爲面對「拉練」，團隊在短時間內須應付三村，因此計畫在 5 月前以廉村及石馬兜爲主。

2. 3 月中旬前以環境改善爲主；村委辦旁立石，與副鎮長及村書記討論後，決定以葡萄爲主題製作入口意象；進行紙水泥教學。

3. 在離開東源村前須先教會一些手工藝技巧，一是由副鎮長交辦指定一位新進行政人員（大學生）隨團隊學習，因此先教導紙水泥級配技巧及程序；另一是韓小姐（在讀大學生）會運用廢材，所需器材都請林先生安排。

4. 以台灣經驗之短片播放，並與參與者討論。

5. 恩輝農博園輔導是市委書記特別交付之任務，因此對恩輝農園只須建議即可。

6. 與農林大學學生林姍聯絡，暑假期間帶社團同學下鄉實踐學習。

第六節
社區發展課題與對策

6-1 社區發展課題

1. 鎮委書記寄望團隊在經營村之社區營造同時，希望經此能吸引遊客到村旅遊。然而白雲山風景區目前並未開放，只在白雲山兩座廟會期間各開放兩天。是日人潮洶湧，因前往白雲山主要道路離村尚有一公里路距，遊客無意或不知轉進村看看。

2. 村民除產業農忙外，有勞動能力的人大多出外打工（道路建設），村內只剩行動不便的老人及帶小孩之婦女，有部分是年輕人，卻不善與人溝通，無意參與。

圖 9-6-1　老人聚集廟前閒聊

3. 鎮政府安排之六、七位年輕人，唯他們的參與亦只能當培力看，白天他們公忙對村之社造無力參與。

4. 居民安居樂業，對社區營造意識一時尚難自覺，因此社造工作須改變策略。

5. 恩輝農博園只由恩輝與其母在經營，休閒觀光農業園區需有專業人員協助；另農博園區將配合福安市設置青年創業孵化基地，因距福安較遠，不易開展。

6-2 對策

1. 在白雲山廟會開放期間，希望經此遊客能到村旅遊。但是往白雲山主要道路離村尚有一公里路距，遊客無意或不知轉進村看看。希冀能動員村民於空閒時，於交叉路口做一些能吸引過客注意之具意象物件。

2. 多利用時間串門子，與村內老人及年輕小媳婦建立情感。邀請他們積極參與社造工作坊，透過各式手藝吸引參與村建工作。

3. 面對鎮政府安排之六、七位年輕人，其課程設計可加強深度。他們學習反應奇佳，好奇、學習力強且多問，唯他們的參與亦只能當培力看，白天他們因公忙，無法真正協助村建。

4. 重新定義社造概念，以體驗式社造僅指導初階即可推動。

5. 擇時再與恩輝面商休閒觀光農業園區經營活化，以及設置青年創業孵化基地事宜。

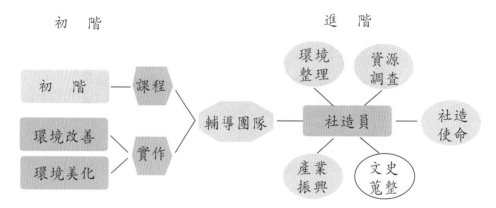

圖 9-6-2　東園村輔導規劃概要

第七節
社區願景分析及具體行動方案

7-1 社區願景分析

1. 「日出白雲・光罩東源──有禮相邀・轉動幸福」，這是由鎮政府幾位年輕人與副鎮長在社區優劣勢分析策略擬定後，共同設想之結果。

2. 因村在白雲山腳下，沾白雲山之光（佛光）普照，鎮村以禮相邀遊客來訪，體驗東源村農村之美，藉以活化村之產業，共享幸福東源。

7-2 具體行動方案

1. 韓小姐自動找人協助完成入口立石葡萄意象。

2. 福州農林大學確認十位同學會於 7 月初到東源。有關吃住問題由村書記安排，工作項目則與副鎮長商議。

3. 社造工作以工作坊為主、課程為輔。

4. 加緊烹飪課程及環境美化。

5. 與恩輝協商找寧德職業技術學院學生至農場學習；「餅道」亦繼續調整內容；休閒觀光農業園區經營活化，概念溝通後，邀請專業公司協助規劃。

第八節
執行成效與自主經營能力

8-1 執行成效

◆ 8-1-1 課程及工作坊參與統計

月分	課程節次	參與人次	工作坊節次	參與人次	活動次	參與人次	碰頭會次	參與人次	留駐天數
3～5	12	163	13	114	0	0	12	68	21
6～7	9	212	27	780	2	510	12	126	32
合計	21	375	40	894	2	510	24	194	53
附記	合計參與總人數 3～7 月共計 1,937 人次								

1. 課程

圖 9-8-1　各式課程

2. 工作坊

圖 9-8-2　工作坊各式課程

◆ **8-1-2 社區環境改善**

1. 「拉練」前全村大清掃，包括東源溪垃圾清理。

2. 村委樓前巨石透過工作坊，邀請村民一道以紙水泥製作巨型葡萄入口意象。

圖 9-8-3　入口意象製作

3. 村入口住戶壁面彩繪，由村民動手繪製。

4. 舉辦社區走透透方式，指導村民完成巨幅村資源圖。

◆ **8-1-3 非正式邀談**

1. 邀請參與課程學員參加喝茶碰頭會，就社區營造所造成之困擾及社區願景探討，進行漫談式解惑篇，共舉辦兩場次。

2. 就烹飪教學後，私下應學員邀請，討論製作技巧兩場次。

◆ **8-1-4 引進朝氣蓬勃的學生進村體驗實踐**

1. 邀請農林大學生十位，進駐東源村進行將近二十天的社區體驗實踐：

   (1) 社區體驗實踐：走入茶園協助採茶，共三天兩茶園；進入大棚幫忙採收葡萄，共五天兩大棚；協助村民掘地撒種，種植蔬菜。

圖 9-8-4　農林大學生農村體驗

(2) 每天開辦兒童美語、才藝、工藝、閱讀等課程，並分時段上課。

(3) 開設夜間電影院，以村民爲主，共放映四場次。

(4) 每晚教導村婦女跳廣場舞。

(5) 村資源調研並舉辦分享會。

(6) 團隊與學生帶頭示範清掃路面、排除積水，因工具不夠引動許多老人自行攜帶各式工具，一併清掃整理環境。

圖 9-8-5　東園村環境整理

(7) 舉辦「生態中國‧活力東源——遊園會」、「社區聯歡晚會」各一場次，參與人員五百餘人次。

圖 9-8-5　遊園會與聯歡晚會

2. 結合恩輝農博園與寧德職業技術學院學生進行交流，就社區體驗與實踐進行工作分享，同時亦達成相互支持協助相關事項。

圖 9-8-6　寧德職業技術學院師生來村進行交流

◆ 8-1-5 指導恩輝農博園區多面向發展

建議事項：

1. 園區入口橋面周邊環境改善，如有可能轉角部分予以拓寬。

2. 園區、接待區與工作區予以切割處理：

   (1) 接待區未來可重新規劃。建築本體可考慮重建，並從多元方向規劃，如：遊客接待中心、人培中心、農產品展售中心、園區行政中心、環境教育推廣中心、遊程（遊戲）規劃、民宿等面向考慮。

   (2) 工作區選擇較隱蔽位置設置，分作業區、包裝區、儲物區、工機具區、行政作業區、農產業及扶貧推廣區、其他。

   (3) 園區除產業區外，選擇適當場所設置小規模遊戲區、樹林空中景觀廊道、拓展簡易遊戲區、遍植可招蜂引蝶之蜜源植物。

   (4) 未來亦可考慮設置扶貧養蜂園區、養雞鴨園區、養魚區、蝴蝶園、植物種苗園區。

3. 以「禮」為核心之「餅道」推廣：

   (1) 以一套儀式，結合在地茶與餅，所呈現之接待禮儀。

   (2) 過程中講述「茶」與「餅」的故事，並輔以如何飲茶、吃餅方式。

   (3) 核心價值是經由過程曉以「禮」之精義，並至各小學推廣。

   (4) 精挑茶具、適合之糕餅、桌椅、服飾等。

4. 設置青年創業孵化基地：

   (1) 依主題訂定目標並安排培力項目，事先須完成培力機制、課程安排、

師資邀約、後續扶植機制等。

(2) 未開辦前須先培力專管中心，如：行政管理、餐飲管理、住宿管理、營運管理等。

(3) 初期運作人力精簡，當 SOP 標準程序完全掌握時，再擴大辦理。

(4) 在無培力時段開放遊客住宿。

8-2 自主經營能力

1. 在有限時間內，一個缺乏動力的社區，是不可能有自主經營的能力。

2. 一個具有自主經營能力的社區，不論是個人或社區團隊，都須具備：(1) 認識社區的程度、(2) 了解社區組織間要有互動關係、(3) 社造概念之多寡、(4) 曾經有過推動社區活動、(5) 曾接受過社造人培課程、(6) 社區民眾參與意願、(7) 是否了解社區議題等。社區擁有優越的條件，但如無人願挺身而出，社區自主經營只會淪爲空談。

3. 恩輝年輕有概念、有理想，善用資源且溝通能力強，其農園肯定能鴻圖大展。

第九節

未來展望

　　台灣式社造經驗在東源引燃一束小火花，帶來一份小小的驚豔，隨著工作的結束，小火苗消失在閃耀之後，一切回到原點。這次的體驗對鎮政府及村民至少也帶來一些不同的經歷，在體制不同的環境下，這種事是再平常不過了，但就團隊而言，策略的改變所帶來的效益也還差強人意。過程中連接了許多外來資源，也告訴在地居民當我們不在時，他們還可以如何辦理，所以奢求東源有未來發展，還得如何看待團隊給他們的建議：

1. 有山、有水、有瀑布，產業特色鮮明（葡萄、茶）；雖然村有古民居，但就整體而言新式建築覆蓋率太高，已無特色可言。

2. 位處白雲山景區入口，村的未來過度依賴景區遊客，無異緣木求魚。

3. 周邊四面環山吸引遊客到訪，除產業外應多利用山林資源，選擇景優位置開闢登山步道，自娛娛人。

4. 村民生性純樸且安居樂業。開發旅遊觀光非唯一選項，應以鄉村環境教育推廣較佳，如：兒童、婦女才藝、老人終身學習教育，結合在地自然生態環境教學，他日必成特色。

5. 村自然環境條件佳，未來可朝藝術介入空間、老人養生村，吸引外地退休後從事休閒、藝術、養生等活動老人入住。

6. 東源村現有一年輕人澤順每日跟著團隊當副手，並參與每次社造課程及分享。其有概念只可惜發現太晚且時間太短，尚無法獨立經營社區。

7. 引進大學生協助擾動社區，可以給村帶來朝氣、活力。

8. 各級領導須放下身段，澈底理解、學習認識社區營造。

第十章

浙江省杭州市拱墅區米市巷街道
──大塘巷社區

陽光健康，慢活大塘巷

── 社區微更新 ──

第一節　社區簡介

第二節　社區位置、交通、地圖

第三節　社區觀察與診斷

第四節　社區資源盤整

第五節　社區發展課題

第六節　社區擾動與輔導策略

第七節　社區願景分析及具體行動方案

第八節　執行成效與自主經營能力

第九節　未來展望

第一節
社區簡介

　　大塘巷社區位於杭州市拱墅區米市巷街道，始建於 1989 年。現有住宅樓區其老區有 51 棟、新華園區有 6 棟，環境寧靜綠化率高，大多爲公寓式建築，是一個都會型社區。社區環境舒適且鬧中取靜，生活配套齊全，如：超市、銀行、學校、醫院、公車站近在咫尺，生活非常便利。

　　附近著名景點有西湖，其次尚有靈隱寺、京杭大運河、烏鎮古典水鄉、西溪濕地等。

　　博物館類則以中國茶葉博物館、中國絲綢博物館、良渚文化博物館、西泠印社、中國傘、扇、剪刀博物館、刀劍博物館等。

第二節
社區位置、交通、地圖

2-1 社區位置

　　大塘巷社區位於杭州市拱墅區米市巷街道，始建於 1989 年。東臨京杭大運河，西靠湖墅南路，南至文暉路，北迄葉青兜路，占地面積約 0.25 平方公里。

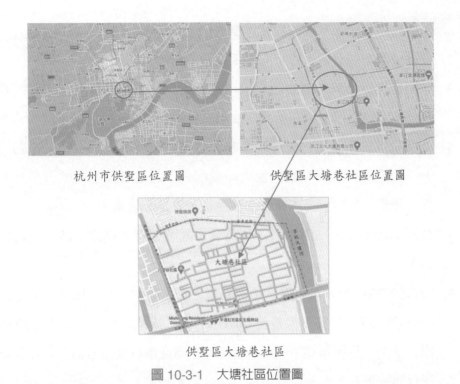

杭州市供墅區位置圖　　　　供墅區大塘巷社區位置圖

供墅區大塘巷社區

圖 10-3-1　大塘社區位置圖

2-1 社區交通

可搭乘：公車 6/K6、42/K42、45/K45、K74、K203（夜間線）、316/K316、K555、826/K826、K218（夜間線）、179，或是以計程車或隨處用手機網路叫車。

第三節
社區觀察與診斷

3-1 社區觀察

1. 大塘社區是一半封閉型都會社區，兩個進出口均由物業單位設置管制

　　點，對所有進出車輛採收費管制。

2. 社區停車空間有限，停車問題是社區最難解議題。

3. 社區已有六十餘年歷史，老社區與新社區（新華園區）形成強烈對比，雖然空間狹小但處處綠植栽，蚊蟲多到人人身邊必有防蚊液且習以爲常。

4. 社區喻書記及翟主任對社區事務非常關心。社區老人占總人口約三分之一，因此針對社區關懷與協力組織配合，透過社區網路社群平臺與居民保持聯繫，公共事務推動亦靠該平臺，效率十分高。

5. 社區環境稍差，均由物業單位負責，社區主管亦無權干涉，須透過協商處理。

6. 「安道景觀規劃公司」爲一體制完整之企業單位，公司座落下城區經緯國際創意園區。在其正常營運體制外，每年提撥經費回饋社區，並招募在學大學生、應屆畢業生（含碩士生）一同從事專業公益活動。除舉辦「社區景觀微更新工作營」外，尚有「社區環境教育營」等。

圖 10-3-1　安道景觀公司每年招募應屆畢業生，協助社區環境微更新公益活動

7. 環境景觀因老舊受損。近幾年與安道景觀規劃公司合作，2018 年推動「社區景觀微更新計畫」，成效卓著，因此2019年繼續推動第二階段「社區景觀微更新工作營」。

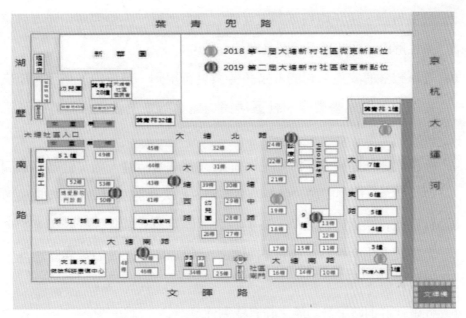

圖 10-3-2　大塘社區眷舍配置及歷年微更新位置圖

8. 社區「陽光老人家」亦即社區老人服務中心，除開放社區老人休憩、諮詢外，其課堂亦開辦各類型社區教學。叫人意外的是其空間也開放給一般工人、外送人員、過路人等休息用。

9. 社區診所在大塘北路，為仿徽式建築黑瓦白牆，然而入口門前院落凌霄花牆完全遮蔽光線，僅剩一人進出空間且蚊蟲多。中西醫合併會診，因服務對象大部分為老人故人數多，候診椅不足。

10.垃圾收納桶於社區內有十餘處，每一處均有七、八個之多，凌亂放置有礙觀瞻。雖然最近有政策指示社區垃圾須分類，卻尚無明確做法，居民也都了解卻無心改善。

11.杭州市氣溫高，曾連續十多天氣溫高達 37.5 度，體感溫度高達 44 度。因都會區溫室效應，晚間亦無涼風，像處在烤箱內一般，入室必吹冷氣，外出必搭車，因此各排熱系統更激化都市溫度。

3-2 社區診斷

1. 社區黨建組織完備，社區分工大多由社區老骨幹領頭做。

2. 社區書記、主任均為年輕之女性，處事理性，尖銳問題均能以社區女兒柔性解決，非常獲得社區長輩的愛戴。

3. 社區雖然有安道公司的社區角落微更新規劃，但均由安道公司組織大學生進入社區規畫製作，社區居民均認為這是上級單位因關心社區所安排，社造概念不足。

4. 社區議題年輕人並不太關心，而老人卻非常清楚，如：社區停車問題、垃圾問題、蚊蚋問題、兒童遊戲空間、老人休憩空間、閒置空間破敗等。

5. 社區型各式活動或教學，參與者大多固定為社區骨幹或較活潑的老人，大多針對生活保守、距離的問題、祖帶孫問題、高溫氣候問題等，影響參與興趣。

6. 社區社群網路平臺功能之強有些意外。

第四節
社區資源盤整

4-1 人

1. 喻書記及翟主任，年齡均在四十歲左右，年輕活潑、處事認真負責、待人親切和藹且公私分明，公餘一定穿梭於社區與居民閒聊，老人都視之為社區女兒。

2. 社區骨幹及各協力組織幹部非常信任翟主任。

3. 具傳統手藝人才有剪紙達人、紮燈籠達人、中國結達人、國畫大師、書法家等。

4. 居民組織這次微更新工作營，包括：樓道小組長、自管小組長、青少年俱樂部、陽光老人一家，配合度百分百。

4-2 文

1. 老舊社區因早期由各種不同單位的幹部、員工陸續進駐，也因身分不同分住各小單位。生活圈雖略有不同，但是鄰里關係仍不錯。

2. 居民對身邊生活不便，均可反映至社區便民服務中心處理。但對於社區公共事務參與意願不高，主因沒有這種參與機制。

4-3 地、景

1. 居住環境區塊方正完整，雖處鬧區均為公寓式建築，但寧靜綠化率高，是一個都會型社區。社區環境舒適，鬧中取靜，生活機能齊全。

2. 京杭大運河在其東側、尚具有貨物航運功能。

3. 西湖就在附近，叫車約五十分鐘，搭公車約一小時二十分鐘。

4-4 生態（短期所見；非專業僅註明認識的）

1. 植物類：社區喬木以銀杏、樟樹、梧桐等較多，尚有其他；灌木以桂花、紅花繼木、石楠與其他。

2. 鳥類：白頭翁、綠繡眼、麻雀、樹鵲、鵲鴝等。

3. 昆蟲：因社區各種植栽多，過去的角落花圃因物業單位的忽視，目前顯得雜亂無章，蚊蟲特多。

   甲蟲類：瓢蟲、鍬形蟲、各式金龜蟲、兜蟲。

   蝶類：粉蝶、無尾鳳蝶、鳳蝶、蛺蝶、枯葉蝶、斑蝶。

4. 蜥蜴類：石龍子、草蜥、攀蜥。

第五節

社區發展課題

5-1 課題一

集居老式住宅區，因早期規畫方式只關注居住處所，已無法滿足現在需求。困境顯現社區內道路狹窄，迫使社區停車問題幾乎無解。

5-2 課題二

雖然政策指示社區垃圾須分類，卻向無明確做法，居民也都了解卻僅能依文宣品內文參照，詳細作法無所依循。社區內有十餘處配有垃圾收納桶，每一處均有七、八個之多，凌亂放置有礙觀瞻，均表示政府近日會改善，明確時間無法得知。

第六節

社區擾動與輔導策略

2019 年 4 月初，浙江杭州「安道景觀規劃公司」欲舉辦年度「社區景觀微更新工作營」，招募在學與景觀相關科系之大學生、應屆畢業生（含碩士生），一同為社區做有限度之環境景觀改善。在其專業指導下，意欲以台灣參與式社造經驗，帶領學生與社區互動參與方式來推動社區微更新。因為過去操作均由參與之學生設計及製作，受限於白天的酷熱、道路狹窄、停車凌亂、蚊蟲叮咬嚴重、居民隨手拿取材料等因素妨礙施工，學生均選擇晚間熬夜施作。公司認為這不是辦法，是故透過李素華老師引薦特邀本人，以台灣社造模式帶領施作。

　　6 月底先行前往杭州，了解公司構想並就欲操作社區走勘。有了初步概念後，先期預規劃 7 月分執行構想，與公司及社區幹部研商可行方案。待有了共識後，正式操作前先安排公司各部門總監、新進人員進行社造培力，直至 7 月 7 日各參與學員報到後，正式開始至 8 月初結束。

6-1 社區擾動

1. 6 月底前往大塘社區以及夾城巷社區，與社區幹部認識並交換意見。

2. 第二次進入社區與社區幹部一同走逛，並與社區居民閒聊，了解社區當前不便之處，隨即走勘社區可能需求改善之點位。

3. 與社區各級幹部舉辦座談會，整理施作原則與未來社區活動辦理、對應單位及地點。

4. 以既有資訊與學員分享，並帶學員至社區認識環境。

5. 因時間有限，規劃培力只有公司人員與學員，社區培力須另擇時間實施。

6. 樓道小組長、自管小組長、青少年俱樂部、陽光老人一家，社區自組織整合。

7. 學員各分組並由組長帶領，利用假日親近社區，就未來施作理解居民想法。

6-2 輔導策略

1. 公司方面，與負責人、各部門總監先行溝通台灣式社造操作方法，取得共識以利爾後運作。

2. 公司依景觀專業先行分組，督導亦由各總監負責。在其完成分組後，各組再推一人編成人文組，負責參與工作坊規劃與執行。

3. 社區部分則在有限時間內，與領導洽詢假日為社區辦理社造座談會。

圖 10-6-1　假日舉辦社造參與座談會

4. 以一週時間完成社區營造培力課程及實務操作工作坊。

5. 學員部分需於一週內完成社區溝通、微更新點位環境改善規劃，並完成簡報檔。

圖 10-6-2　學生規劃與住民洽商

6. 學員就議定微更新點位，每次修正均須重做簡報，擇時與公司幹部、各總監進行分組報告。

圖 10-6-3　學生微更新規劃簡報

7. 學員微更新點位每次修正均須與附近居民討論後，再完成報告。

8. 現地施工學員安全照顧。

第七節
社區願景分析及具體行動方案

7-1 社區願景分析

1. 社區黨建組織完整，附屬次級團體功能清楚，均能發揮功能。

2. 社區因屬都會型社區，生活機能性強、環境綠化、交通便利、公設完備。

3. 社區人才濟濟，可惜的是大部分均年事已高，且後繼無人。

4. 社區老化嚴重。因社區居民多為早期附近各重要工廠幹部或職工退休，因年事均高、生理障礙已逐漸顯現，又因居住公寓式樓層，部分老人長年難得下樓兩、三次，生活品質變差。

5. 社區綠植栽隨歲月茁壯，因欠缺系統性整理，枝繁葉茂狀況差且藏蚊納蚋。雖然居民習以為常但亦無可奈何，反映物業單位因欠缺人手，一直推託無所動作。

6. 社區因早期規劃以收納企業職工為前提，各企業因地制宜，不斷擴建公寓式住宅，忽略人口成長而造成之生活機能需求，導致社區內道路狹窄，影響居民第二代停車問題，已造成對社區生活品質的影響。

7. 垃圾分類政策雖佳，然而欠缺實際做法，民眾只能被動照章行事，缺乏實際效益。

8. 下城區經緯國際創意園區的「安道景觀規劃公司」，其專業景觀能力近來每年投入公益活動，以舉辦「社區景觀微更新工作營」為社區進行微改造，並為社區帶來新機會。

9. 目前安道景觀規劃公司的社區景觀微更新工作營亦只能算是服務性質，透過社區營造概念，應以培養社區居民能自覺式參與社區公共事務，方為良策。

10. 社區居民迄今對安道景觀規劃公司的社區景觀微更新工作營，依舊誤認是社區領導安排的專業公司，來為社區進行環境改善施作。

7-2 社區願景構想

1. 社區環境景觀能讓人覺得舒適暢快，願平日無事優遊其間。
2. 社區因老人多，希冀能得到更親民、更方便的社會照顧。
3. 停車問題能有適當的處理方法。
4. 社區人開始關心社區事。
5. 目標為人人欽羨的社區。

7-3 社區願景藍圖

社區領導、幹部及居民代表以不拘形式的座談方式，認真地思考討論，其社區願景藍圖為「陽光健康 · 慢活大塘巷。」

第八節
執行成效與自主經營能力

8-1 工作營前期籌備

◆ 8-1-1 工作營前期籌備及具體日程的安排

6 月上旬：工作營發布會

多方溝通會，邀請各方領導，如：安道、社區、杭州築建委員會、媒體。

6月底～7月初：初步社區資源調查

大塘新村社區資源初步現狀調查。

7月初：預培訓

安道公司規劃——由陳鯤生老師帶設計師進行工作營預培訓。

表 10-8-1　工作營期前日程預規劃

週	日期	上午	下午
一	07/01	與公司洽談合作方式及其操作模式	社造課程：社區環境自力營造
二	07/02	與公司討論期前課程概要	社造課程：一個好的策略
三	07/03	1. 前往大塘社區與書記、主任商討未來操作方式 2. 前往夾城巷社區與書記、主任商談社區構想	課程：工作坊、社區議題分享
四	07/04	社造課程：認識社區營造	影片欣賞：日本古川町物語
五	07/05	社造課程：社區擾動與居民參與	社造課程：社區美學
六	07/06	至大塘社區舉辦社區交流座談會，夾城巷社區代表參與	
日	07/07	休息	
週	日期	上午行程	下午行程
一	07/08	工作營開幕儀式	開題分享： 1. 米市巷文化背景介紹 2. 米市巷專家介紹街道文化
二	07/09	課程：陳鯤生老師	1. 米市巷點位考察 2. 社區舉行居民、志願者、設計師碰頭會，討論設計需求
三	07/10	課程：陳鯤生老師	課程另訂
四	07/11	課程：陳鯤生老師	課程另訂
五	07/12	課程：陳鯤生老師	課程另訂

六	07/13	微更新設計	微更新設計
日	07/14	微更新設計	微更新設計
一	07/15	微更新項目完成設計報告	與帶隊導師討論
二	07/16	微更新設計	微更新設計
三	07/17	微更新設計	微更新設計
四	07/18	第一次匯報：設計初稿匯報並修改	與帶隊導師討論
五	07/19	微更新設計	微更新設計
六	07/20	微更新設計	微更新設計
日	07/21	微更新設計	微更新設計
一	07/22	微更新設計	微更新設計
二	07/23	第二次匯報：設計初稿匯報並修改	與帶隊導師討論
三	07/24	微更新設計	微更新設計
四	07/25	最終設計匯報	專家領導對方案進行評審，評選出可落地專案
五	07/26	微更新設計落地	微更新設計落地
六	07/27	微更新設計落地	微更新設計落地
日	07/28	微更新設計落地	微更新設計落地
一	07/29	微更新設計落地	微更新設計落地
二	07/30	微更新設計落地	微更新設計落地
三	07/31	微更新設計落地	微更新設計落地
四	08/01	微更新設計落地	微更新設計落地
五	08/02	工作營閉幕式	

◆ 8-1-2 大塘巷社區微更新工作計畫

表 10-8-2　大塘巷社區微更新工作計畫執行表

日期	工作項目	操作內容	準備事項
07/07（日）	報　到		
07/08（一）	始業式	學員自我介紹	填充娃 3 個
07/09（二）	填寫議題單	議題單 40 張小圓標 40 張、A0 大白紙 5 張、彩色筆 5 盒	
	我的社造經歷 我不差因此我也能	課程	
	社區資源調查（文史） 分組討論	課程 分組報告	
07/10（三）	思維導圖 分組及議題討論 人文組／景觀組	再分數小組	白板、筆 A0 大白紙 5 張、色筆 5 盒、隨意貼
	分組報告		
07/11（四）	社區踏勘與診斷	帶領學員走勘社區	拍照與記錄
07/12（五）	分組資料整理	景觀組：社區照片整理、標示、分類	投影機
		人文組：蒐集社區歷史資料及口訪內容設計	口訪內容及方向 人、文、環境、傳說
	分組報告		
07/13（六） 07/14（日）	分組進入社區調研		廢紙收集

日期	工作項目	操作內容	準備事項
07/15（一）	上午分組討論、下午各組完成策略規劃概念及簡單設計	白板、筆、大白紙、色筆、A4作業紙	各式材料準備廢紙浸泡
	分組報告	利用時間完成設計圖	
07/16（二）	社區地圖製作	課程	
	工作坊規劃設計實務	人文組各式活動分享 景觀組完成設計圖	
07/17（三）	工作坊紙水泥、編織人文組活動推演	團隊、居民、村幹	
07/18（四）	各組社區實作（與居民協商溝通）	現地督導	各式材料到位
07/19（五）			
07/20（六）			
07/21（日）			
07/22（一）		第一次檢視	
07/23（二）		現地督導	
07/24（三）			
07/25（四）			
07/26（五）		第二次檢視	
07/27（六）	休息		
07/28（日）			

日期	工作項目	操作內容	準備事項
07/29（一）	最後修正期	現地督導	
07/30（二）			
07/31（三）			
08/01（四）	成果發表籌備		
08/02（五）			
08/03（六）	結業式及成果發表		

◆ 8-1-3 執行成效

表 10-8-3　米市巷家社區微更新工作營執行工作事項

日期／星期	工　作　項　目
07/01（一）	與公司各單位確認作法。
07/02（二）	1. 前往大塘社區與書記、主任商討未來操作方式。 2. 前往夾城巷社區與書記、主任商談社區構想。
07/03（三）	與公司討論課程準備事宜。
07/04（四）	1. 社造課程教學。 2. 與公司就未來工作行程做一確認。
07/05（五）	至大塘社區舉辦社區交流座談會，夾城巷社區代表參與。
07/08（一）	1. 米市巷家社區微更新工作營開訓始業式。 2. 下午學員自我介紹，簡介未來操作方式。
07/09（二）	學員開訓社造課程教學。
07/10（三）	1. 社造課程教學。 2. 分組討論。
07/11（四）	1. 送出工作行程表。 2. 大塘社區走勘，就各微更新點位檢視並確認。 3. 下午各組就選各點位初步構思討論。

日期／星期	工 作 項 目
07/12（五）	1.各組第一次工作構想匯報。 2.指導人文組工作要項及操作概念。 3.下午各組再匯報，翟主任、曹董參加。
07/15（一）	1.前往大塘社區與村民溝通「參與」的意義。工作坊紙水泥教學準備，撕報紙泡水。 2.下午學員各組第二次匯報。
07/16（二）	1.各組整理規劃並完成設計草樣。 2.召集人文組就活動舉辦、操作方式、案例分享。 3.下午各組進入社區與居民溝通設計需求。
07/17（三）	1.陽光老人家紙水泥活動。 2.回公司商議明日匯報地點與報告重點。
07/18（四）	1.由書記主持各組規劃匯報。 2.與書記、主任就未來社區「參與」進行深度討論。
07/19（五）	1.曹董與各總監參與再一次匯報，並檢討計畫修正。 2.與視導組討論什麼是社區地圖。 3.與學員討論遮陽棚設計方式。
07/20（六）	1.前往大塘社區講授何為社區營造。 2.與胡總監、學員談環境教育可操作領域。
07/22（一）	走勘社區各組點位施工情況。
07/23（二）	走勘社區各組點位施工情況，下午趙董等亦到場關心。
07/24（三）	1.走勘社區各組點位施工情況。 2.請學員協助撕報紙泡水，檢視明日教學各材料工具。
07/25（四）	1.紙水泥教學順利進行。 2.與李老師走勘社區各組點位施工情況。
07/26（五）	1.尋回紙水泥各教學工具，重新打漿，至衛生診療院為學員以紙水泥彩繪牆面。 2.翟主任及居民共同參與製作。 3.與周總討論結業式各相關單位呈獻成果方式。
07/29（一）	1.走勘社區各組點位施工情況，並與何航就胡老爹遮陽棚與陽光遮蓋面積進行測量。 2.與人文組討論展版設計及口訪呈現方式。

日期／星期	工　作　項　目
07/30（二）	1.帶人文組進行老人口訪。 2.指導小朋友就其紙水泥成品進行彩繪。 3.走勘社區各組點位施工情況。
07/31（三）	1.接受周總簡單口訪後入社區走勘。 2.街道謝書記及主任檢視學員各點位施作成果。
08/01（四）	1.與人文組討論口訪匯整結果，因未達理想所以放棄。 2.各組展版設計檢視與討論。
08/02（五）	在公司與各組就明日報告項目進行討論。
08/03（六）	1.檢視會場布置。 2.成果展及結業式。 3.成員會餐。
合計	27 天

圖 10-8-1　微更新成果展示

8-2 自主經營能力

　　大塘巷社區這兩年，雖然歷經安道景觀規劃公司所規劃的「社區景觀微更新工作營」，就可見景觀及環境改善部分小有所成，但是也就只有今年，因擾動讓小部分居民能感受到參與的感覺外，絕大部分仍認為這是社區領導安排的環境改善專業施作，可是社區參與的概念在社區領導的積極鼓勵下，讓社區各次級團體均肯定。自己的社區應由自己來經營，自助人助的根已深入居民間。

　　在有限的時間內所完成的結果，除可見效益外，社區的營造自覺尚差的很。社區共識的營造需要一定的程序，且難一蹴即成，此其一；就目前的情況來看，雖然社區領導及其附隨組織幹部均獲得居民認同，未來社區議題的解決，在公益

團隊離開後仍會回到原點，並以傳統方式解決。主因在缺乏一個懂得社區營造的領頭羊積極地介入，此其二；可信賴的親民領導其任務期限均將至，換人做後是否仍能繼續推動，讓社區各骨幹均感不安，此其三；是故社區自主經營的能力，就目前來看是不可能的。當然以目前的社區微更新施作氛圍，仍能繼續維持三至四個月，社區社造初步概念即可醞釀，有朝一日是可期待的。

第九節
未來展望

1. 在有足夠的時間與社造專業人員的持續介入，社區經此系統性學習與實作參與，社區在既有條件下是有機會的。

2. 2017 年中共中央頒布了《關於進一步深入開展城鄉社區可持續總體營造行動的實施意見》，繼之又發布《關於深入推進城鄉社區發展治理建設高品質和諧宜居生活社區的意見》，該意見明確了自 2018 年～2020 年城鄉社區可持續總體營造行動的目標：在主要任務中新增了「建立社區基金（會）」、「發展社區社會企業」兩大任務，並細化了城鄉社區可持續總體營造的關鍵支點。特強調健全促進城鄉社區可持續總體營造的長效機制，即建立全市各級各部門協同推進機制，並從建立服務平臺、保障資金支援等，長期、深入且有效地推進城鄉社區可持續總體營造行動，為此提供了有力保障。

3. 當中共中央頒布了《關於進一步深入開展城鄉社區可持續總體營造行動的實施意見》之後，創新推動基層社區治理，持續開展城鄉社區總體營造，並支持和鼓勵支援型社會組織發揮樞紐作用。如：成都市青羊區制定了 2019 年公益創投方案，該方案支援轄區街道引入樞紐型社會組織搭

建街道社創平臺，充分發揮其支持型、引領性作用，培育、陪伴本土社會組織與自組織發展。在街道黨工委的領導下，組建街道級社區規劃師團隊，協力推動街道社區發展治理工作。編制街道社區發展治理規劃，指導社區按照規劃路徑抓治理、促發展。

公益創投專案主要包括以下三方面內容：

(1) 以樞紐型社會組織為軸心組建規劃師團隊。

(2) 依託街道社創平臺支援培育、陪伴本土組織的發展。

(3) 以規劃師團隊為支撐編制街道社區發展治理三年規劃。

4. 就社區營造角度來看，大陸面臨城鄉差距、社區老化等社會議題。加上過去一段時間，開放地方領導和幹部來台自培力，邀請台灣專家學者，就台灣社區營造經驗分享與實地參訪體驗感受。迄今雖有心改善，卻無相當政策指導及配套措施安排，但是目前狀況已不同過去了。

5. 杭州市拱墅區米市巷街道，在《關於進一步深入開展城鄉社區可持續總體營造行動的實施意見》中，初期並無具體實施概念。但是這兩年由安道景觀規劃公司規劃的「社區景觀微更新工作營」，讓地方領導嘗試啟動城鄉社區發展治理，並建設高品質和諧宜居生活的社區行動，且以大塘巷社區就社區景觀微更新工作營試運做，並以三年時間操作，使之成為杭州市的一個示範點。

6. 在極短時間的操作下其成果是短暫的，若以社區微更新為期待之成果，社區治理是無意義的，如各公部門領導本身無社造意識，底層之社區將無所適從。

第十一章

台中市龍井區——南寮社區

建構有氧活化之健康社區生活體系

—— 休閒運動 ——

第一節　社區簡介

第二節　社區位置、交通、地圖

第三節　社區觀察與診斷

第四節　社區資源盤整

第五節　團隊社區擾動與輔導策略

第六節　社區發展課題與對策

第七節　社區願景分析及具體行動方案

第八節　執行成效與自主經營能力

第九節　未來展望

第一節

社區簡介

1-1 台中市龍井區南寮里 —— 南寮社區

南寮村原來的茅寮是在大水池西邊的土地公廟附近。距今二百三十多年前，福建同安縣西山頭鄉西掛村林家三兄弟，決定一起渡海到台灣發展。乾隆十一年（1746年），林家兄弟從塗葛堀港上岸，就在海邊地區一處叫湖崙仔的地方（今龍井鄉田中村）住了下來。前後兩年的時間每天賣力地墾地營生，但因那一區的土地鹽分偏高，所種的作物都沒有收成，生活實在困頓。因此又遷往水裡社，又因此處已無可利用的耕地，於是不得不就近上山（大肚山）碰碰運氣。當他們上到了大肚山頂，發現山上有許多野生的植物可食用，又有一處天然水窪，於是林姓兄弟就在當地砍材取草搭了一間草寮。因地點就在水裡社社域的南邊，所以這塊地方就取名為「南寮」。

該村西緣有竹坑北坑、龍崗南坑谷地與龍崗北坑谷地，當地的居民多半以旱作為生。目前在南寮栽種的作物主要以番薯、狗尾草居多，其次則為蘿蔔、芝麻、花生等。

社區居民採傳統農業生活方式，唯中生代大部分出外討生活，外來移入人口增加，新舊交融、新觀念於社區中激起漣漪。社區為推動各項建設，組織社區發展協會、老人會、環保志工隊、各式土風舞等社團。藉社團力量凝聚居民社造意識。活動中心是居民聚會及活動重要場所。

第二節
社區位置、交通、地圖

2-1 社區位置

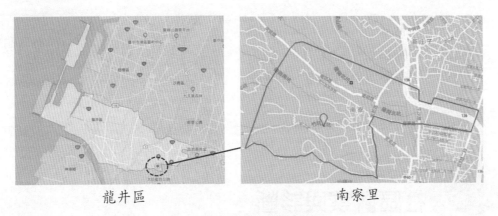

龍井區　　　　　　　　　　　南寮里

圖 11-2-1　南寮社區位置圖

　　南寮社區位於龍井區東南一隅，在大肚山頂西側，面積約 2.563 平方公里，人口約 1,987 人、共 499 戶（2019/04）。具明顯農村景觀，未受外來人口影響，閒置空間多。

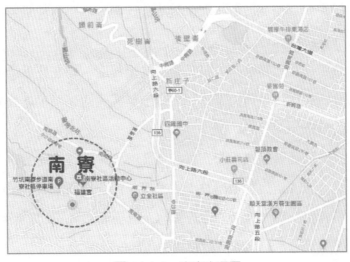

圖 11-2-2　南寮交通圖

2-2 交通

1. 由台中方向來往西走台灣大道，過東海大學後至坪頂左轉遊園南路，過向上路六段下一路口，鄉界路右轉至南新路左轉，約三十公尺右轉南寮巷到底。

2. 由沙鹿方向往東走台灣大道，至坪頂轉中興路，左轉向上路六段走外側，下一路口南新路右轉，到底右轉南寮巷。

3. 由台中方向來往西走向上路至蔗廍里，走中蔗路到底轉太平路至分岔路口，左轉蔗南路到底進入南寮巷。

第三節
社區觀察與診斷

3-1 社區觀察

　　南寮村地處龍井鄉之東南角，緊鄰台中工業區、東海學區，位於中沙路及南崗路交叉口一帶。約在清朝乾隆年間，最先來此墾地的是林姓墾戶，如今仍以林姓為大姓，其他姓氏都是後來才遷入的。

　　社區老化嚴重，在村青壯年人每日難得見上一面，均在外就業。只有傍晚時分路過可以看到各戶院內停留的車子，才知道年輕人回來了，是故社區內時常可以看到老帶小的情景。

　　目前村內主要的社區組織為南寮村社區發展協會，該組織主要負責工作是管理社區環境美化、宣導居民對環境整潔的愛護、向公部門爭取相關環境改善經費等。還有社區長青俱樂部、社區環保志工隊及社區媽媽教室均不時地舉辦活動，豐富居民的社區生活，是一個社區活動相當頻繁的社區。

　　本村最著名的據點是聚落西側的亨德紀念公園。以前山上缺水，居民均以福建宮廟前大水堀爲村民用水的主要來源，後因當時東海大學社會系教授詹姆士・亨德先生向農復會申請改善並和村民溝通，在 1963 年完成簡易自來水工程，解決缺水的問題。大水堀曾經養育過南寮的子民兩百年，不捨把它填平仍會定期清理維持原有風貌，希望留下來做爲子孫飲水思源的好教材。村民爲了回報亨德教授當年的恩情，動工興建了亨德教授紀念公園，於 1999 年完工。

　　本村因人工開發程度較低，在南寮水坑附近仍保有良好的草原林相。步道上可見滿山坡的野百合，聚落內則有台灣構樹、鳥臼、苦楝樹、相思樹等鄉土性植栽；青帶鳳蝶、蜻蜓、綠金龜、雲雀、大捲尾等昆蟲與鳥類，生態景觀相當豐富。沿著山脊向西眺望可以看見台灣海峽，還有遠東第一大燃煤發電廠與一輪旭日。

3-2 社區診斷

1. 社區位於大肚山台地西南一隅，鮮少人知。社區內道路狹窄，僅能容許一輛轎車通行，之前從未有稍具規模之環境改善工程，是故仍保有傳統農村風情。

2. 社區人口爲龍井區第二少社區，老化嚴重。村內青壯年均在外工作且早出晚歸，對社區公共事務鮮少參與。

3. 社區景觀生態資源豐沛，90% 尚未開發。最具特色的是台地叢聚野百合，最大一區即在南寮；坑谷擁有竹坑北坑、南崗南坑、南崗北坑。

4. 社區發展協會成員大部分爲老人，均熱心社區公共事務，行爲保守。對社區改善亦持保留態度，交互影響力大。

5. 理事長工廠側間闢爲社區民眾聚會飲茶場所；大水池周邊爲社區人平日老帶小、休閒漫步及運動所在。

6. 上任村長爲外姓，與發展協會不合。大部分老人都以理事長爲首，其本人也以照顧鄉親爲要務。

7. 社區大部分閒置空間土地均屬於祭祀公業（林氏宗祠管委會）所有，目前由宗親們耕作，當有需要時隨時可以收回。

社區資源盤整

4-1 人

1. 理事長一家（含家族）照顧社區老人不遺餘力，兄弟姊妹熱心社區事務，均能獲得鄉親認同。

2. 老村長兒子年輕有為，有想法且衝勁十足，照顧鄉親態度誠懇。唯主觀意識稍強，熱衷自己事業。

3. 社區老人能照顧老人，配合理事長處理社區公共事務均能達成任務。

4-2 文

1. 大肚山台地人文歷史底蘊豐沛。此地早期為拍瀑拉平埔族大肚中堡所在位置，其周邊為其獵場，各山脊線周邊仍有早期原住民所遺留之墓地、半穴居遺址、炭窯遺跡等。

2. 社區仍保有閩南式三合院，然而大多只由老人夫婦居住，部分閒置由族親照料，如有崩塌亦不再處理。

3. 大水堀曾經養育過南寮的子民兩百餘年，村民不捨得把它填平，除定期清理維持原有風貌外，為顧慮孩童安全起見，以不鏽鋼材製作了圍欄，希望留下來做為子孫飲水思源的好教材。

4. 大水堀與亨德公園：以前山上缺水，大水堀是村民飲用水的主要來源。但逢秋、冬枯水期時大水堀的水量枯竭，如往坑谷內之湧泉井挑水，量少緩不濟急，於是村民們就到東海大學裡的小溪去取水。當時東海大學教授詹姆士‧亨德先生看到了這種景象心生憐憫，於是一面向農復會申請改善，一面和村民溝通，鼓勵村民們同心協力共同來解決缺水的問題。甚而將自己的退休金全部捐出，裝置了台地最早的簡易自來水系

統，解決了台地飲水的大問題。村民為了回報亨德教授當年的恩情，結合山頂六個村的村長共同支持這件事，於是在大水堀西邊塑建亨德教授雕像，開始動工興建亨德教授紀念公園，並在 1999 年完工。而南寮社區營造活動概念，就在籌劃亨德教授紀念公園時展開。

5. 福建宮：福建宮的主神林府千歲，是由林家開台祖先林雲於清朝乾隆十三年（1748 年）時，由福建同安縣西山頭鄉下山頭村背負來台的。於清光緒三年建造福建宮，經過兩次的修建，現在福建宮仍維持整建之後的風貌。寬廣的廟埕是社區的文化交流空間，向西眺望龍井海岸平原的景色盡收眼底，是「南崗觀海」一處極佳的景點。

6. 王母宮：於 1974 年建造而成，供奉王母娘娘。

7. 巧聖仙師廟：於 1995 年建造，供奉中國春秋時代最早之土木建築工程師「巧聖仙師」魯班公，而廟體規模在當時號稱東南亞最大魯班公廟。

8. 林姓祠堂及活動中心：三合院式的林家宗祠是仿閩南風格的建築，為近年來台地最美的傳統建築。大堂供奉的是開基祖林雲的牌位，為接納林姓先人們的骨灰安置場所，在每年的祭祀日，附設之活動中心便成為全村團圓最熱鬧的地方。

9. 福陵宮：1990 年由林菊枝女士集資建造。因林女士自小體弱多病，請示公廟發願買地建廟，占地約七、八分地。採閩式建築，鏤空藻井採八仙人物浮雕，入口又有人帶馬，這是台地一般廟宇少見的。廟裡供奉由台西五條港「安西府」移駕而來的張、李、莫三府千歲。

10. 廣龍禪寺：在地佛教寺廟，主祀千手觀音。1963 年廣欽老和尚受中部弟子之邀，擇龍井南寮興建廣龍禪寺，老和尚每日只食水果果腹，當地人稱其為水果和尚。

4-3 地

1. 南寮社區擁有十分美麗的地理景觀，如：竹坑北坑、南崗南坑與南崗北坑。東高往西漸低，高低差約五十至六十公尺，長度約一點三公里。山

脊步道因海風關係缺少喬木遮陰，但是視野開闊景觀佳；坑谷步道植栽豐沛、生態具多樣性。

2. 竹坑北坑山脊及坑谷休閒步道：

位於南寮村大水坑南邊西行山脊步道，空氣清新且視野遼闊。向西遠眺可以看見早期先民遠從福建冒險而來的台灣海峽，還可以看到號稱遠東第一大燃煤發電廠與台中港區，盡在眼前。近看，大肚溪緩緩由眼前西流入海，傍晚時分的落日餘暉千變萬化；彰化八卦山橫亙於前，大佛像在薄霧中若隱若現，帶有幾分神秘感；周邊聚落如彰化和美鎮、伸港鄉、龍井山下村落等，其最美是夜景，難以言喻。

坑谷步道內有一口湧泉井，早期是南寮居民最重要之飲水源。唯因挑水上下山不便，以及後來設立了簡易自來水裝置，因而使其閒置，該水井目前由社區發展協會以鐵網圍籬保護中。該步道獲得鄉公所向中央申請補助，美化沿線並延通山下竹坑村，儼然成為山上山下民眾之休閒運動登山步道。

4-4 景

1. 竹坑北坑步道：古井懷舊、天梯、龍止關、觀景平臺、山脊線步道、坑谷步道、鯉魚山、櫻花樹林。
2. 南崗產業道路：南崗夕照、魔鬼坡。
3. 觀景平臺數處。

4-5 產

番薯、通天草（狗尾草）、花生、蘿蔔、芝麻等短期旱作。

4-6 生態（非專業僅註明認識的）

1. 植物類：大肚山台地有四處較易識別之台灣野百合叢生區，面積最大一

處即在南寮與大肚區瑞井里交界之草場區邊緣。爲避免過多遊客關心，社區每年蒐集野百合種子，遍撒登山步道沿線及坑谷中，近來已隨處可見，對原生區已達保護目的。另竹坑北、南坑與南崗南、北坑，其山坡面有大片台灣海棗（槺榔）叢聚區。另常見有相思樹、構樹、苦楝、欒樹、烏臼、風鈴木、藍花楹、大葉合歡、小葉欖仁，山欖仁、大葉欖仁、榕樹、小花蔓澤蘭等。

圖 11-4-1　野百合復育區

2. 鳥類：白頭翁、黃尾鴝、白鶺鴒、竹雞、遊隼、小白鷺、黃頭鷺、綠繡眼、八哥、鵪鶉、鷦鷯、雲雀、貓頭鷹、伯勞、麻雀、南路鷹、橙頰梅花雀、小彎嘴、番鵑、中杜鵑、斑文鳥、鵲鴝、樹鵲、五色鳥、大捲尾等，2021 年防疫期間又發現三隻白腰鵲鴝築巢於宗祠旁。

3. 蛙類：斑腿樹蛙、小雨蛙、澤蛙、蟾蜍等。

4. 昆蟲：

甲蟲類：甲蟲、鍬形蟲、各式金龜蟲、各式天牛。

蝶類：粉蝶、無尾鳳蝶、鳳蝶、蛺蝶、枯葉蝶、斑蝶。

蛾類：天蛾、夜蛾、毒蛾、尺蛾、其牠蛾類。

註：2013 年 4 月 3 日由村凡社造工作室——蛾調組（特生中心蛾調志工）發現台地已絕跡二十餘年之「甘藷天蛾」。

5. 蛇類：雨傘節、眼鏡蛇、草蛇、無毒蛇類。

6. 蜥蜴類：石龍子、草蜥、攀蜥。

團隊社區擾動與輔導策略

5-1 團隊社區擾動

1. 2003 年決意進入社區，意欲協助社區從事社區營造，卻因語言不通造成誤會，以為是建設公司來社區購地營造，為此暫時作罷。隨後花了兩年時間不斷進出社區，嘗試學習閩南語與社區溝通，於 2005 年終於為社區接受，並理解願接受社區營造。

2. 2004 年起即不斷走逛社區，與社區婦女、老人瞎聊並了解社區實況，後以自費方式針對老人及兒童議題，舉辦各式關懷活動，與社區建立信任感為首要目的。

3. 此一期間協助社區發展協會，舉辦各式非正式座談會（有主題）；也與台電、中油申請補助來辦理各式活動。

5-2 團隊輔導策略

1. 與社區正式接觸前須先了解社區實況，建立簡單社區資源資料。

2. 與村民接觸時，嘗試多講閩南語。

3. 與東海大學學生接洽，協助進入社區，就老人與兒童關懷做初步了解，共同商議解決方式。

4. 不斷與發展協會、老人會接觸，透過聊天建立雙方互信。

5. 與具有經驗之社造團隊合作，共同協助社區發展。

第六節
社區發展課題與對策

6-1 課題一

社區老化嚴重。然而在林姓宗親整合下，社區自我關懷一直能做到以老顧老，相對社區意見也一直由老人主導，雖然能理解長此以往將銜接不上社會脈動，困於缺乏青壯年人的介入。

對策：

1. 整合發展協會，並與有能力之老人予以分工，協助成立次級團體。
2. 邀約東海大學社會工作系師生進入社區，以專業角度來輔助社區老人。
3. 籌辦社區活動，透過分工由老人逐項執行準備，建立其成就感。
4. 舉辦各種隨意式座談會、非正式課程，介紹「健康概念」、「社區參與」、「社區走逛」、「影片欣賞」等。

6-2 課題二

社區內除私有土地外，大部分土地權屬均由林氏宗親管委會管理，閒置空間亦由宗親代管，種植一些無須照料之旱作。如管委會須收回時，使用族親會無條件歸還。

對策：

1. 南寮地處台地西南一角，各處進出口道路非常狹窄，導致外人進入社區意願薄弱，因而社區人為開發緩慢，促使生態及景觀均處於自然狀態。
2. 與社區意見領袖（老人）共同走逛社區，理解社區可茲利用之土地資源，共商社區未來發展。
3. 社區籌組工作團隊，向公部門提案申請經費補助，從事社區營造工作。
4. 邀請專家學者協助指導，系統性規劃社區願景及分階段執行目標。

6-3 課題三

多年來社區活動除定期老人旅遊外,亦僅有環保義工隊的慶生活動而已,社區欠缺活力。

對策:

1. 成立協會次級團體,如:環保志工隊、老人會、媽媽教室、卡拉歌唱班、大鼓隊、手工藝教室等。
2. 請議員協助向台電、中油等申請補助,辦理次級團體社區活動。
3. 透過社區營造,邀請老人共同參與過程。

6-4 課題四

大肚山台地因土壤貧瘠,以致土地利用價值低落,因此農業勢弱衰頹,造成多處土地閒置社區。透過社區參與過程,部分地主願意提供土地作為互動與交流的公共開放空間(如:活動中心、綠地公園),以凝聚社區及提供活動使用之重要空間使用。將閒置土地經營成社區公共空間的再活化與利用,以及活動場所機能之重新檢視,成為社區重要關心議題之一。

對策:

1. 透過參與式設計,藉由專業空間規劃設計之團隊與居民溝通協調,設計「對味」的空間設計與規劃使用。
2. 透過雇工購料之施工操作手法,加深社區對環境之情感凝聚力,更甚而強化後續管理維護機制之建立。

6-5 課題五

社區透過社造方式來經營社區之健康公園,但因第一期工程經費有限,僅整理局部景觀鋪面與增設少數健康設施,以致社區居民對公園之空間使用需求期待不足。加上健康公園位於遠眺視野良好之區位,西覽大肚山台地生態風貌及台中漁港海岸線之景觀,因此社區健康公園可延伸第一期工程內容與想法,豐富公園

活動使用之空間。

對策：

1. 評估基地所能提供之適宜性活動項目，藉由社區參與方式，讓社區居民擇定工程施作內容。

2. 規劃公園活動內容與增設休憩、覽景遠眺設施。

 第七節
社區願景分析及具體行動方案

7-1 社區優劣勢分析

◆ 7-1-1 優勢

1. 社區內有多位達人，如：機械、電機、泥水、製作糕餅、總舖師、其他等。

2. 社區閒置空間土地均由祭祀公業管理。

3. 特殊地形具有開發觀光休閒條件。

4. 有社造專業老師願指導社區。

5. 社區組織健全，活動力強。

◆ 7-1-2 劣勢

1. 社區老化嚴重，缺乏社造人才帶動。

2. 社區保守，對社區變動意願不高。

3. 對於社區營造不懂。

4. 環境改善須不斷溝通，另有派系問題。

5. 巷弄狹窄，不適合大型車輛來往。

◆ 7-1-3 **機會**

1. 鄉公所有意對竹坑北坑進行開發。

3. 社區偏於台地一角，有專業老師願協助規劃社區。

3. 提供未來縣市合併後，邀請都會人士下鄉最近可參訪的社區。

◆ 7-1-4 **威脅**

1. 周邊社區大肚鄉瑞井里山陽坑已開發。

2. 周邊社區大多已有向公部門申請經費，從事社區營造工作。

3. 立全社區營造意象設計，已經做到社區入口。

◆ 7-1-5 **策略**

1. 配合專業人士指導來規劃社區。

2. 安排社造課程並辦理系列活動，帶領社區民眾認識社區營造，以及會為社區帶來什麼樣的新風貌。

3. 積極與公所溝通，儘快規劃竹坑北坑山脊線、古登山步道的開發。

4. 社區主動配合社造各式活動，早日達到社造目的。

5. 在社區條件尚未成熟以及既有資源整合，現階段以營造健康環境為主要目標。

7-2 社區願景分析

社區因只有老人參與公共事務，是故對社區未來發展只能期待卻無能力規劃，於是邀請專家學者協助進入社區，以各自的經驗引導社區規劃未來。因社區閒置空間土地均由祭祀公業管理，且自然景觀尚未開發，很多老人對社區變動短時間內意願不高，但公所有意對竹坑北坑登山古道進行開發，綜理各項因素，初期以健康社區營造為目標。

「建構有氧活化之健康社區生活體系」為願景概念，在未來的時間裡，除老人健康關懷外，在既有社區之有力資源運用，與社區溝通後，以打造社區健康環境為首要。土地問題統由祭祀公業（林氏宗祠管委會）會長負責協調處理，空間

改造則以三年期分階段規劃。

7-3 具體行動方案

◆ 7-3-1 規劃設計構想

1. 社區發展藍圖

經過數年的社造概念溝通，社區已有了地方願景與共識。期望藉由南寮社造活動，從大環境的改變來思考發展地方特質，考量社區活動區位後，初期空間規劃之想法如下：

社區平日活動聚會位置：大水池周邊、籃球場及其周邊、福建宮周邊、大榕樹下、雜貨鋪。

社區平日運動主要位置：大水池周邊、籃球場及其周邊、竹坑北坑山脊步道、林姓宗祠圍牆邊空地、社區入口交叉路口、廣龍禪寺道路周邊。

表 11-7-1　南寮社區空間發展構想

分　區	發展構想
含飴弄孫親子區	1. 社區生命之泉「南寮大水池」周邊，全長約兩百公尺之環繞水池道路空間。傍晚時分爲社區民眾散步聊天、攜仔弄孫互動主要場所，充滿健康祥和之氛圍。 2. 周邊設施有亨德公園、六角亭兩座、社區活動中心、福建宮（社區信仰中心）、巨樹成蔭設有涼椅等，遠眺大肚溪口、台中港區、火力發電廠、海上航運等。
漫遊古宅散步區	1. 農村型態之社區，多保留土角厝、老三合院等閒置空間。 2. 改善進入聚落前的三叉入口使用，並建立社區意象。 3. 社區環境綠美化，整頓社區髒亂點。 4. 漫遊社區的同時，可以達到健康散步之目的。

分　區	發展構想
健康賞鳥健行區	1. 南寮現有一全長約一點五公里，延山脊線東西走向之蜿蜒健康步道。 2. 沿途視野遼闊，海岸線盡在眼底，灌木叢生，鳥資源豐富。 3. 以白頭翁、鶺鴒、黑紋鳥、麻雀最多，大捲尾、小雲雀、八哥、番鵑、中杜鵑、貓頭鷹、橙頰梅花雀、鵪鶉、竹雞、斑鳩、伯勞鳥、遊隼、松雀鷹、樹鵲、黑冠麻鷺、各式過境鳥類（南路鷹）等。 4. 健康步道，早晚均有人健行一至二個來回或遛狗慢跑。
古井探索健身區	1. 南寮竹坑北坑谷底有一人跡罕至之湧泉井，經文史工作者及社展協整理後，其圖片透過文化季展示於社區，引發親子探索風潮。 2. 龍井鄉公所年度內（2006年）亦將開闢健身步道（以卵石為主），以利社區民眾前往。 3. 古井高低落差約五十公尺，距離約一公里，谷底為旱溪溪床，遍布卵石及人高芒草，牧牛小徑縱橫交錯。 4. 來回一趟形同探險，汗流浹背。
擺頭扭腰運動區	1. 距大水池200公尺處有林姓宗祠，其東向有社區籃球場，為學生放學後運動處所；其周邊為老人與婦女散步區。 2. 沿宗祠背面旱田將設置本案運動公園一座。 3. 運動公園設置目的，使能夠達到伸腿展軀、擺頭扭腰功能，對老年人或四肢欠靈活人士具復健功能。 4. 連結健行、健身、散步、漫遊、運動之機能，使社區有氧化。

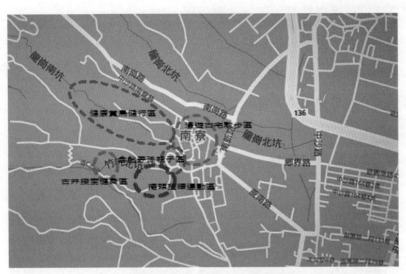

圖 11-7-1　整體發展構想圖

 第八節

執行成效與自主經營能力

8-1 執行成效

◆ 8-1-1 歷年營造成果——硬體部分

1. 2005 年 3 月，健康環境與空間營造計畫：社區依初期社區願景，針對空間環境改善，規劃三年期營造計畫並分年分階段執行。完成南寮社區健康公園前緣部分，包含休閒健康卵石步道、健身器材四組、石桌椅三組、綠美化等工程。

2. 2006 年 11 月，地區發展計畫／先期工程計畫：完成南寮社區健康公園第二階段工程，包含觀景台一座、兒童遊戲場含設施、綠植栽、活動草坪等。

3. 2006 年 12 月 7 日～2007 年 2 月 2 日，地區發展計畫／先期工程計畫：

完成南寮社區森林劇場健康公園工程。

4. 2007 年 2 月，營造農村新風貌補助計畫：龍井鄉南寮社區環境改造工程，完成木作涼亭一座、花棚架一座、棧道一條、綠植栽、石板步道、健身器材、入口意象社區導覽圖一座等。

圖 10-8-1　森林公園完工及劇場區幼兒園戶外教學

5. 2010 年 11 月，營造農村新風貌補助計畫：龍井鄉南寮社區環境改造工程，完成野百合復育區、觀賞區、觀景平臺、瞭望台、遊戲區、休憩區等。

圖 10-8-2　野百合復育區

6. 2006～2012 年起，陸續與台地各校之國中一年級、小學高年級生合作，積極以學童為社區導覽解說員培力訓練。「小腳丫導覽員」迄今已歷六屆，每屆產出三至五名優秀學生，其服務社區年限約兩年，其表現遠超過成年人，獲得各校一致肯定與支持。

7. 2012～2014 年，社區參與推動農村再生人力培根計畫，歷經三年完成關

懷班、進階班、核心班、再生班培訓課程。期間陸續完成窳陋空間環境
改善工程、壁面美化、兒童公園設施改善等工程。

8. 2015 年，專案申請農村再生經費補助，完成登山步道入口處停車場工程
及農夫市集設施兩處。

9. 2005 年 8 月，台中縣第二屆社區規劃師駐地計畫：完成籃球場環境改善，
植栽強剪整枝、休憩座椅平臺兩座、花台四座、貨櫃屋彩繪、巷道壁面
整理美化等。

10. 2016～2017 年，另完成觀景平臺改善拆建工程兩處、森林公園空間擴大
改善工程、健康公園設施改善工程等。

11. 2018 年，完成登山步道入口停車場全面翻修工程。

◆ 8-1-2 歷年營造成果——軟體部分

1. 2011 年迄今與東海大學社工系合作，引導該系學生社區見學，針對社區
老人從事系列關懷活動。

2. 與東海大學景觀系合作，指導學生社區實踐，認識社區、體驗社區、規
劃社區等活動。

3. 社區發展協會成立「社區關懷據點」，林姓宗親會支援各項軟硬體設施。

4. 社區老人環保志工固定每週三，就各項公共設施周邊環境整理，使社區
永保整潔、舒適。

5. 社區發展協會所屬次級團體活動，老人均能自主參與。

8-2 自主經營能力

1. 社區幹部理解社區服務重要，卻缺乏社造概念。因參與對象均為老人，
組織運作能力未臻理想，過於仰賴公部門標案，與社區互動差，參與式
社造觀念仍待加強。

2. 依社造能力分析來看——社區社造動能：佳；社區動員能力：佳；策劃
能力：可；活動執行：佳；合作協調能力：可；工作態度：佳；工作成效：

可：社團互動：可：組織運作：可。

3. 社區缺乏統合規劃能力人員。社區發展協會對其自辦例行性各式活動能力佳，唯碰觸社區營造工作時，活動執行頓失依據，故顯現強烈依賴心態且合作協調能力驟降，緣自於承擔社造成敗壓力。自主性社區觀念仍待加強。

4. 社區社造經歷只能歸爲一般之社區活動，重視成果，但對其歷程執行態度敷衍應付。發展協會負責人對社造充滿期待，然而其本身從未認真學習並理解什麼才是社區營造，造成對外依賴心態。

5. 社團間合作態度曖昧，均保持適當位置。然而爲保持「機會」，雖非堅持立場，大部分時間均會選擇性配合，以至於發展協會在第一時間不易獲得具體之協助，頗覺無奈。

6. 社區發展協會組織完整，協會成員將近兩百餘人。然而具活動能力且能積極推動會務之社區幹部，幾乎全無此類人才。因此會務工作全靠理事長獨撐大局，全靠其平日人際關係，並能擾動大部分人員參與，卻更突顯其對外依賴心態。

第九節
未來展望

1. 社區缺乏社造人力資源，以及主動且具有擾動社區能力的人士。數年來，在具社造經驗人士，介入社區協助經營社區，反而於嘗到甜頭後，產生依賴心態。

2. 在台地各社區間均面臨南寮社區之窘況。跨界跨區之社區整體規劃與合作，相形之下變得相當重要，協力經營已成爲台地社造必然之趨勢。

3. 針對社區之依賴性及社造人才之發掘，社區應放大視角、跨界合作，透過全面性檢討，成立聯合社區團體來共謀對策。

4. 迄今社區硬體設施漸趨完備，然而未來該如何活化社區？登山兩步道帶來不少登山客，如何行銷社區也是未來亟需解決之問題。

5. 社區產業如何轉型？不能讓登山客只是來登山路過，如何促使其消費於社區，亦是未來議題之一。

第十二章

嘉義市——從原建國二村到經國新城

心之所在即是故鄉

——眷村文化保存——

第一節　社區簡介

第二節　社區位置、交通、地圖

第三節　社區觀察與診斷

第四節　社區資源盤整

第五節　團隊社區擾動與輔導策略

第六節　社區發展課題與對策

第七節　社區願景分析及具體行動方案

第八節　執行成效與自主經營能力

第九節　未來展望

　　大時代的動盪，因國共內戰隨著政府遷移，大批國軍與眷屬亦轉進台灣寶島。為了安定軍心、凝聚戰力，國防部必須面對國軍軍眷安置問題，遂在各公有土地建造集居式住宅，乃形成所謂的「眷村」。雖然當時人民生活清苦，但是這些來自大江南北、三山五嶽，不同語言、文化、風俗、習慣的「眷屬」傳統婦女們操持家務，使丈夫在部隊中安定的工作，善盡家庭主婦的責任。他（她）們所創造的眷村文化與精神，確實對當時國家社會產生了安定力量，也參與創造了台灣經濟奇蹟，「眷村」的功勞是不可磨滅的。

　　時代進步，經濟發達且生活水準提高，窄小破舊的眷村已不敷村民居住的需求。隨著眷村改建政策，2005 年嘉義市 18 個眷村已完全拆除，全體住戶也都搬入「經國新城」。從老眷村到新（心）故鄉，在新社區適應環境調整的同時，二、三代子弟有計畫地引導、融入在地文化，了解城市風貌並重建社區新精神，積極建立新故鄉的認同。

　　老榮民及其眷屬早年隨政府來台，胼手胝足建立了家園，由英雄少年成了銀髮戰士，對家鄉親長的懷念，也因政府開放探親了卻了心願。六、七十年在地生活早已認同這塊土地，所以「心之所在即是故鄉」已是老榮民及其第二代共同認知。社區新（心）故鄉的營造，改變了傳統眷村住民思維理念，在懷舊創新的過程中，期勉大家一起努力，盡心盡力經營這片家園，使「經國新城」成為人文整體規劃的活水泉源新社區。

第一節
社區簡介

1-1 建國二村眷村起源與地理位置

　　1949 年大陸情勢逆轉，空軍第四大隊奉命自北平南苑機場移防台灣，海運

由火車運青島上船，原計畫往衢州，旋改航基隆。登岸後乘火車至潮州（單身，有眷官士住茄苳機場）；空運則由大隊長徐華江率部分官佐及眷屬直飛嘉義水上機場（原日本陸軍航空隊基地），眷屬暫時分住火車站旁旅社，俟眷舍搶修後進駐；並另建眷舍安置由潮州、茄苳返嘉官佐眷屬。

村名由來：眷村區塊原是日本人取名「東門町」，空軍眷屬進駐後依國防部命名「建國二村」，取反攻大陸、重建新中國之意。

建造年代：1949 年當時「東門町」留有日軍官舍（原志航街北邊），但破舊不堪人居，部分已有陸軍人員先行進駐。時任統計室主任的顏鼎元奉命擔任營舍修繕總監工，向當時陸軍總司令孫立人上將報告，獲得同意部分房舍交予空軍眷屬使用。四聯隊分配飛行官優先進駐，其餘一片荒煙蔓草、兩個池塘，乃次第加蓋房舍，分由官佐、機械專業人員及眷屬居住。

眷村位置：嘉義市啟明路以西、朝陽街（日據時稱朝陽町）以北、公明路以南、華南商職東面圍牆以東（包括民國路兩側），其中中正路兩側部分眷戶屬陸軍。眷村周邊有羅漢堂（日據時期沒有結婚的光桿兒叫羅漢）、復國幼稚園、民族國小，縣中、省嘉中、華商、嘉商、嘉工等中學，以及體育館、中山公園、蘭潭、吊橋、彌陀寺等名勝，離市區很近且交通方便，生活機能良好。

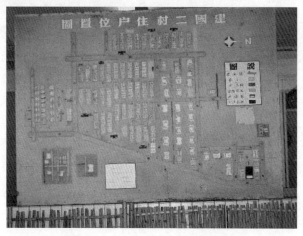

圖 12-1-1　原東門町眷戶配置圖

1-2 建國二村眷村房舍結構

　　當初日軍遺留官舍為日式建築，唯飽經戰火肆虐，缺木板、沒玻璃等早已破舊不堪。分配飛行軍官及眷屬居住，由住戶自行克難檢修，居住環境才略為改善。因其為日本陸軍航空隊官舍占地較為寬廣，故少數眷戶圍牆內尚留有圓拱型防空洞，成為奇特的建築附屬物。1949 年來台初期，除上述房舍外，其餘皆長草過人之荒地。軍方乃委請民間建築師畫設計圖、估價，依發包程序專責監工，先後興建瓦頂、木柱、竹編、土敷、木板門、拉格窗、外覆魚鱗板的木造房屋。初期沒有圍牆或水溝，亦不注重隱私，隨著經濟條件改善才有紅花樹、竹籬笆、木板牆、紅磚牆等私領域的區隔，也因孩子逐漸成長且男女有別，一間窄屋不夠住只有向前後擴建，少數迫不得已幾經爭取才獲軍方同意加高二樓。因而形成眷村巷道狹窄、僅夠一人行走之奇特景觀，但如遇火災則難以搶救，經常造成人員、財務重大傷害之不幸事件。

圖 12-1-2　早期眷村結構

◆ 1-2-1 眷村區劃

　　早期眷村分屬三個里：志航里（1、2、3 區，區長吳昌任）、寧海里（4、5、6 區，區長劉健華）、護國里（7、8 區，區長吳子良，當時尚無 9 區），後地方政府規劃合併為志航里。全區劃分一至九區，一區：朝陽街以北、民族路以南部分；五區：志航街以北兩排房舍；六區：光彩街、啟明路口；七區：中正路、啟明路與公明路口，為空勤人員房舍故較為寬敞；二區：民國路以東、來來麵包

店前巷弄到啟明路與民族路之間；三區：志航街西段迄民國路口；四區：志航街東段迄啟明路口，原為兩個大水塘，後填土興建；八區：華商學校圍牆以東到民國路，北迄光彩街，南鄰延平街；九區：延平街延伸到啟明路左右兩排房舍，則為地勤官士居住，室內面積相對狹小，大人小孩共處一室，生活至為不便。初始尚有兩戶共用一間廚房，或士官兩家共住一室，僅以布簾遮掩之窘況，非現今居住環境可以比擬想像。其中八區因蓋好之眷舍不敷居住，乃由當時聯隊政戰部主任與華南商職學校商量，以當年「一年準備，二年反攻，三年掃蕩，五年必定成功」為理由洽借五年。因五年必然反攻大陸而且成功，屆時家眷返回大陸後，所留房舍全部無償贈與學校，故校方同意租予軍方，乃分配由墾丁最後搬回嘉義的機械士眷屬。誰想到一住五十多年，孑然一身的英雄少年也成了枝繁葉茂的白髮老叟，華商校地直到眷村改建完成，待眷戶搬離方才歸還，這段歷史經過可能也只有少數人才知道了。

◆ 1-2-2 眷村成員

　　成員全屬空軍第四聯隊，1949 年官士眷屬大多自行攜家帶眷，乘船或飛機來台落腳，迨先生隨軍抵達，再四處打聽輾轉相聚艱苦度日；另當時為反攻大陸積極備戰，對官兵結婚積極設限，後基於人性及現實考量逐漸開放，乃有與在地婦女結婚成家之情形。唯並未因省籍、語言、文化之不同，而有歧視情形發生，為族群融合之最佳代表。

1-3 建國二村眷村組織

　　眷村早期三個里皆有民選里長，後合併為「志航里──建國二村」。設有「空軍眷屬服務處」，由機場派員兼任主任、辦事員，後改為「自治會」組織，負責眷戶之各項服務及活動辦理、糾紛調處等事宜，各區皆設區長協助守望相助與義務服務。

1-4 建國二村眷村生活

　　早年家庭少有收音機，國家大事皆由爸爸在機場就報紙新聞傳遞消息，遇有颱風就由「眷服處」人員手提小鑼沿村內小路敲三下，沿途喊著「今天晚上有颱風！」媽媽們就會準備蠟燭、煤油燈備用（後有喇叭廣播）。早期軍人待遇微薄，眷屬生活十分清苦，年底「眷補證」下來，全家大、中、小口一年的眷糧條子全部折價賣給「小鬼米舖（當時俗稱）」或由眷村人收購，換成現金還些債務，剩下點錢湊合著過年了。大家共用公共廁所，晚上不出門，一大早就看到媽媽們端著尿盆去倒黃穢物；煙燻掉眼淚的煤球爐煮飯會剩下鍋巴，不太黑的大多由小孩搶著沾糖吃掉且津津有味。少數爸爸在機場弄點煤油，貼身藏在內衣裡帶回家供煤油爐用，皮膚被灼傷也不在乎。吃完晚飯大家在門前圍坐講古，然後點著木屑蚊香、搖著椰子樹皮剪的扇子入睡，也沒聽哪個失眠過；眷村婦女大多以勞力兼職多掙點生活費（如：織毛線、納鞋底、削菠蘿心等），或為人幫傭賺些外快，或以家鄉小吃、麵食茶點、滷味鹹菜等擺攤營生，或早起自市場批些蔬菜、水果做個小生意改善生活。眷村的美食、外省的口味也因此自然形成了全台知名的「民國路美食街」；擺小攤販、做小生意也逐漸形成了著名的「空軍市場」。1964 年政府提倡「家庭即工廠」，許多代工手藝（如：串聖誕燈泡、糊火材盒、串小珠珠等）進入了眷村家庭，配合政府的政策大大提升了生活水準。回想當年小朋友一早乘卡車去「空軍子弟小學」，爸爸乘卡車到火車站轉小火車上班，媽媽們中午準備好便當，請「斷手叔叔」幫忙送到學校給寶貝吃；生病不舒服可以在家裡的藥包袋裡拿些成藥取用，或至民國路與公明路口「診療所」看病；家有急事到一區「電話班」打電話找爸爸就一定能解決。過年時山仔頂軍部或機場會派出舞龍舞獅、踩高蹺、走旱船、老背少等傳統技藝表演；到「白水書店」租武俠小說、到「嘉義、三山戲院」看國片、黃梅調、以及到「新都、慶昇戲院」看外國電影；父母們打打小牌、中山堂票段京戲；穿旗袍到明故宮、中央餐廳喝喜酒；小朋友打洋畫、放鞭炮、提燈籠，聽收音機裡的「小說選播」，圍在長輩身邊聽他們「白頭話當年」；或到啟明路邊大水溝抓魚、釣青蛙，在「潛地式」防

空洞裡面烤番薯、蟋蟀，眷村的生活真是多采多姿。〔顏○元、吳○任先生口述眷村史（2009/07）〕

1-5 經國新城

　　現今的經國新城即是昔日建國一、五、六村的所在地：志昇街、仁愛路、新榮路，面積大約十萬平方公尺。眷村總人口數約有七千人，近二千多戶。居民大多是軍人退休，其中又以空軍居多，其餘為開放一般民眾購置。

　　改建年代於 2000～2005 年。經國新城是行政院為配合嘉義市辦理都市更新，以及安置原分住 18 個老舊眷村的榮民與眷屬之需而興建的，共建立 2215 戶，是一「齊一垂直、整齊美觀」集聚式大樓群。生活機能便利，空間開闊且交通方便。此一大社區跨越涵蓋了致遠、翠岱與自強的三個里，是全市最大的社區。2005 年，分散於嘉義各地的眷村陸續遷入完畢。

圖 12-1-3　經國新城大樓群

第二節
社區位置、交通、地圖

2-1 原建國二村位置圖

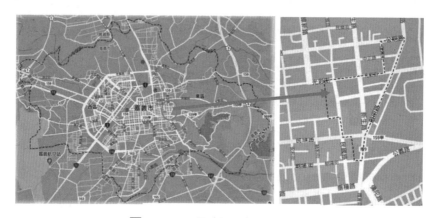

圖 12-2-1　原建國二村位置圖

　　眷村位置：嘉義市啟明路以西、朝陽街（日據時稱朝陽町）以北、公明路以南、華南商職東面圍牆以東（包括民國路兩側），其中中正路兩側部分眷戶屬陸軍。

2-2 經國新城位置圖

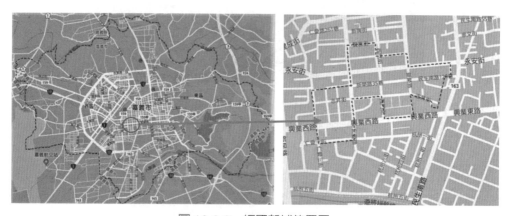

圖 12-2-2　經國新城位置圖

新城位置：位於嘉義市南區，北端為賢雅街、東端為民生南路、南端為杭州一街、西端為新民路 728 巷，成一不規則形狀。

第三節
社區觀察與診斷

3-1 社區觀察

1949 年當時國共內戰，大陸政局動盪不安，後來中國共產黨席捲了整個錦繡河山，國民政府被迫播遷來台，數十萬的軍隊與眷屬亦輾轉來台，致使大量移民遷入台灣。政府以「集中暫厝」為原則安置國軍眷屬，爾後衍生成為台灣特有的聚落「眷村」。當時政府受限於財政短絀，無力興建大量合宜的軍眷住宅，而且一般認為這只是暫時居所，三、五年後終將「反攻」重返大陸，並無常居久住之打算。因此將部分眷屬安置原日人遺留下來的舊眷舍或空營房、廠房、閒置校園空間等，供臨時棲身；另一部分則多選擇軍營附近或都市近郊的閒置土地，搭建一批批狹小而簡陋的房舍，供各部隊眷屬居住，於是就形成今日所謂的「眷村」。

大多數的眷村集中於 1956～1966 年興建完成，當時以竹、木、土、磚為建材之房屋，以供應臨時大量的軍眷所需。但是經過四、五十年後大都已經破舊不堪，有亟待改建之迫切性。後來隨著經濟的發展，「提升都市環境品質」及「眷村破舊居住空間改善」的社會需求被重視，於是在 1980 年，國防部核定了「國軍老舊眷村重建試辦期間作業要點」，但因 1969 年已通過「國軍老舊眷村改建條例」，導致部分眷村已開始進行改建，並要求全部的眷村都必須於 2009 年全部改建完成。

離開眷村三十餘年後的一天，喧囂一時的眷村改建觸動著心中的疑慮。期間雖亦常回家探視，然而與眷村已無互動，眷改已是事實，有朝一日遷村後，所謂

的眷村生活記憶將何去何從。想想帶著濃濃鄉音的問候、一戶戶的大紅門、轉個巷口是一條一條的窄巷，譚伯伯家的大香蕉樹下，大人們正在談論著歐陽漪棻如何打下兩架米格機；媽媽們則在李媽媽家門口，討論著年節要做些什麼菜；小六子帶著一票小鬼頭急急忙忙衝過巷子，後面聲聲獅吼：「小六子給我回家！」接著看到葉媽媽也拿著掃把在後面追著。擴音器傳出今天晚上七點鐘，在自治會門口有播放電影《養鴨人家》，請大家帶著小板凳前往觀賞等，這種場景在村子裡隨時都在上演著，怎能讓人忘懷？

反覆回味著過去生活記憶的同時，更能讓人緬懷眷村第一代是如何歷經千辛萬苦地重建第二故鄉。那些隨著政府撤退來台的老一輩軍人及軍眷，他們把自己的「根」澈底拔起並重新移植在台灣這塊土地上，那是需要多大的勇氣和承擔多少的痛苦。

迄今眷村改建計畫均已執行，重建之新大樓展現出結構穩固、設備新穎、外貌變得具有現代感的「經國新城」公寓大廈。而各眷村的居民也先後搬進了經國新城居住。新大樓鋼筋水泥的結構，比早前以簡陋素材搭建的小坪數、矮房舍感覺上更為安全，呈現出一棟棟具「現代化」的高層集合住宅社區。原來在都市裡集中的、塊狀分布的眷村，在極短暫的時間內被重新規劃澈底的摧毀。從前那種「一家人」的感覺卻逐漸消失中，都會型公寓大廈的一種隱疾「冷漠」，正悄悄地啃蝕著人際關係。公寓大樓取代了那段「土瓦頂，泥糊壁」的過去，不過消失的只是竹籬笆的樣貌，眷村的精神卻仍然留在他們的心中。

然而第一代的老榮民在面對即將凋零的此刻，其大半輩子所習慣的生活空間，一下子變的很不一樣，不論其機能性、舒適性、整齊性有多強；然而現在每天初見面的均是陌生人，生活文化亦與以前不一樣，開門、下樓面對空間之一致性，找不到家變成每天最困擾的事情。習慣的眷村意識在當下已遍尋不著，反映出的是地域與文化的「解構與流失」。從舊眷村搬遷到新高層集合住宅社區之後，除了要適應新的陌生環境，重新「建構」與「適應」新的地域與文化。還要在面對大環境改變同時，尚須面臨舊有眷村文化的「解構」，又必須對新的社區文化「建構」學習適應。

3-2 社區診斷

◆ 3-2-1 建國二村階段

1. 歷經四、五十年的老舊眷村，因生活條件拘限，前後擴張圍籬或加蓋簡單房舍導致巷道狹小，在不介意隱私的年代，卻促使族群的親密關係更為密切。

2. 眷村第二代早期高中畢業後，除少數就讀大學、部分另謀他職外，絕大部分都陸續走入軍中，眷村剩下的只有老人與婦女、小孩，導致後期眷村呈現一片暮氣沉沉、老態龍鍾的模樣。

3. 當年部隊播遷來台，成員涵蓋大江南北，孑然一身或縱有眷屬跟隨，除僅有之隨身物件外，無產無業。在部隊安排下暫居限定之空間內，為謀生計才能盡出，最具特色的就是家鄉菜，造就了眷村美食一條街。

4. 眷村改建的議題出現後，對眷村來說可謂是一顆不小的震撼彈。自從跟隨政府轉進來台，居住在這個半封閉的小社會已超過半個世紀，好不容易接納了此地不同文化的衝擊，如今卻又將面對並須重新適應新環境的不安。

5. 老榮民因其特殊的背景，經常處於較封閉的社會生活圈裡，對外界互動意義的理解比較缺乏，因而常常被視為是難以互動的對象。

6. 在離開眷村 33 年期間，重返眷村已人事全非。小時候玩伴大部分已經搬離，甚或尚未退休，村內僅剩老人、婦女與嬰幼兒，對筆者已全無概念。

7. 眷村改建對老榮民來說是一件極具衝擊的事情，尤其遷居對老一輩的人來說更是痛苦。雖是陋居，然而對其情感認同、生活記憶及習慣一夕之間雲消霧散，難以承受。

8. 眷村生活的共同記憶，有識之士均亟思存續。

9. 以筆者創設之「台灣省新馨文化學會」直接介入，提案申請補助，積極推動實質眷村活動。

◆ 3-2-2 經國新城階段

1. 每一個人當他從熟悉的環境遷往另一個新環境，多少都要學著適應。但是對老榮民來講，遷居不只是換環境，而是切割了他來台後一直眷念的在地故鄉，因此初期對新社區環境的不習慣，花了將近一、兩年才能適應新環境。結果習慣的是生活機能，其心理面仍難忘過去眷村生活的點點滴滴。

2. 老人對鄰里互動、鄰里印象或是鄰里滿意度都欠佳，實有些出人意表。從抗拒、退縮到適應，雖然不是一條漫長的路，可是隨著年齡的增加且心智接受度緩慢，靠著外在的條件牽引（包括人際互動、公共事務參與、公共空間的熟悉），除高層樓外，甚至有些老人一年才外出不到五、六次。居住於較低層樓老人，相對的較易於走出戶外接觸社區。

3. 眷改對老榮民的影響，因其生活在集合型住宅社區中，受到種種的因素限制，生活範圍相對狹隘，不利於社區網路之建立。且高樓阻隔了人與土地的關係，改變了以往平面式眷村那種與土地親近的機會。人與居住空間成了一種機能關係，較缺乏情感；然而鄰里關係的影響因素，並非全因老人自身的問題所造成，很明顯外部環境亦很重要。

4. 遷村對老榮民產生新環境適應問題，如：社區依附問題、溝通問題、社群網路問題、心理調適問題等種種，均是後端發生之議題，需逐項謀求解決。

5. 重建老人社群網路是當務之急。

第四節
社區資源盤整

4-1 人

1. 陳文齡嘉義市市議員：眷村文化蒐整，全力支持團隊。
2. 「再造竹籬風華」工作團隊：2003 年成立，有 16 位由眷村第二代組成，向心力強、意識明確且執行力強。
3. 老榮民：是指服役滿十年，依法退、除役者；另則是指民國 38 年隨軍來台之大陸省籍退、除役的老榮民，其中並不包含義務役人員。
4. 眷村婦女當先生在軍中服勤時，家庭所有大小事均須面對，造成鄰里間互助合作的精神。

4-2 文

1. 老榮民仍習慣於家鄉話。抗日期間遷都重慶，大部分部隊亦隨軍進駐四川一帶，因此眷村慣用語言均偏向四川、兩湖一帶語言腔調。
2. 抗日後期來自於全國各地的部隊，匯聚了大江南北的各式菁英人才，遷台後牽動了社會的進步。在眷村迫於生活環境的拘限，且為養家糊口，前期以家庭代工方式，後期部分老榮民以家鄉口味開館營生，造就了眷村美食特色。
3. 眷村是榮民（眷）來台後住了大半輩子的地方，由於先生們長年不在家，家裡面出了任何事，光是聯絡都要花費一番工夫（當時電話不普及），因此凡事均須自救，擔當不了的左鄰右舍會主動幫忙。鄰里間婦女共同分工協助反而變成常態，先生回家只能面對太太的甜蜜嘮叨，述說這段日子及鄰里間之大小事，很難提供意見，造就了眷村是女人天下的說法。
4. 村聚會所是老榮民每日聚會聊天、玩牌、看報、老人日照場域。

4-3 地

1. 早期櫛比鱗次的房舍，以竹籬圈養雞鴨，巷弄從喧鬧聲中揭開一天的開始，大人、小孩穿梭於狹窄的巷弄間。後期多以磚砌圍牆，一致的外觀掩飾著逐漸殘破的房舍。

2. 公共廁所是眷村的一大特色，每早各家媽媽們手提著各式尿桶，排隊傾倒前一晚的穢物，問早道好的相互招呼著。傍晚時分都有眷村周邊農戶的收糞牛車或肩挑糞桶，將回收穢物用於農作肥料。

3. 垃圾收集區是每日家家戶戶傾倒垃圾的場所，黃昏時都有手拉式垃圾車來回收垃圾。

4-4 景

1. 亂中有序是早期眷村一個不算特色的特色，黑瓦屋頂一再地損壞，千瘡百孔的補丁也將就了大半輩子。

2. 眷村周邊高樓林立，與眷村形成強烈對比。

4-5 產

1. 各式麵食製品，如：牛肉麵、各式涼麵、包子、饅頭、燒餅、油條、麻花、方塊酥、芝麻厚餅等。

2. 各式家庭代工產品。

第五節

團隊社區擾動與輔導策略

5-1 社區擾動──建國二村遷村前

1. 1994 年國防部草擬了「國軍老舊眷村改建條例」，並於 1996 年通過立法。有鑑於即將遷村，地方文化保存迫在眉睫，且當時已三十餘年未與眷村互動，因此於 1995 年底毅然重返嘉義眷村，從事眷村文史資料蒐集工作。因不得法，無法獲得眷村人及自家兄弟的認同與協助，只得貿然依靠早年父執關係進行眷村老人口訪記錄工作。

2. 整理口訪資料，並以 A2 版面自費出刊月刊型《藍天》社區報，將有關眷改訊息、口訪紀實、影像、人物專訪、所見感想等編輯出刊。

3. 積極蒐集老照片、老故事。

4. 與嘉義市市議員陳文齡先生接洽，尋求協助。

5. 透過各種機會，介紹社區營造與眷村文化蒐整，須由眷村人自動啟動。

6. 與村長大傻接洽，安排系列講座，積極推動眷村文化與老故事、老照片蒐集工作。

5-2 團隊輔導策略

◆ 5-2-1 建國二村遷村前

1. 積極參與文建會早期各地辦理之社造相關研習課程。

2. 舉辦各式座談會、說明會、茶會等，廣邀夥伴並籌組工作團隊。

3. 以「大家來寫村史」方式，辦理老人說故事，蒐集老榮民來台個人經歷。

4. 透過各式活動舉辦，如：彩繪燈籠、新春開筆送春聯、趣玩棋藝、麻將大賽、卡拉 OK 等方式進行，並蒐集老照片。

5. 請市議員陳文齡先生邀約工作夥伴。

6. 為籌經費，鼓勵參與文化局社區營造點計畫。

7. 為照顧老人生活，協調天主教聖馬爾定醫院設立日托站。

◆ 5-2-2 遷村後──經國新城

1. 從平面住宅遷居於垂直且高度又高的大樓，外部環境、建築格局的一致性，讓部分初次遷住的老榮民適應不良，並採取了極端方式，以放棄生命來抗拒遷住事實，團隊立即協商籌謀解決方案。

2. 自家兄弟主動協調聖馬爾定醫院派員配合團隊，儘速恢復設置老人關懷據點。

3. 召開協調會，整合原 18 眷村村幹部，就遷村後一些重要議題共謀解決方案。

4. 擴大招募其他眷村夥伴加入團隊，正式成立社會組織「嘉義市新馨社區關懷營造協會」，適時舉辦與過去眷村相關活動。

5. 台灣省新馨文化學會退出，轉為輔導單位。

6. 與公部門合作，逐項完成構想。

第六節

社區發展課題與對策

6-1 課題一：團隊成立如何培力與實務結合

1999 年因眷改通知已到眷村，市議員陳文齡先生見時機成熟，廣邀因退休返鄉老同學、小時候玩伴與鄰居等，再聯絡本人，因此才重返眷村。透過幾次分享、座談、討論，最後決定成立團隊，共同來為眷村文化盡分心力。可是大家對社區營造及文史蒐整工作全然不了解，大家七嘴八舌，各抒己見，亟需整合。

對策：

1. 每週利用假日，晚上睡在弟弟家，安排全天的課程。除親自講授外，另邀請嘉義市八掌（獎）溪人文生態發展協會理事長林書筠女士、台南市北垣里（眷村）嚴里長與台中社造夥伴，共同分享社造及眷村文化實務操作方式。

2. 研訂自律辦法共同遵守，避免意見分歧，事出意外。

3. 設計工作坊課程，共同完成各項作業。

4. 配合年度嘉義市社區規劃師培力，偕同操作。

5. 設計各式活動，廣邀社區參與。

6-2 課題二：眷村老人如何擾動

那些隨著政府撤退來台的老一輩軍人及軍眷，他們把自己的根澈底地拔起、重新移植在台灣這塊土地上，那是需要多大的勇氣和承擔多少的痛苦，沒有嚐過這種滋味的人是不能體會的。有人承受不住思鄉之苦，瘋了；有人因一些難以預料的變化，而帶著一生悔恨走向生命的終點；有人在台另娶、有人堅守「不棄不離」。當「投軍別窯的現代薛平貴重回寒窯時，發現寶釧竟琵琶別抱……」、「最令我難忘的是：當老總統崩殂時，那個滿眷村喊著：『誰帶我們回去啊！』」的淒厲悲涼的聲音，不斷在眷村巷道裡飄蕩著……」風信子（2000/11/01）《永遠的地標：眷村物語》。台北：百巨

看著風信子所撰寫的這一段，衝擊著沸騰的心胸，那段時光，是我們親身體驗過的，當老總統崩殂時，眷村裡許多老榮民以頭撞牆，喊著：「以後誰還能帶我回家啊！」、「我想我老娘！」淒厲悲涼的聲音縈繞腦際，心中的難過難以言喻。老榮民們一次次地調整自己，直到確認短時間內是回不去了，可是歲月催人老，亦想到該落地生根了，可是這大半輩子他們只認得自己所居住的眷村，以及同甘共苦的鄰居、袍澤們。此刻大家均定了「心之所在，即是故鄉」，在保守、依附、不求變動的情境下，無奈的困居於所謂破敗的「眷村」內：

1. 此時老人生活缺乏家人照料，全靠左右鄰居幫忙，急需外力協助。

2. 眷村文化保存，先從老照片、老故事、影像紀錄等。

3. 生活消極且缺乏動能。在老人聚會場域最常聽到的除生、老、病、死外，就是百聽不厭的抗日及來台過程。

4. 面對遷村，老人要不冷淡以對，再不就高亢激動，很難面對即將遷村的事實。

對策：

1. 協助成立社會團體、招募義工，邀集老人至聚會所，與聖馬爾定醫院協商派員相助，安排系列活動與照料老人。

2. 伺機與老人家閒聊、口訪，記錄大家來台過程之經歷。

3. 投其所好，安排適當機會邀集老人講述其個人經歷，並予以記錄。

4. 印製刊物輔助宣導有關眷改事宜。

5. 重建其人際網路。

6-3 課題三：遷居前後，眷村文化的變遷

早期老榮民因抗日及國共戰爭聚集在一起，後期因此而轉進來台。這些人從年輕時代隨著戰爭不斷轉戰大江南北，也當了不少省分的外省人，離開時沒能留下什麼，帶走的卻是當地的文化。來到台灣後，因獨特的環境、陌生的語言、政治風暴及生活習慣的不同，讓這些轉戰來台的一群人，拘限於特定範圍內，在隨時可能重返大陸的理念下，他們的生活自成一格；在奇特的政治氛圍下，他們卻變成了特立獨行的團體。一轉眼五、六十年過去了，心之所在即是故鄉是目前這些人的最佳寫照，文化的融合在非政治的影響下，絕大部分已相互融合。

1. 建國二村期間，眷村文化特色，身為眷村人均不了解。

2. 除婦女外，眷村內缺乏中生代及年輕人，過去的一般性季節活動亦已停擺。

3. 公共事務參與率極低，過去的眷村熱情已不再，消極、保守、期待是現況。

4. 懶得出門及怕見沒幾天就會有的喪事，既存之社群網路亦將瓦解，

對策：

1. 累積兩三年的口訪紀錄及影像加以分類整理，理出頭緒與居民分享，找出居民心目中的眷村文化特色。
2. 擬定議題，邀請眷村人積極參與討論。
3. 透過重大節慶，辦理各式小型活動，並伺機籌辦大型活動，引動眷村人的關心並參與。
4. 籌辦關懷點，邀集有意願參與之老人，從漫談、小型活動、醫療照護等重建社群網路。

6-4 課題四：眷村文化傳承，被社區活動逐年轉化而消失

　　早期眷村的組成，即是來自大江南北不同省籍的人居住在這裡，有著不同的語言及生活習慣。當他們來到台灣之後，是一個截然不同的環境，接觸不同的風俗習慣，帶給眷村不一樣的文化風貌。這使得眷村文化充斥著豐富的多樣性。歷經半個世紀逐漸發現，在眷村文化中某些文化已發生了轉變，並呈現在不同的面向，如：信仰、習俗、飲食等，這些不同的面向轉變已制約了老榮民的生活習慣與認知。

　　因此眷村文化只存在第一、二代人的共同記憶中，在第一代的逐漸凋零，以及第二代的年歲增長下，眷村已消失，共同記憶亦只剩下茶餘飯後的話題，取而代之的是以服務為導向的社區關懷活動。縱使活動內容會加入一些所謂眷村文化的元素，最後勢必僅為「眷村文化」活動聊表一格，眷村文化的沒落亦勢將回歸至社區文化。

1. 遷村後，原眷村消失，社區取代了眷村。
2. 2005 年眷戶陸續搬遷至「經國新城」，最初老榮民對新居住環境的不適應、人際關係的崩解、對老眷村的依戀等，面對此一問題已是茶餘飯後的焦點話題。
3. 社區戶外公共空間，可規劃為社區老人休閒、漫談的場域。
4. 各社會團體須整合，協助其辦理社區型活動。

對策：

1. 延續原建國二村的各式眷村文化活動。

2. 整合各協會，協助其辦理社區型活動

3. 儘速成立「活泉之家」關懷據點，並邀請聖馬爾定醫院派員協助。

4. 積極向公部門申辦有關眷村文化之大型計畫，如：眷村文物展、眷村美食展、大型劇場、影像（老照片）展、出刊圖書、微電影等，以滿足老榮民內心之社區認同。

第七節
社區願景分析及具體行動方案

7-1 社區願景分析

　　眷村改建將考驗眷村人對原眷村之依戀，眷村即將遷移的事實已讓眷村人深感惶恐。在搬遷前工作團隊透過各種方式，與眷村人不斷溝通、討論、座談等，讓眷村人逐漸理解並接納遷村後心態的轉變與對未來生活的期待。因此在原眷村生活的老榮民，就「社區依附」[1]、「鄰里關係」[2]及「眷村文化」[3]三者關係，進行一

---

[1] 社區依附的發展源自社會學領域，社區依附討論社區居民與社區之間的連結，對於社區情感的投入——來自於居民涉入社區人際網絡的多寡，換言之，社區依附是長時間的人際互動與地方社會網路下所構築的社會凝聚產物（Brehm et al., 2006: 145; Hummon, 1992）。

[2] 認為在都市鄰里中的活動，人際交往形式會隨著都市化程度增加而退化；他對都市鄰里活動的觀察，是就鄰居間的接觸頻率、地點，了解鄰居間互動的行為及溝通內容，經常的非正式碰面往往是建立鄰里關係的基礎，所以鄰里關係可視為面對面維持社會互動的初級關係；居住環境是人們發生居住行為的場所，也是人類社會行為中初級關係最易發生的地方。（Keller，1968）老年人生活在集合型住宅社區中受到種種的因素限制，生活範圍相對狹隘，不利於社區網路之建立。高樓阻隔人與土地的關係，改變了以往與土地親近的機會，人與居住空間成了一種人工關係，缺乏情感。（黃小娥，2004）

[3] 在陳朝興所主持的眷村文化保存調查中歸納出眷村文化保存的內容有以下幾點：
(1) 空間的保存：包括不同時期眷舍的建築、空間利用、眷村外部空間形式的保存。

連串的座談討論。經歸納整理分爲兩階段：第一階段爲原建國二村階段，首要安定老榮民的心理，與眷村文化保存；第二階段爲經國新城階段，在面對統一集居式環境，從眷村人自豪的眷村文化，碰到混居式非軍眷居民社區活動，文化的變遷如何因應。

因此第一階段社區發展，以「尋回流失的足跡 · 竹籬風華再現」爲願景；第二階段社區發展，以「心之所在即是故鄉」爲願景。

7-2 具體行動方案

◆ 7-2-1「尋回流失的足跡 · 竹籬風華再現」行動方案

1. 1996～2001 年，以個人行動爲主，積極採觀察、漫談、口訪、攝影等方式，進行初步眷村文化的資料蒐集。

2. 2002～2004 年，招募夥伴、成立工作團隊，積極培力投入實務工作，以眷村人所熟悉的生活小節擴大爲眷村活動，引動眷村活力，共同參與眷村文化的存續努力。

圖 12-7-1　成立再造竹籬工作室團隊

---

(2) 人的保存：包括眷村人物誌、個人生命史、自傳等的研究、整理，其中包括文字性、影像、聲景方式的保存。

(3) 物的保存：包括眷村的生活物件及其轉化用途的研究及表達。

(4) 史的保存：包括眷村前傳、眷村史、眷村重要事件、文件、物的保存。

(5) 文化的保存：包括文學、詩詞、字畫、語言、美食等。

(6) 人際網路的保存：包括社群組織文化及鄰里人際網路的文化保存。

3. 2004 年匯整成效，舉辦第一屆眷村文化節。

圖 12-7-2　第一屆眷村文化節

◆ 7-2-2「心之所在即是故鄉」行動方案

遷居集合住宅社區之後，老榮民情感的轉變包含了兩個部分：一個是村子裡不變的地方就是對於原鄉的懷念，在轉變的則是本來這裡是他們的異鄉，現在反而變成了故鄉。

轉變的部分則是眷村人對於村子的情感，從「落葉歸根」轉變成「落地生根」，對於「家」的意義從大陸轉變到了這裡的原舊眷村，隨後又轉變遷到「經國新城」。這樣的轉變是因為眷村中，村民之間所凝聚出的一種鄰里關係，這樣的鄰里關係是涵蓋日常一切的生活與互動。這些長年的生活型態凝聚起彼此之間的感覺，提供彼此一個親切的熟識感，這是別的地方無法獲得的。這樣的情感提供眷村居民一個「家」的感覺，對於後來在經國新城的居民來說，不只是屋子裡面是他們的家，整個「新城」都是他們的家，家的意義從彼岸轉變到了最後的落腳處。

1. 2005～2007 年，眷戶陸續搬遷至經國新城，並接連舉辦眷村文化傳承相關活動，出刊社區報，並由團隊轉換成立社會團體「嘉義市新馨社區關懷營造協會」，第一屆理事長由陳小鯨擔任。

2. 2008～2010 年，逐年減少社區活動，轉為陪伴方式，以培養協會獨立運作之能力。

圖 12-7-3　成立嘉義市新馨社區關懷營造協會

3. 2009～2014 年，結合其他社會團體，共同參與由眷村文化轉化為社區活動。

4. 2015～2019 年，社區活動轉為輔助其他社團辦理。

 第八節
執行成效與自主經營能力

8-1 執行成效

◆ 8-1-1 1996～2014 年間操作概要

時　間	活　動　名　稱
1996 年	1.1994 年國防部草擬了「國軍老舊眷村改建條例」，1996 年通過立法。有鑒於即將遷村，地方文化保存迫在眉睫，且當時已三十餘年未與眷村互動，因此於 1995 年底，毅然重返嘉義眷村，從事眷村文史資料蒐集工作。因不得法，無法獲得眷村人及自家兄弟的認同與協助，只得貿然進行眷村老人口訪記錄工作。

時間	活 動 名 稱
1997 年	1. 正式退休，繼續至嘉義從事眷村老人口訪、攝影記錄工作。 2. 此期間整理口訪資料為主。
1998 年	1. 以 A2 大小自費出刊月刊型《藍天》社區報。 2. 年節於眷村聚會所辦理開筆送春聯，藉此蒐集老照片。
1999 年	1. 《藍天》社區報於 11 月停刊，源於獨立辦報，自撰、自編、自印、自送忙不過來。 2. 不斷地與眷村人互動，已引起一些中壯年人的關心，然而仍無法獲得協助。 3. 與嘉義市市議員陳文齡接上頭。
2000 年	1. 暫停嘉義行。 2. 積極參與文建會於各地辦理有關地訪史、地方誌及社區營造相關課程，歷時約一年餘。
2002 年	1. 四月間，接獲嘉義市市議員陳文齡來電，就東門町即將抽籤準備搬遷，有感於眷村文化須有人帶領，於是自辦說明會，參與人員由議員負責召集。 2. 說明會順利達成，同時籌組工作夥伴並達成協議。參與人員須有共識方得加入，招募夥伴初期約 16～18 人。
2003 年	1. 成立「再造竹籬風華工作室」。 2. 積極培力工作夥伴，透過工作會議分派工作，從眷村資源調查入手，並將夥伴蒐集資料，以 A3 大小之眷村《快訊》印出，並發送眷戶。 3. 繪製眷村地圖，工作夥伴 11 人分區認養任務。
2004 年	1. 參加嘉義市文化局之年度社區營造點，結束後辦理第一屆嘉義市眷村文化節。 2. 此期間辦理活動有：眷村人才培力，召集外圍人力資源；春節送春聯、彩繪燈籠，積極蒐集老照片及老文物；舉辦座談會，邀請眷村老人講述其來台前後故事；舉辦眷村美食推動等。 3. 成立「社區銀髮族日托站」。

時間	活　動　名　稱
2005 年	1.眷戶陸續搬遷至經國新城。 2.積極籌辦眷村文化傳承活動「薪火相傳晚會」，自此有關眷村活動設計、規劃均由團隊負責。 3.於耶誕節舉辦大型眷村文化傳承活動。由 18 位原眷村自治會主任燃燒火把。 4.眷村搬遷，進駐經國新城。
2006 年	1.恢復編輯《經國新城》社區報。 2.成立「嘉義市新馨社區關懷營造協會」
嘉義市新馨社區關懷營造協會獨立運作 由理事長陳小鯨負責規劃執行	
2007 年	1.退出再造竹籬風華工作團隊第一線工作，以利社區活動團隊能自主經營，進而以陪伴輔導方式繼續協助社區，並繼續籌辦眷村博物館事宜。 2.參加嘉義市文化局之年度社區營造點，辦理「從老眷村到新故鄉」案。以眷村文化為核心籌劃社區既有開放閒置空間，設置街道家具，以利老人休憩用 3.出刊《尋回流失的足跡》紀念書冊暨明信片。 4.舉辦春節畫燈籠、麻將大賽暨 2007 年 11 月 24 日舉辦「第二屆眷村生活文化節」活動。 5.舉辦母親節感恩音樂會。
2008 年	1.再次舉辦「眷村文化探索」活動，賡續推動文化傳承。 2.舉辦母親節感恩音樂會。
2009 年	1.於 10 月 10 日公演社區劇場《落地生根》。 2.出版《時光幻影——走過人生的精采篇章》紀念書冊暨《銀河繁星——眷村的故事》人物專訪 DVD。 3.舉辦母親節感恩音樂會。
2010 年	1.出刊《嘉義市眷村生活圖像》眷村老照片專輯。 2.《生命之歌——眷村人的故事》人物專訪及《眷村美食——珍饌風情》DVD。 3.舉辦母親節感恩音樂會。

時　間	活　動　名　稱
2011 年	1. 舉辦「眷戀真情——嘉義市眷村生活文物展」。 2. 與退伍軍人協會合辦元旦升旗。 3. 舉辦母親節感恩音樂會。 4. 配合嘉義市管樂節邀請相關樂團至社區表演。
2012 年	1. 舉辦「戀戀眷村情——重回老眷村」活動。 2. 舉辦建國二村及復興新村聯誼會。 3. 舉辦母親節感恩音樂會。 4. 與退伍軍人協會合辦元旦升旗。 5. 配合嘉義市管樂節邀請相關樂團至社區表演。
2013 年	1. 舉辦「102 年真愛・珍藏——眷村文物展」。 2. 演出舞台劇《釣魚台 X 檔案》。 3. 舉辦建國二村及復興新村聯誼會。 4. 舉辦母親節感恩音樂會。 5. 與退伍軍人協會合辦元旦升旗。 6. 配合嘉義市管樂節邀請相關樂團至社區表演。
2014 年	1. 協助文化局製作老眷村「建國二村日式建物」模型一組。 2. 配合文化局製作眷村文化影像紀錄影片。 3. 籌辦《媽媽的布鞋》故事繪本。 4. 舉辦建國二村、復興新村、東川新村、篤行新村聯誼會。 5. 舉辦母親節感恩音樂會。 6. 與退伍軍人協會合辦元旦升旗。 7. 配合嘉義市管樂節邀請相關樂團至社區表演。

8-2 自主經營能力

　　1995 年，從一個不是外來人的外來人開始涉入眷村文化蒐整工作，幾經波折，於 2003 年成立工作團隊「再造竹籬風華工作室」，眷村文化蒐整工作正式展開。期間邊學邊做，邊做邊學，透過組織分工，業務各組學習報告，即為培養永續經營理念。2006 年成立「嘉義市新馨社區關懷營造協會」，經國新城文化蒐整及活動，均逐漸由協會自主規劃經營，筆者僅從旁指導。2010 年後僅從旁參與觀察，如逢問題即指導如何自行解決，不再決定任何事務。

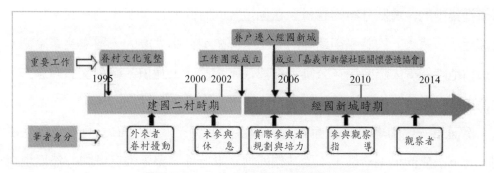

圖 10-8-1　介入眷村文化重整歷程圖

　　2006 年成立嘉義市新馨社區關懷營造協會迄今，從策劃、執行各階段，遭逢各種異議、誤會、謠言、指責等，均默默承擔，多年來獲得公部門、社區、團隊、其他社團的信任與肯定，十餘年來讓眷村文化活動未曾因轉型為社區活動而中斷。

　　眷村文化從蒐整到運用、延續，團隊自主運作年復一年已熟能生巧。歸因為團隊成員大部分男性成員均由軍中退休，女性成員亦多於私人公司或教職退休，加上眷村眷屬隨部隊管理多年，服從性高，一旦受命會全力以赴。

　　嘉義市新馨社區關懷營造協會迄今，仍能主導經國新城之各式社區大型活動，且能協助其他社團共同經營經國新城。

第九節
未來展望

　　迄今眷村改建計畫均已執行多年，重建之新大樓展現出結構穩固、設備新穎、外貌變得具有現代感的「經國新城」公寓大廈。而各眷村的居民也先後搬進了經國新城居住。新大樓鋼筋水泥的結構，比早前以簡陋素材搭建的小坪數、矮房舍感覺上更為安全，呈現出一棟棟具「現代化」的高層集合住宅社區。原來在

都市裡集中的、塊狀分布的眷村，在極短暫的時間內被重新規劃澈底地摧毀。從前那種「一家人」的感覺卻逐漸消失中，都會型公寓大廈的一種隱疾「冷漠」，正悄悄地啃蝕著人際關係。公寓大樓取代了那段「土瓦頂，泥糊壁」的過去，不過消失的只是竹籬笆的樣貌，眷村的精神卻仍然留在他們的心中。

然而第一代的老榮民在面對即將凋零的此刻，其大半輩子所習慣的生活空間，一下子變的很不一樣，不論其機能性、舒適性、整齊性有多強；然而現在每天初見面的均是陌生人，生活文化亦與以前不一樣，開門、下樓面對空間之一致性，找不到家變成每天最困擾的事情。習慣的眷村意識在當下已遍尋不著，反映出的是地域與文化的「解構與流失」。從舊眷村搬遷到新高層集合住宅社區之後，除了要適應新的陌生環境，重新「建構」與「適應」新的地域與文化。還要在面對大環境改變同時，尚須面臨舊有眷村文化的「解構」，又必須對新的社區文化「建構」學習適應。

在新的時間點，團隊在經營整個社區發展的同時，逐漸理出更深層的問題，僅就團隊可思考規劃範疇內，期盼能繼續完成些要務：

1. 從眷村改建後，眷村老人家須即時搬遷至指定之新居所，其反映在外的是對過去居住眷村的依賴，「家」不見了，依戀的是過去生活的點點滴滴。但是遷居新住家後，社區老人一成不變的生活方式已失去生活目標。透過各式關懷活動，重新幫助老人認識自己並能走出居所，積極協助其參與公共事務，重燃其生命之火，對後半生再建希望。因此社區各式活動還應繼續內含眷村文化精神，以利在未來生活環境中，對逐漸凋零的第一代，以僅有的共同記憶來提供有限的關注。

2. 成立更多銀髮族日托站或關懷據點。社區現在僅有嘉義基督教醫院設置的「常樂園」與聖馬爾定設置的「活泉之家」，以及榮民醫院日間照顧中心「關懷小站」此三個銀髮族日托站正常運作，對長輩身體健康發揮了非常大的功效。唯僅能容納約百人左右，與正常需求相差甚遠，若能開拓更多公共空間，與醫療院所合作成立更多日托站，也才符合政府推動在地老化、延遲老化、晚年安養政策，達到越老越健康的目標。

3. 鼓勵各社團積極培育新人，一同投入經國新城之社區營造。並於各式營造中置入早期眷村文化，以利老中青各代均能投入社區未來活化之延續。

4. 創設社區健康廚房（餐廳）。平日與社區長輩接觸過程中，發現吃飯是個問題。家裡只有一、二位老人家用餐且吃得少，又怕開爐不記得關火釀成意外，外面買著吃不是太油就是太鹹，老人、小孩最重要的營養問題根本無法兼顧。拄著柺杖上街，其安全更是最大的顧慮。若能在詳細評估後，由有公信力的單位創設社區健康廚房（餐廳），有營養師的指導能兼顧老少需要且注意健康衛生，依個人需求以平價供應餐點，不浪費又經濟，吃的問題就解決了。

5. 設置眷村生活館。眷村是一個很特殊的聚落，其內部除了已有之多元文化，還形塑了後來的眷村文化。歷經六十餘個年頭，迄今卻因一個眷改形消魄散，也終於讓一些有心人期望能保存過去的共同記憶，積極蒐集整理老文物、老照片等，寄望能有一個場域集中保管，配合多元活動，可動靜相宜。雖然嘉義市政府有意協助處理，基於許多不確定因素，因此仍寄望公部門能排除萬難，積極催生眷村生活館的設置。

第十三章

彰化縣芳苑鄉——永興村

體驗濱海生態遊，三生產業永興盛

—— 產業發展 ——

第一節　社區簡介

第二節　社區位置、交通、地圖

第三節　社區觀察與診斷

第四節　社區資源盤整

第五節　團隊社區擾動與輔導策略

第六節　社區發展課題與對策

第七節　社區願景分析及具體行動方案

第八節　執行成效與自主經營能力

第九節　未來展望

社區簡介

1-1 彰化縣芳苑鄉永興村

社區位於彰化縣隆起海岸平原之西南西方，距芳苑街區北北東方約 1.5 公里處，中間被二林溪阻隔。永興村的舊地名是外溝仔墘，也是因位於二林溪北邊而得名。由於二林溪從二林鎮進入芳苑鄉即轉向北流，就在彎折處的西邊，即有一個村落叫做溝仔墘，二林溪出海口的北邊又有一個溝仔墘，所以地方民眾稱呼東邊的溝仔墘為內溝仔墘，靠近海邊的溝仔墘為外溝仔墘。不過在一般史書中，都將外溝仔墘稱為溝仔墘。

永興社區地理位置剛好在芳苑區與王功區的中間，芳苑區的居民以洪姓居多，王功區則以林姓居多。永興村以洪姓與林姓人口較多，全村有 457 戶，共1741 人。

第二節
社區位置、交通、地圖

2-1 社區位置

芳苑鄉位置圖　　　　　　　永興村位置圖

圖 13-2-1　永興村位置圖

2-2 交通

　　永興社區對外之交通堪稱便利。貫穿社區的主要道路有兩條，分別是台 17 線及台 61 線，目前以台 17 線（54.5～56.5 公里）為主，路寬度均為 17 公尺。

圖 13-2-2　永興社區對外交通圖

與周邊其他鄉鎮聯絡主要利用縣道 148 與 150 道路。若要去較遠的鄉鎮或其他縣市，則通過台 17 線南北向快速道路，在 40 分鐘內即可到達 1 號國道，略為方便。

第三節
社區觀察與診斷

3-1 社區觀察

永興社區位置在彰化縣芳苑鄉西南角，風頭水尾，一個無人知曉的聚落。從「舊地名沿革」記載，溝仔墘爲清康熙年間，地名因二林溪而得名。因溪流水道每遭遇一次大水就會改變河道，歷經三百餘年大環境的改變及族群的遷徙，水流量也日漸稀少，至道光年間村莊名爲「深耕堡──外溝仔墘」，即今日永興村。

晚近數十年來，台 17 線是唯一經政府規劃修建的道路且貫穿本村，西側爲海埔地及海埔新生地，東側爲聚落區。長久以來居民均以務農營生，有小部分在海域的淺水灘打漁，以及在潮間帶撿拾貝類等漁事活動，居民大多憨厚樸實的性情。

永興村聚落呈南北走向，聚落區內道路狹窄。主要信仰中心是復興宮，供奉天上聖母，是村民平日主要聚會場所。洪姓是大姓，多有親屬關係。理事長退休前服務於警界，返鄉後發現村子沒落、嚴重老化，又適逢農委會水保局積極推動農村再生，但是社區需有相對應之社會團體，於是毅然於 2010 年 10 月組織了社區第一個社會團體「彰化縣芳苑鄉永興社區發展協會」。先成立社區志工隊參與社區服務行列，發動社區民眾參與社區公共認養維護之工作。翌年 2011 年即報名參加農再計畫，並參與培根課程，接著陸續完成 2011 年關懷班、2012 年進階班、2013 年核心班、2013 年再生班等課程，並於 2015 年完成農再計畫，並逐年

依執行計畫提出年度方案，逐項完成執行。

　　2011 年由本團隊輔導彰化濱海地區各鄉之參與農再社區，有幸接觸永興社區並對理事長夫婦的誠懇態度感動，全力支持。此期間除農再培根課程外，鼓勵社區遞案參與公部門其他社造相關培力執行計畫，以加快社區對社造認知，其逐年累積各社造成果，間接影響社區民眾。

　　相對於濱海區，周邊各社區資源均較永興社區為佳。社區老化嚴重、資源匱乏，大部分均務農，地方傳統產業以蔬菜、花生、稻米、漁業養殖、畜牧業為主。台 17 線將海埔新生地與聚落分割，濱海 61 線芳苑段未完成前，台 17 縣是濱海工業區重要交通線，迄今台 61 縣濱海快速公路已完全通車，紓解原台 17 線之繁忙交通。

3-2 社區診斷

1. 村民對私利較重視，不在意公共利益，鄰里互動尚佳。因社區老化嚴重，公設維護欠佳，逢雨必淹。透過農再計畫，正逐年以小型工程方式自力營造。

2. 社區具有文化質性物件，以具 80 年歷史的洪家古厝為代表，地方信仰則以復興宮為主，同時亦是聚落聚會主要場所。

3. 社區關懷據點近年來是社區互動頻繁的場域，除老人日照外，發展協會舉辦各式活動場所，是一被村民肯定的聚會場地。

4. 地方傳統產業以蔬菜、花生、稻米、漁業養殖、畜牧業為主。透過輔導為打造社區特色產業，發現理事長宅院內有一畦地，其種植一種高粱屬植物，值得思考改良推廣。

5. 產業農作均以傳統施藥重肥方式。

6. 理事長高階警官退休，是村內知識水準較高一位，有理想、有遠見、有作為；夫人能言善道、吃苦耐勞，夫婦間默契十足，社區工作不遺餘力，配合度高。

7. 社造工作數年間，關心的人多但參與者難求。

8. 相較於周邊社區資源少、人力匱乏。

9. 台 17 線以西海埔新生地，大部分為漁產業養殖區。濱海地帶有整片水筆仔，潮間帶生態豐富。永興海埔地海堤沿線行道樹──木麻黃，樹形優美，深具特色。

第四節
社區資源盤整

4-1 人

1. 永興社區人口約有 457 戶，共 1,741 人。近年來年輕人口不斷流失，每年均呈負成長趨勢，同時社區亦趨向老年化。

2. 環境改善如無洪理事長夫婦獨撐，社區在毫無社造觀念下，連村長亦無法配合。

4-2 文

1. 信仰：本社區的居民主要信仰以道教為主，區內廟宇林立，成為村內特殊景觀。主要廟宇有復興宮、觀音廟、福德宮、福德祠等，其中以復興宮規模最大，供奉天上聖母，觀音廟供奉觀音菩薩及福德宮的福德正神，這些廟前廣場是居民最常利用進行休憩活動的公共場地。

2. 社區常民活動：除宗教活動外，重要節慶、社區活動都由社區發展協會辦理。

3. 位於永興社區內的洪家古厝，已有 80 年的歷史，目前則仍由其子孫們居住其中。洪家古厝內觀有雕刻、油畫；擺設有頂桌、下桌（經由唐山師傅來台彩繪所遺留的作品）。

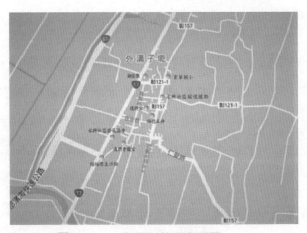

圖 13-4-1　永興村社區資源圖

圖 13-4-2　各式活動

4-3 地

1. 永興社區的主要河川為二林溪，其為社區之南界。二林溪平時流量穩定，汛期時也不會造成洪氾。大體上溪流延線生態豐富，少受到人為干擾。

2. 二林溪（碑北閘門）分圳為永興社區之主要灌溉設施，而社區中由於農田規劃極為方正整齊，故社區之灌溉渠道均為窄小溝圳分布。唯排水系統部分設計不良，造成社區雨季宣洩不易，迫切需要改進。

3. 台 17 線以西海埔新生地，大部分為漁產業養殖區。永興海埔地海堤沿線行道樹──木麻黃，樹形優美且深具特色，堤外為蚵田，黃昏落日美不勝收。

4-4 景

1. 永興社區南緣（二林溪）河堤，沿岸兩側茂盛紅樹林，具有環保、教育、觀光等功能。永興的紅樹林主要為水筆仔所組成，孕育豐富的生態，包括白鷺鷥、水鳥、招潮蟹及彈塗魚等多樣性物種。每逢冬季來臨，社區閒置魚塭，計有候鳥數十種過境棲息，源於永興社區交通便利性，也是觀賞冬季候鳥最佳地點，是更深入認識沼澤生態的最佳大自然教室。也可到海濱走道上散步、聊天、觀景，拋開都市生活繁鬧，體驗大自然的脈動。

2. 村民未獲得種植產業水源，於是自行開鑿天井（自流井）。過程中曾有多人鑿到建築用之杉木、基石，但年代都已久遠且當時都不以為意，至今大部分已流失。

3. 檢查哨（南哨口）及營舍（兵仔寮），為古時的三林汛，乾隆輿圖描繪標示的汛地舊址，在南側還有一座港內砲台，現為魚塭。

4-5 產

1. 生產水稻為主。水田秧苗移植灌溉，但水源是極端缺乏，村民均利用開鑿之天井（自流井）引流灌溉。

2. 農產：以稻米、花生、蔬菜、地瓜為主。

3. 畜牧業：漁業養殖區、養豬場、養雞場、養鵝場。

4. 食品製造業：落花生加工廠、芝麻油壓榨廠。

5. 商品買賣業：柑仔店、中藥行、金紙店、早餐店。

4-6 生態（非專業僅註明認識的）

1. 鳥類：白頭翁、麻雀、大卷尾、白鷺鷥、埃及聖鷿、八哥、家燕、鷗鳥、高腳鴴、鸕鷀、麻鷺、夜鷺、夜鶯、雲雀、黃頭鷺、斑鳩。

2. 魚類：烏魚、沙魚、白海豚、鰻魚苗、螃蟹、鯛、蝦子。

3. 昆蟲：蝴蝶、蝗蟲、各式甲蟲、蜻蜓、地龍子、草蜥、各式蛾類。

4. 潮間帶：各類招潮蟹、蛤蜊、蚵、各式貝類、竹笙等。

5. 其他：草蛇、蛙類。

第五節
團隊社區擾動與輔導策略

5-1 社區擾動

1. 透過農再課程條件，參與者須達到六十餘人左右，實際參與關懷班課程人數達到九十餘人。

2. 除依表訂課程外，更利用閒時走逛社區，與居民建立感情，了解目前居民亟需改善的需求。

3. 與協會密切合作，透過辦活動、影片觀賞、泡茶聚會等，傳達社區生活可以改善的訊息及邀請居民的積極參與。

4. 鼓勵協會積極參與文化局、城觀處之有關社區文化發展及駐地輔導計畫，加速社造概念及操作方式，並積極成立社區關懷據點，引動以老顧老。

圖 13-5-1　關懷據點

5. 產業減毒、肥教育推廣。

6. 邀請鄉親就社區排水不良，進行討論與走勘。

5-2 團隊輔導策略

1. 積極指導理事長夫婦有關社區營造的認知與操作方式。

2. 除農再課程外，協助並指導參與彰化縣文化局及城觀處的年度社造計畫，以利社區及早認識社造概念及操作方式。

3. 儘速完成農再培根課程，並協助完成規劃農再計畫。

4. 透過優劣勢分析，讓村民及早理解社區困境、條件及解決策略。

5. 結合周邊參與農再社區，成立家族，共尋出路。

6. 與育華國小資源結合。

7. 於據點設置農園，以提供關懷餐點。

圖 13-5-2　據點農園

8. 「番稔」高粱屬有開發潛力，協助社區嘗試發展。

圖 13-5-3　三林稔圖

9. 運用東海學生社區體驗過程，積極復育「三林稜」。

圖 13-5-4　復育三林稜

10.嘗試將永興、漢寶、新生與草湖社區成立黃金海岸聯合社區，共同為芳
　　苑濱海地區未來打造希望。

 第六節
社區發展課題與對策

6-1 課題一

　　擁有社區傳統特色產業，具歷史價值、可塑性高，產業文化資源豐富。稻作
面積為社區土地最大宗，社區內也有傳統碾米廠、花生加工廠，而花生是本鄉推
廣首要農作物。

　　對策：

　　傳統農業產業發展休閒精緻農業。結合種植經濟無毒綠色農作物（稻米、花
生、蔬菜等生產資源），附加健康無汙染農業加工、調製、DIY、再生農場開心
體驗，融入傳統稻米、花生等產業的文化故事來吸引遊客，增進遊客對農村的了
解，進而建立消費國內農產品習慣，增加農村就業人口、活絡農村經濟。

6-2 課題二

擁有潮間帶流域生態景觀。潮間帶自然景觀秀麗、生態豐富,除具歷史價值外,另可對於濕地保護作生態資源教育。

圖 13-6-1　紅樹林區

對策:

分別為濕地、海埔、邊坡植生具體推動生態水資源保育,融合周邊地形及自然景觀,以綠建築自然生態工法為主體,打造濱海區生態休憩園區。並構築可供多樣性生物棲息之多孔隙設施,以減少造成生態環境之衝擊,塑造親水空間,營造產業、休閒及生態兼備之優質環境。

6-3 課題三

缺乏產業整合及行銷規劃。產品經濟效益不足,源於農產較不具知名度且無產品特性,加上銷售資訊及通路建構不明確,以致於相關的產品與銷售管道無法進一步突破。

對策:

1. 為打出產業知名度及地方特色,因此以花生、水稻、及番薯盛產期為主軸,企劃並輔導社區舉辦主題產業活動。創造「水流東」的品牌形象,導入創新產業活動,提高社區的能見度。

2. 建立社區行銷平臺、奉茶空間(如:奉茶亭及茶席),除了可拉近與遊客的距離外,更可提供居民訊息傳遞的場所。

3. 集合產銷班的班員合作開發社區代表性商品，以聯合產銷方式，認同並配合社區的銷售做法（如：自創社區產品包裝、特色產品），強化故事性與文化創意加值，同時設置銷售點（如：社區茶坊）以方便外來遊客選購。

4. 為活化地方產業，配合產銷班成立網路通訊網並製作簡介，行銷本區特色產業特質。

5. 結合產業、生態與文化，建立農副產品創意 DIY 訓練課程，以及文化解說導覽員訓練營等，藉此增加居民就業機會。

圖 13-6-2　創意烹飪

6. 平日配合戶外教學、旅遊團體或學術團體，推出教學活動及員工旅遊休閒活動，提供遊客遊憩體驗。

7. 蔬菜利用醃製加工技術製成醃製品。加強農民間交流管道，藉以發展社區田園並強化地方特色。

圖 13-6-3　東大社工系學生來社區體驗

8. 結合學術單位走入社區。

6-4 課題四

主要道路台 17 線農村意象不明。台 17 線道路旁部分廢棄屋雜亂，左側魚塭閒置情形眾多，建物房舍新舊交錯，無法彰顯農村特色，動線也缺乏指標導覽系統。

對策：

1. 以主要道路台 17 線做爲生活廊道之景觀改善主軸，於道路旁之閒置廢棄屋進行綠美化環境改善，並注重社區意象呈現。

2. 協助社區修編社區生活地圖，並於重要節點設置社區導覽圖，讓大家便於了解社區。

3. 沿線綠化應種植適合本地區生長的樹種，舉例來說上層種植喬木（如：樟樹、紫薇、肉桂），中層種植灌木（如：桂花、杜鵑、紅葉石楠），下層則鋪植假儉草皮等原生地被植物。

第七節

社區願景分析及具體行動方案

7-1 社區優劣勢分析

願景分析之前，先以引導方式讓村民了解社區擁有些什麼、欠缺些什麼，透過「優劣勢分析」後，再思考社區長遠的願景。

規劃永興社區主要以生態面、生產面、生活面等三生規劃爲主要課題。針對其發展潛力與限制，讓居民自行提出解決對策及可發展策略，以環境之交通、政策、文化、遊憩、經濟、活動、景觀、產業、土地使用、人力資源等進行整體評

估，提升其優勢並改善劣勢，掌握機會，克服威脅。

1. 內部的優勢和劣勢

　　目的在於了解地區本身所擁有的資源和能力，並且加以強化運用，因應
競爭並克服環境的威脅。

2. 外在的機會和威脅

　　地區在環境中所扮演的定位。若有利於地區農村整體之健全發展即為機
會，反之則為威脅。

優勢	1. 永興社區對外之交通堪稱便利。貫穿社區的主要道路有兩條，分別是台 17 線及台 61 線，另有縣道 148 與 150 道路，與周邊其他鄉鎮聯絡，交通便利。 2. 本社區的公共設施，除了廟宇廣場之外，尚有三座近年完成的社區綠美化休憩所及育華國小。 3. 永興社區南緣（二林溪）河堤，沿岸兩側茂盛紅樹林，具有環保、教育、休憩、觀光等功能。 4. 傳統產業：社區內之產業，目前仍以一級產業（農、漁業）為主。農產品主要以稻米、落花生、蔬菜生產為大宗，種植均以傳統輪作方式。加工產品主要為花生及特有文化產業「番䉤」為發展目標。 5. 永興與漢寶、新生、草湖社區成立黃金海岸聯合社區，共同為芳苑濱海地區未來打造希望。
劣勢	1. 缺乏產業整合及行銷規劃，產品經濟效益不足，源於農產較不具知名度且無產品特性，銷售資訊及通路建構不明確，以致於相關的產品與銷售管道無法進一步突破。 2. 主要道路台 17 線農村意象不明。台 17 線道路旁部分廢棄屋雜亂，左側魚塭閒置情形眾多，建物房舍新舊交錯，無法彰顯農村特色，動線也缺乏指標導覽系統。 3. 社區為一傳統農村，缺乏亮點，社區與外界互動不良。
機會	1. 社區積極參與彰化黃金海岸聯合社區組織，在輔導老師認真指導下，組織運作方向明確，給社區帶來希望。 2. 協會組織改選理事長續任，對農再推動能永續運作。 3. 獲農培輔導團隊保證將永續陪伴社區。 4. 社區協會已能利用外部資源，不斷擾動社區參與公共事務。

威脅	1. 社區老化公共事務推動不如預期。 2. 社區保有傳統思想，生活步調慢，對社區生活環境改善反應慢、保守、被動，參與度低。 3. 傳統產業升級，缺乏資金挹注。

7-2 社區願景分析

　　社區規劃主要以生態、生產、生活等三生規劃為主要課題，並針對濱海潮間帶、海天一色之自然生態體驗規劃為輔，「體驗濱海生態遊・三生產業永興盛」是社區幾經討論後，設為社區永續經營之願景。

7-3 具體行動方案

◆ 7-3-1 生態面規劃

1. 近程目標

   (1) 營造社區生態棲地：河堤與紅樹林間之休憩賞景步道規劃。

   (2) 社區綠美化：社區環境綠美化、廢棄屋環境整理。

2. 中程目標

   賡續社區生態棲地營造：濕地保護與潮間帶環境綠美化。

3. 遠程目標

   打造濱海地區生態、觀光、休憩景觀園區。

◆ 7-3-2 生產面規劃

1. 近程目標

   (1) 產業再造：成立社區農產品工坊，推動產業活化軟體規劃。

   (2) 道路交通：產業道路加裝路燈、溝渠疏濬。

   (3) 透過人員培力課程，理解針對社區合作社組織及運作方式。

   (4) 透過社造邀請產、官、學界專業人士，指導三林稷產品加工製品。

2. 中程目標

(1) 產業銷售據點：舉辦各型產銷活動，如：農產品市集、漁業休憩體驗。

(2) 產業教育訓練：生態休憩旅遊導覽培訓、產銷課程規劃、農產再製品研發。

(3)「三林毯」產品加工：邀社區共同參與，成品於各社區內外產銷活動，推銷產品。

(4) 籌備社區合作社組織事宜。

3. 遠程目標

(1) 建立自主經營方式，創造永興社區永續發展的願景。

(2) 設置永興社區產業合作社申請註冊登記。

(3) 擴大三林毯種植面積。

◆ 7-3-3 生活面規劃

1. 近程目標

(1) 社區組織：社區次級組織活化其功能，並鼓勵積極參與社區事務。

(2) 社區學習：設置社區學苑、安排社區教學、建置社區文史類資料庫。

(3) 社區傳媒：發行社區 DM、印製社區導覽手冊、設置解說與指示牌、設置社區導覽地圖。

2. 中程目標

(1) 社區文化紮根：社區紮根計畫，結合育華國小一同培育地方特色文化保存與導覽技巧，並指導社區文化資源調查與保存。

(2) 社區福利實施：強化社區關懷據點、提升社區老人休閒設施。

3. 遠程目標

營造多元並能永續經營的社區。

第八節
執行成效與自主經營能力

8-1 執行成效

◆ 8-1-1 社區推動農村再生人力培訓計畫

年度	主辦單位	計畫名稱	結業人數或具體成果
2011	行政院農業委員會水土保持局	農村再生培根計畫：關懷班	結業人數 90 人
2012		農村再生培根計畫：進階班	結業人數 72 人
2013		農村再生培根計畫：核心班	結業人數 65 人
2014		農村再生培根計畫：再生班	結業人數 52 人

◆ 8-1-2 相關補助案件（工程與活動等）

年度	補助單位	計畫名稱	計畫內容或具體成效
2011	彰化縣政府社會處	慶端午聯誼活動（包肉粽傳承活動）	關懷弱勢及獨居老人肉粽餽贈
		社區長壽俱樂部慶生會（象棋、剝花生聯誼賽）	關懷社區老人正當休憩育樂
2012		慶端午活動（包肉粽競賽）	關懷弱勢及獨居老人肉粽餽贈
		社區長壽俱樂部慶生會（軟式手球擲遠賽）	關懷社區老人正當休憩育樂

年度	補助單位	計畫名稱	計畫內容或具體成效
2011 ~ 2012	行政院農委會 林務局 南投分局	社區植樹節綠美化活動：配合社區植樹綠美化	消除髒亂點，落實居家環境整潔
2012	水土保持局 南投分局	農村再生培根計畫：實作課程（進階班：觀摩研習）	參訪績優社區以利學習相關社區營造
		農村再生培根計畫：實作課程（社區資源調查繪圖）	社區資源調查以繪圖呈現
		農村再生行動工作坊	社區環境資源調查並以繪圖呈現
2014		農村再生培根計畫：實作課程（雇工購料實作課程）	社區環境改善魚菜共生
2012	彰化縣文化局	社區營造點徵選及輔導計畫	以社區資源調查：製作文化手冊
2014	文化部	村落文化發展計畫	紮根永興樂活村落
2012	彰化縣政府 城觀處	社區規劃師駐地輔導計畫	消除社區髒亂點 廢棄房舍改建綠美化
2014		社區規劃師駐地輔導計畫	消除社區髒亂點 廢棄房舍改建綠美化

8-2 自主經營能力

　　理事長利用農村再生課程，與社區參與居民及意見領袖，幾經討論獲得共識，針對社區待改善之區域，將其標示於社區地圖，並繪製表單列出優先順序：

◆ 8-2-1 社區整體環境改善

1. 社區綠色井狀景觀道路規劃

(1) 規劃社區井狀景觀路線。

(2) 景觀道路沿線綠美化，依四季與時變化，選擇種植不同之植栽。

(3) 沿台 17 線省道增置友善的單車客一處「歇腳亭」，提供休憩、休息之功能。

2. 環境綠美化

(1) 於社區重要「石牌溝」，透過其周邊空間之環境改造設立「思源亭」，結合井狀景觀道路之規劃及兵仔寮觀望夕陽，單車客或遊客可在石牌溝休憩，並認識社區之特色。

(2) 中央南路其北面防風林全長 2 公里寬 25 公尺，環境整治後設置自行車道及歇腳亭。

(3) 於潮間帶植生區（水筆仔）設置木棧道，以及堤岸增設候鳥觀景站，供愛鳥人士賞鳥取景。

(4) 社區閒置廢棄屋、裸露地與髒亂點之改造。

3. 特色景點

(1) 配合潮間帶及紅樹林區規劃，使潮間帶紅樹林區成為在地重要的指標，並串聯社區各主要特色點，推廣「牛車全區走透透」。

(2) 結合各環境改造點、生態景觀、兵仔寮、石牌溝閘門（蔡牽港舊址）之規劃，辦理農村文化活動，如：農村同歡會、農村闖關體驗營等。

(3) 生態景觀以生態環境教育為主軸，培訓導覽人員及小腳丫（高年級小學生）等，平日以學校戶外教學環境教育介紹為主，遊客到訪簡介次之。待時機成熟，以申請環境教育場所認證為目標，打造社區觀光產業帶動地方經濟發展。

4. 其他規劃原則

(1) 農村社區整體環境改善。以既有聚落為核心，為達到「農家好美」的願景，使每一戶乾淨、整齊、美觀且符合農家的空間需求，進行社區

生活空間再造。

(2) 濱海 61 線道完成後，其匝道銜接台 17 線，其周邊綠美化及畸零地開發再利用。

(3) 在地傳統特色中，針對稻草、蚵殼的使用去營造地區特色。持續推廣綠色動線，包含腳踏車路線、步道等。

(4) 針對社區特色包括種植的花草植物，選擇具有代表性與象徵意義者。

(5) 空間儘可能符合農村文化，並去水泥化，路面裝置設施以農家化設計。

◆ 8-2-2 公共設施建設

1. 排水系統整治工程

   (1) 針對社區內道路，因雨季泥濘阻塞而排水不良之溝渠進行整治。

   (2) 排水溝渠整治結合綠美化與休憩設施規劃。

2. 社區形象標誌建置

   (1) 於社區四處主要入口（台 17 線及進入社區內的四條路）與重要路口設置具在地之生態、生活、產業等特色之形象標誌，以便於遊客對於社區之交通、產業、生活有所認識，並提高社區之辨識度。

   (2) 導覽解說牌之設置。

◆ 8-2-3 產業活化

1. 農村市集之設置：運用綠美化公園之農家好意象園區，來設置農村市集並改善周邊景觀，進行整體環境美化，提高地方農業產業活化之契機。

2. 社區農戶的農產品導覽牌之設置。

3. 在社區內的信仰中心（復興宮）旁設置「社區產業工作坊」，開發網路銷售農產品之在地部落格，提供產業暢流與升級研修使用，可運用此進行在地農業創意產品的開發。

4. 商請農業改良場協助農民，使水稻、花生等先由減毒、低毒、無毒之有機農業等永續農法導入。

5. 提倡「魚菜共生」經營理念,以有機無毒產業為主,並將綠能帶動產業以魚菜共生為題,相關成果供社區居民相互學習,並帶動地方產業示範教學。其相輔相成之作用予以提升產業產值,間接使地方收入提高。

6. 運用社區產業工作坊,積極推廣「三林稷」(一種食用高粱),與知名速食企業合作來研製新商品,並辦理產業文化的解說與相關活動的舉辦。

7. 訓練社區人才,建立社區產業行銷人力庫,使社區行銷人才推動社區產業行銷工作,以支撐社區產業之永續性。

8. 持續推展農村體驗活動。結合市民農耕、傳統工藝產業 DIY、農村生活體驗營等活動之規劃,振興社區之農村產業。

9. 利用社區「穀倉」、「牛車」等在地意象,建立社區農產品之「在地品牌及標誌」,提高社區農產品之品質認證制度,增加消費者的信心。

10. 完成社區農戶「農產品地圖」及「農產品履歷包裝」,使消費者直接按圖尋找認證農戶面對面直接採買,進而建立消費者與生產者之間的信任關係。

◆ 8-2-4 文化保存與活用

1. 將不同風貌之三合院導入不同之體驗營活動,培訓當地文化特色解說員。

2. 運用各宗親不同之宗祠場地辦理社區特色之活動。

3. 將改善完成的道路景觀串連綠美化社區,作為「牛車全村走透透」之駐點站。

4. 廟埕文化空間規劃。選定復興宮之廟埕空間進行規劃,施以簡易環境綠美化,並設計廟埕歷史文化展示空間,使廟宇除了宗教信仰之功能外,還能發揮歷史文化傳承與教育之功能。

5. 召募並訓練社區文化志工,以及社區文化導覽解說員。

6. 持續進行社區文史資源調查,以持續探掘社區文化。

◆ 8-2-5 生態保育

1. 海埔新生地保育地帶之劃設。打造濱海區生態休憩園區,利用生態教室

之課程與討論推動社區二林溪、潮間帶及紅樹林區地段作爲保育地帶，此有多種候鳥類棲息，生態豐富，可劃爲保育地帶使動植物自然的進行生態循環。

2. 「閘門」、「兵仔寮」與「生態教室」之設置。配合兵仔寮與閘門周遭環境改造，設置符合生態之觀賞亭、生態教室，使社區建立生態觀賞之觀念與做法。

3. 招募社區有環保意識之人士，逐步進行二林溪及潮間帶生態調查工作與資料蒐集，以了解二林溪及潮間帶之生物多樣性。

4. 於本計畫中招募有志投入社區生態工作之人才。訓練其生態調查與保護之認養，並成立生態教室，進而能夠協助社區進行環境保育與長期觀察監測之工作。

◆ 8-2-6 其他具發展特色之推動項目

1. 2017～2018 年，應用 61 線道路高架橋下來設置公共設施。由社區規劃槌球場、腳踏車步道及停車場，並設置文化產業活化及活動攤位，增加文化產業營收。

2. 沿兩邊河堤岸大排水溝開闢「蔡牽港」遺址，有一「牽船湖的故事」爲題材，供遊客「牽船」體驗等設施，連結蔡牽港的故事。

3. 2017 年成立社區合作社，整合社區及周邊社區產業，以利統合行銷。

 第九節

未來展望

1. 理事長於 2018 年 10 月任期將至，透過發展協會會員大會改選，理事長由其堂哥當選。社區激活工作仍委由前洪理事長掌舵。

2. 濱海台 61 線道完成後，其匝道銜接台 17 線可直抵社區。社區合作社營業部房舍工程於 2019 年春節後完成，屆時將社區產業、周邊社區產業（聯合社區）、年輕人創意產品與其他等，經試營運後正式運作。

3. 合作社將採社會企業模式營運，其營收依比例回饋社區空間改善、老人關懷等規劃。

4. 結合草湖、新生、漢寶等聯合社區夥伴，使各社區營運點貨暢其流，共生共榮。

5. 2019～2020 年開辦人才各式培力課程，以因應未來人力匱乏缺口。

6. 繼續申辦參與彰化縣各相關社區營造提案。

7. 理事長夫婦迄今全力投入社區合作社經營，目前合作社販售點之硬體設施已大致完成，近日將做內部裝潢，販售點位命名為「稜稜戀生活館」。

8. 稜稜戀生活館位於台 61 線濱海快速公路、芳苑段匝道出入口銜接台 17 線交會處，車流量繁忙，點位選擇佳。

9. 經營模式採聯合社區特色產品銷售、在地農產品、自開發之特色產品、簡單餐飲服務等。

10. 2019 年透過勞動部多元就業方案，申請到專業經理人及銷售專員數人。

11. 「番稜」原為早期在地農作之一，因日月更迭逐漸沒落。社區因透過農村再生，將此農作重新再繁殖，後經認證及改良，因其具高纖、高鈣、高鹼，社區嘗試開發健康食品，並重新命名為「三林稜」。

12. 目前正與知名食品企業「樂檸漢堡」洽商，推介三林稜能走出社區，活絡社區。

第十四章

台中市大肚區──自強社區

和諧、慢活、溫馨

──社區教學──

第一節　社區簡介

第二節　社區位置、交通、地圖

第三節　社區觀察與診斷

第四節　社區資源盤整

第五節　社區擾動與輔導策略

第六節　社區發展課題與對策

第七節　社區願景分析及具體行動方案

第八節　執行成效與自主經營能力

第九節　未來展望

第一節
社區簡介

1-1 台中市大肚區自強里自強社區

　　源起於早期國防部爲解決國軍有眷無舍之住宅問題，於台中縣大肚山台地擇地興建眷村，並開放各軍種登記申請購置。

　　大肚山台地位於大甲溪和大肚溪之間，台中盆地以西、清水海岸平原以東的地方。南北走向的形體，其中段向西北方向突出。南北長約 20 公里，東西平均寬度約 7 公里，面積約 145 平方公里，海拔最高 310 公尺。表層爲赭（紅）土覆蓋，沖刷堆積土地貧脊，下層爲礫石。

　　西側山坡斷面較陡峭，東側山坡往東較緩斜，有東西向及南北向的斷層經過。地表多短草雜木及一般農作且缺水，雨水集中在夏季，夏季的平均溫度在 25℃ 以上，相對濕度在 78～83% 之間；冬季較乾旱且多強風，最冷在一、二月分，約 14℃～16℃ 之間。此地爲大安溪、大甲溪與大肚溪的聯合沖積扇，再經由東南地殼板塊運動力量催生而成。約在中更新世（距今約一百萬年前）誕生。大肚鄉原是拍瀑拉平埔族聚居地，「大肚」之名爲其土語譯音而得。

　　清康熙年間，即有福建省漳州方面移民前來開墾，與平埔族原住民混居。至清道光年間平埔族原住民逐漸遷至埔里盆地，本鄉因而逐漸成爲漢人定居地。清乾隆年間，陸續有漢人由鹿港及河口移入開墾，農商逐漸發達，居民也隨之增加，遂成今日之規模。

　　日據初期，將大肚、王田、社腳等村落併稱爲大肚區，1920 年再合併汫子頭及井子頭等大肚山台地聚落爲大肚庄。台灣光復後成立台中縣政府，大肚庄改爲台中縣大肚區大肚鄉，1950 年實施地方自治縣市行政區域重劃，劃分台中縣、彰化縣兩縣，而本鄉始稱台中縣大肚鄉，並將大肚山台地之井子頭村另分一村即蔗廍村。

　　「自強新城」眷舍興建，第一期於 1979 年 8 月 31 日動工、1980 年 11 月 22 日完成，建坪為 26 坪，合計為 234 戶，各軍種登記眷戶陸續進住；第二期於次年 1 月動工、1982 年 8 月完工，建坪為 30 坪，合計為 567 戶，同年中旬各眷屬已陸續遷住，一、二期共計 801 戶。

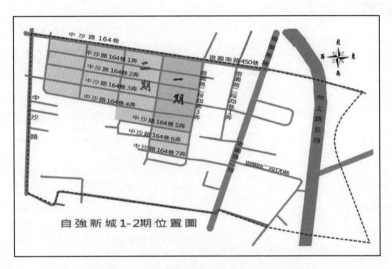

圖 14-1-1　自強新城 1～2 期工程位置圖

　　眷舍興建格局特色為一致性的建築格式，井字型巷弄格局、外觀簡潔、毫無綠地。在第一期建築期間，因在甘蔗園間且只有一條牛車道，很多眷屬想到工地看看，但一片甘蔗叢林連入口都找不到；一期完工後，因公設不足、建物四周緊鄰甘蔗植區，且沒有路燈又缺水，先期遷住戶眷屬均感不安。當時的蔗廍村仍是一傳統農村，一般蔬食無虞，只是地處高地，自來水供應常因水壓不足而供水不正常，直至 1983～1984 年間自來水公司增設加壓站，供水問題方解決。同年將原農用車道加寬鋪設柏油，即現在的遊園路。蔗廍村原主要道路為中沙路，早期道路狹窄，當時新遷住戶眷屬均無自用車，搭車非常不便。但是自強新城的興建，在當時是具有造鎮功能的，它促進提升了當地與周邊的地價，成為大肚山台地新興的亮點社區。

社區營造實務

第二節 社區位置、交通、地圖

2-1 社區位置

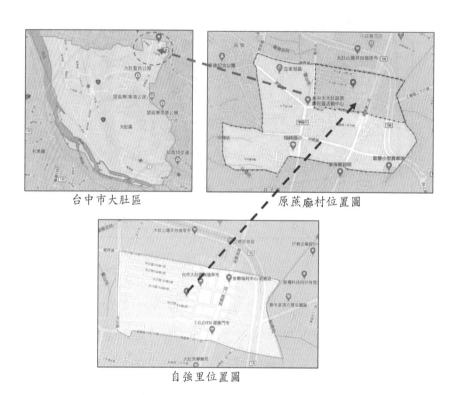

台中市大肚區　　　　　原蔗廍村位置圖

自強里位置圖

圖 14-2-1　自強里位置圖

　　原「自強新城」眷舍興建，位於台中縣大肚鄉東北角大肚山台地，東與台中市南屯區相接，北與龍井鄉南寮村東北角交界，西與蔗廍村立全社區為鄰，南與大肚鄉蔗廍村緊接，隸屬於蔗廍村之一部。2002 年升格為「自強村」，台中縣市合併後易制現為「自強里」，於原蔗廍村之東北角。

298

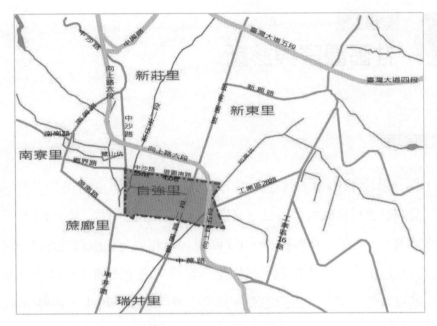

圖 14-2-2　自強里交通圖

2-2 交通

1. 由台中方向來往西走台灣大道，過東海大學後至坪頂左轉遊園南路，至遊園南路 450 巷右轉抵達。

2. 由沙鹿方向往東走台灣大道，至坪頂轉中興路，左轉向上路六段走外側，右轉中沙路，過鄉界路抵達。

3. 由台中方向來往西走向上路至蔗廊里，走中蔗路遇遊園路二段右轉往北，過 7-11 下一路口抵達。

4. 搭公車 323、325 路線均可於自強里前下車。

第三節
社區觀察與診斷

3-1 社區觀察

◆ 3-1-1 第一階段 自治會／管委會 1979～2002 年

1. 受限於眷村位置較偏僻且無適當道路，交通極不便。至 1983 年第二期眷戶遷入，亦不及全戶數的一半；直至 1984 年底，仍尚有四分之一的空戶。

2. 因水壓不足，用水問題一直困擾各眷戶。嚴重期間管委會委請原自治會輔導單位（軍方）出面協調，調派水車供應住戶用水。1983 年底自來水公司於台地設置加壓站，大大地改善台地用水。

3. 1984 年，原蔗廍村南北向農用道路加寬鋪設柏油，完成遊園路。其連通中港路，成為台地主要道路。

4. 1979 年，眷村成立初期即成立自治會，由附近部隊管理輔導。直至 2000 年，陸軍總部一紙存證信函，言及自強新城成立，其房地均屬於私人財產，限自治會於 7 月 1 日起裁撤、清空，以利爾後國防部回收。

5. 2000 年農曆年過後，自治會長召集相關人士共商大計，以靜待變。同年 8 月自治會改制成立管理委員會，並選出委員 12 名，劉漢壽先生擔任主任委員，並委請筆者為總幹事。其主要任務：(1) 確認原自治會空間名稱、(2) 籌募各項經費（水、電、其他費用）、(3) 空間經營規劃、(4) 擬定管理辦法、(5) 不處理社區一般事務。

6. 管委會成立是暫時性組成，以待與國防部協商進一步處置方式，具體面管委會成立是未經各住戶認同而成立，因此部分住戶很不滿。

7. 因自強新城的設置引進大量外來人口，於是在 1983 年後，多家建設公司也陸續於自強新城周邊興建各種公寓式、透天式建築，繁榮了地方。

8. 遷住初期，眷戶購買生活日用品或菜餚均前往蔗廍村購置，後來就有賣

菜車、雜貨車沿巷兜售。自強新城原本無菜市場規劃，然而周邊新興建之大樓，其建設公司刻意配置菜市場並開放有意者購置攤位，曾興起一股搶購潮。沿自強新城周邊共有大小四處菜市場規畫，結果迄今無一處有正式擺攤。

9. 早期到自強新城之菜販均來自於蔗廍村、南寮村、新庄村及其他，均以擺地攤方式售畢即各自離開，是故無人有意願購置攤位。隨意在路邊販售卻造就了台地最大的早市，期間多種因素因其不合法，故多次遭人檢舉，派出所亦派員開罰單，但是均無效。

10. 自強新城住戶因產權屬於私有，因此許多未曾搬進來之眷戶，陸續將房產售於非軍眷戶。

11. 自強新城是一個布滿水泥建物的社區，並沒有公共空間及農用綠地以提供住民休閒的場所，是一標準水泥叢林。

12. 管委會所在地，為當時由國防部於二期住宅興建時，所購置之一 30 坪邊間眷戶。

13. 1991 年自強自治會開辦社區書法教學。

14. 1999 年以「台灣省新馨文化學會」社會組織，從事嘉義建國二村眷村文化蒐整，同時成立「大肚山台地社造工作室」，蒐集台地文史資料。

◆ 3-1-2 第二階段 管理小組／社區教室 2002～2010 年

1. 2002 年自強新城由蔗廍村分割，並升級為自強村。因新任村長曾明言，原自強新城事務他不過問、不處理，所以原眷戶事務均由管委會處理。

2. 筆者以一個月的時間，積極籌備成立「自強社區發展協會」，待一切整備完成，並告知新任村長準備送件至鄉公所。至公所後，收件人說目前午休時間請稍後，待午休畢承辦人卻不見蹤影。巧的是村長助理也送件至公所，並當面交給承辦人員一份文件，登記時間在筆者之前，原來送件是村長所提送之「社區發展協會」文件，爭亦無所用故筆者只好放棄。結果由村長成立的「自強社區發展協會」，僅為成立而成立，迄今毫無作為。

3. 暫時性成立的管委會組成，因成立之初未經住戶認同，是以當時毫無功能性可言。2006 年第二任村長上任，為處置空間問題，經筆者居間協調，透過說明會、各式問卷力求管委會轉型，最後達成協議，以管委會之名，發各戶問卷同意，將原管委會改為管理小組，並選出組員。共發出 650 張選票並回收 340 張，有效票 315 張、廢票 25 張，有效獲得社區認同。

4. 管理小組組員六人，原自治會空間交由筆者經營，同時撥出空間給新任村長為村辦公室。期待以本身社造經驗，配合村長共同為社區服務。

5. 原自治會空間自 1991 年開始，均由筆者作為社區教學及關懷社區老榮民、眷之場所。

6. 2003 年由筆者將原自強新城管委會會址，透過問卷更名為「紅土地學院」，2007 年再更名為「自強社區教室」。積極推動台地社區教學，推出各式課程約十五種以上，同時招募社區志工，自籌經費舉辦各式節慶活動，照顧社區老人。

課程領域及內容

(1) 語文領域：英語、日語、兒童寫作。

(2) 美學領域：植栽、壓花、書法、美容、家庭園藝、繪畫。

(3) 音樂領域：吉他、卡拉 OK 等。

(4) 健康領域：健康講座、健康義診、親子教育課程。

(5) 社會領域：社區安全、保命防跌顧老系列活動、社區春秋旅遊參訪。

(6) 生活領域：人生漫談、人際互動、雙向溝通。

圖 14-3-1 社區教學——美顏、茶藝、寫作課程

7. 2005 年 11 月筆者又成立「台中縣新馨社區關懷營造協會」，積極推動社區營造工作。

8. 2003 年自籌經費裝潢社區教室，有會議室、視聽室、圖書陳列櫃、長青會館等，供社區使用。

9. 2005 年承接台中縣政府社區營造中心案。

10. 2007 年 4 月由筆者成立「自強長青聯誼會」，招募會員 224 名。定期舉辦健康教室、節慶活動、春秋兩季旅遊、各處參訪等，照顧老人。

11. 2010 年與第二任村長於社區教室偕同辦公期間，意外遭其忽視，且其經常不在村辦室辦公，外出期間社區事務均由筆者代勞，幾經溝通均無效。在競選連任敗選後，為社區教室經營鬧上公堂，最後其全家搬離社區。

12. 2010 年縣市合併，自強村更名為自強里。

13. 2011 年年初因與村長之糾葛，故主動離開社區教室，停辦社區教學及一切社區服務事項。

◆ 3-1-3 第三階段　自強社區活動中心 2010～截至 2020 年

1. 2010～2014 年間，原社區教室處於無人管理狀態，只剩一社區老榮民每天固定升降國旗。

2. 2014 年第四任村長上任。經社區有心人士積極奔走，創辦「台中市大肚區自強關懷協會」，並固定於原社區教室，創設「自強關懷據點」，服務社區老人迄今。

3. 原自強新城榮民、眷共 800 戶，目前榮民僅剩 286 戶、榮眷亦剩下 50 戶（2020 年 2 月 27 日資料由榮民服務處提供）。

3-2 社區診斷

◆ 3-2-1 第一階段　自治會／管委會 1979～2002 年

1. 原習慣部隊管理輔導的自治會，在 2000 年因陸軍總部一紙存證信函取消

自治會，一時之間讓社區老榮民慌了手腳。有識之士經常聚會於自治會商議對策，不斷地與部隊溝通，謀求解決之道。

2. 至此，社區應回歸「大廈管理條例」召開住民大會，並成立管委會。但是由於軍眷區住民結構與一般社會人士不同，擇定一特定時間聚集全住民幾乎不可能，因此無法成立正式管理委員會。

3. 自治會長與社區有識之士，商議成立臨時管理委員會，以利後續事務處理，然而此一決定無法讓其他住民認同。

4. 自強新城原住戶因陸續遷出的多半是尚未退役之現役人員，現況呈現大多只是老榮民及榮眷，一般遷入的在地面孔逐漸增多。

5. 路邊攤式荣市場造成道路交通不便，停車問題困擾社區，多次反映均無解，迄今居民已習以為常。

6. 管委會所在空間僅有一份報紙與簡單桌椅，除集會外平日均閒置。

7. 老一輩榮民聚會，談話內容均圍繞軍中生活及國情動態，與社會現實面較脫節，對社區服務要求不高。針對社區未來缺乏動能，期待大於行動。

8. 與自治會會長協商，由筆者借用場地，以社區居民為對象，開辦社區免費書法教學課程，社區反映良好，周邊社區民眾亦前來參與。

9. 透過「台灣省新馨文化學會」，從事地方文史資料蒐整、社區教學及社區營造推動。

◆ 3-2-2 第二階段 管理小組／社區教室 2002～2010 年

1. 社區均為外來住戶，欠缺社區情感，獨立往來鮮有互動。

2. 管理小組成立有效獲得社區認同，並委由筆者擔任總幹事。2006 年挪出主辦公室（含辦公家具、電腦設備等）給新任村長為村辦公室，而管理小組辦公室挪至隔壁間，與村辦室僅一門之隔。原期待村辦室可藉由筆者社區營造概念協助其服務社區，意外的是其任內均不與管理小組互動。

3. 「自強社區生活教室」成立，積極推動台地社區教學以及各種活動規劃，歷時十一餘年至 2010 年止，成功獲得社區認同。此外還招募社區義工、出刊《紅土地》社區報。

圖 14-3-2　自強社區生活教室成立

4. 為照顧更多社區人，於是從老人著手，設置閱覽室、加訂報紙、訂製老人書架與各式棋具，吸引老人前來使用，成效特佳。

圖 14-3-3　閱覽室運作

5. 自籌經費並重新裝潢社區教室，有會議室、視聽室、社區圖書陳列櫃、長青會館等，供社區使用。

6. 以「台灣省新馨文化學會」社會組織，從事社區營造：以嘉義建國二村眷村文化蒐整，並辦理第一屆眷村文化節；大肚山台地瑞井村文化、空間改善，並於瑞安宮辦理成果展；改善三陽坑古井步道，累積社造經驗。

7. 成立「台中縣新馨社區關懷營造協會」，以大肚山台地兩鄉七村為對象，積極培力社造人才，推動地方文史資源蒐整。

8. 成立「自強長青聯誼會」，招募會員 224 名，定期舉辦健康教室、節慶活動、春秋兩季旅遊、各處參訪等，照顧老人。

9. 2005 年承接台中縣政府社區營造中心案。

10. 2010 年村長打算競選第三任村長時,管理小組欲收回辦公室,卻遭其百般騷擾,並帶社區老人抗議,甚而告上法院,最後落得舉家搬離社區。雖然事後老人才明白一時糊塗誤會了筆者,但事已至此,因此退出管理小組,停辦社區教學及一切社區服務事項,並遷出社區教室。將社區服務業務移轉至南寮社區迄今。

11. 老榮民、單身榮民、失依榮眷等此時凋零嚴重。

◆ 3-2-3 第三階段 自強社區活動中心 2010～截至 2020 年

1. 2010～2014 年間,原社區教室處於無人管理狀態,只剩一社區老榮民每天固定升降國旗。

2. 2014 年第四任村長上任。經社區有心人士積極奔走,創辦「台中市大肚區自強關懷協會」,並固定於原社區教室,創設「自強關懷據點」,服務社區老人迄今。

3. 村長及台中市自強里社區關懷協會各有服務社區理念,能相互配合,卻互不牽扯。

4. 迄今原軍眷戶已低於原住戶,僅剩三分之一,多半是老榮民及榮眷,已與一般社區無所差異。

5. 2020 年 2 月 27 日邀請社區老人辦理口述自強社區史。

第四節

社區資源盤整

4-1 人

1. 軍退人員大部分仍保有在軍中軍階服從的態度,因此於自治會時期,社

區話語權多在這些老人身上，但是均欠一分專長。

2. 老會長吳志興從進住自強新城起，每日均認真地升降旗，2017 年因體弱才放下，由范正家接手；2020 年范先生亦因體弱宣告罷手，現由關懷協會理事接手。

3. 現任自強社區關懷協會理事長，有心做好協會事務與社區關懷據點，對社區其他面向服務因無經驗，故無涉及。

4-2 文

1. 自強爲一新興社區且又都是外來族群，歷經三十餘年，社區居民與周邊各村毫無連結。

2. 蔗廍村文化底蘊豐沛，且又是台地開庄四庄之一，蔗糖文化具台地特色。

3. 自強新城雖起建是爲有眷無舍之現役軍人，但相對軍種不一，不要說平日難得見上一面，特定假日亦因陪伴家人多半外出旅遊，社區公共事務均不在意，幾無互動可言。因而眷村文化於自強社區是毫無共同生活記憶的。

4. 翠竹寺是自強唯一具規模寺廟，主神是觀世音菩薩。

4-3 地

早期自強新城是以軍中規格興建，南北向、橫豎分明，標準水泥叢林，巷弄均爲柏油路，毫無綠地可言。

4-4 景

公寓式建築加蓋違章頂層，天際線混亂。

4-5 產

擁有台地最大早市菜市場。

4-6 生態（非專業僅註明認識的）

1. 鳥類（社區常見）：白頭翁、綠繡眼、八哥、麻雀、斑鳩、家燕、產卵期夜鷹、大捲尾等。
2. 蛙類：樹蛙、蟾蜍等。
3. 昆蟲：各式小型甲蟲、粉蝶、無尾鳳蝶、鳳蝶、蛺蝶、枯葉蝶、斑蝶、蛾類。
4. 草蜥、攀木蜥蜴、偶見地龍子。

第五節
社區擾動與輔導策略

5-1 社區擾動

1. 第一階段：於閒置之自治會，以認識管理階層為要，試辦書法教學。
2. 第二階段：改善自治會址內部設施，自辦各式座談會，積極擴大社區教學。
3. 第三階段：辦理口述史，重新記錄自強社區發展過程。

5-2 輔導策略

1. 第一階段時：嘗試利用閒置之自治會，以及接觸社區。
2. 第二階段：主動介入原自治會空間，強化內部設施，打開大門辦理社區活動，迎接社區民眾。
3. 結合台地兩鄉七村與九個環保義工隊，於台地辦理社造人才培力。
4. 以社區營造概念爭取公部門經費，改善自強社區氛圍。

5. 開辦更多社區教學課程，邀社區參與。

6. 積極投入執行台中縣、南投市社區營造及社區規劃師培力項目；農委會「農村再生計畫」輔導彰化濱海地區；以及台地瑞井、南寮環境改善工程規劃等，累積社造經驗。

7. 第三階段：與村長辦公室、自強關懷協會商議，如何以社區營造概念發展社區。

8. 主動協助關懷協會運作。

第六節
社區發展課題與對策

6-1 社區課題

課題一：社區人口老化嚴重，加上集合式住宅使人際關係疏離，村長及關懷協會均忽視此一潛在性問題且無意面對，僅能對少數有意願的老人服務。

課題二：台地最大早市——自強菜市場，因均違規利用道路兩側販售物品，對社區各巷弄造成停車困擾，多年來幾經取締均無法改善。

課題三：由蔗廍里局部劃歸自強里，原自強新城獨特文化，多年來仍獨樹一格，與周邊外來遷入者雖有互動但難融入。

課題四：2011 年筆者退出自強服務工作後，缺乏後繼者。社區雖有村長及關懷協會，但是對社區營造需要社區參與，均無意碰觸。

6-2 對策

1. 初期以碰觸社區為主，先以座談會方式切入社區互動、相互關懷為主。

2. 直接與村長對話，菜市場及原自強新城範圍外之閒置空間，據其表示，

寄望都更方有機會改善。

3. 自強里已是一般社區,利用機會透過與里長和關懷協會合作,間接指導舉辦社區型活動,整合社區鄰里關係。

4. 找機會繼續培植社區人才。

第七節
社區願景分析及具體行動方案

7-1 社區願景分析

　　過去自強社區均由筆者試著激活社區,藉著自強長青聯誼會(會員 224 人)融合了社區榮民、榮眷及一般住民。此期間共做了三次的社區未來發展座談會:第一次於 1996 年,舉辦「眷村文化塑造與傳承」;第二次於 2002 年,舉辦「自強安全社區」座談會,談及社區未來參與社區營造的可行性;第三次於 2006 年,邀村長共同舉辦「自強里的現在與未來」。三次的結果雖然都不同,但都希望社區能有一團隊,一同帶領社區走向未來。

圖 14-7-1　社區未來說明會

原自強新城獨特文化，多年來仍獨樹一格，與周邊外來遷入者雖有互動但難融入。而因早市，附近村落農戶將其農產品載至自強市場買賣，進而購置自強住宅以利交易，這些人目前已成為自強里的大多數。然而這些住戶對於自強里的認同度不足，因此甚少關心或參與社區公共事務，造成社區難聚共識。

目前有一些社區熱心人士較關心社區事務，並籌組社區關懷協會。但該協會組織健全能量有限，無意承負全社區之公共事務，雖經筆者再三勸說仍難說服。因此社區願景難成，甚感遺憾。

7-2 規劃設計構想

1996 年舉辦的「眷村文化塑造與傳承」，源於此時筆者正於嘉義從事眷村文化蒐整文史工作，於是藉座談會引領老榮民、榮眷讓大家來寫村史，找出或營造在地軍眷文化。然而運作起來難如預期，筆者本人亦是初入門，加上藉分工需參與者與陌生人訪談，大家心有芥蒂，結果不了了之。

第二次於 2002 年舉辦的「自強安全社區」座談會，談及社區未來參與社區營造的可行性。此次座談會成立紅土地社區教室，邀請犁份派出所長、社區榮民意見領袖、長青聯誼會幹部、義工組等共同參與，就自強社區道路安全威脅區、竊案頻繁區、老人送醫等議題，充分討論並繪製社區安全威脅地圖。後段就社區未來發展尋求共識，會中雖然有共識，如：(1) 與新遷入住民建立互動關係、(2)

圖 14-7-2　社區營造談話會

社區老化需有長遠顧老規劃、(3) 建立一固定社區團隊，自主性經營社區。大家想建立一個宜居、慢活的社區，但是因無人就此部分有意經營，亦無意參與有關社區營造人培課程，因此斷鍊。

第三次於 2006 年，邀村長共同舉辦「自強里的現在與未來」座談會，社區寄望新村長能與筆者合作，主動帶領社區有番作為。但是年輕氣盛的村長在任內除一般服務性事務外，其餘非職內事務一概迴避，而此時筆者正經營台中縣社區營造中心，亦無暇兼顧社區，因而又無疾而終。

圖 14-7-3　社區願景座談會

2015 年與自強社區關懷協會協商，在社區關懷據點工作外，可一道共同經營社區。然而經多次溝通，協會只欲經營關懷據點，其餘無意經營，因此社區願景至此罷手。

第八節
執行成效與自主經營能力

8-1 執行成效

◆ 8-1-1 歷年營造成果

1998 年：

走勘大肚山台地各村，蒐集各村文史資料。

2002 年：

1. 申辦大肚山社區文化再造案（文建會），統整台地兩鄉七村文化資源，並將成果於龍峰國小展出。

2. 申辦自強村社區巷弄綠美化，改善五弄巷道空間及樓梯間外雨遮綠美化。

3. 成立大肚山台地社區總體營造工作室。

4. 辦理「自強安全社區」座談會。

5. 成立紅土地社區教室：開辦社區教學、講座、座談會、老人旅遊、親子活動、社區參訪、出刊《紅土地》社區報等。

6. 於自強村舉辦社區環工隊、社區民眾各項研習課程。

2003 年：

1. 與四箴國中合作，辦理第一屆大肚山台地籃球錦標賽。

2. 大肚山台地七村之九個環工隊，一同舉辦聯合環保教育宣導園遊會，並邀請鄉長主持，後續又辦理九個環工隊的社區參訪活動。

3. 於瑞峰國小舉辦「看見大肚山」親師合作案（台中縣文化局）。

4. 協助瑞井規劃「井仔頭」生態公園（台中縣城鄉發展局），並舉辦海線國中小寫生比賽。

2004 年：

1. 辦理大肚山瑞井村「再造井仔頭風華」文化祭（台中縣文化局）。

2. 續辦井仔頭導覽系統規劃及小腳丫導覽員進階訓練。

3. 辦理蔗廊村「石至名歸」再現蔗廊石車產業文化新風貌（台中縣文化局）。

4. 辦理「健康社區」保命防跌活動（台中縣衛生局）：為獨居及失依老人住家安裝防滑裝置，以及於衣著、拐杖、鞋跟等黏貼反光貼紙（自籌）。

2005 年：

1. 辦理龍井鄉南寮村「咱ㄟ社區～咱ㄟ夢」南寮社區文化季（台中縣文化局）。

2. 南寮健康有氧社區活化社區規劃——營造社區健康公園（台中縣城鄉發展局）。

3. 輔導新庄社區發展協會辦理「咱ㄟ新庄仔，你知否」社區營造（台中縣文化局）。

4. 結合台地七位社區規劃師，於東海大學辦理「大肚山台地社造論壇」，邀請專家學者及台中縣社造夥伴、台地社區發展協會、社區民眾一同參加。

5. 續辦台地社區導覽系統規劃及小腳丫導覽員進階訓練。

6. 辦理台中縣第二屆社區規劃師駐地計畫工作（台中縣城鄉發展局）。

2006～2010 年：

1. 社區教室續辦各式課程及成果發表。

2. 長青聯誼會節慶活動、春秋兩季旅遊、慰問關懷、照護單位參訪。

3. 兒童免費課後輔導、年度參訪、教導以工代賑，自籌畢業旅行經費等。

2010～迄今：

因投入社區營造、農村再生等業務，以及至大陸閩東推廣台灣式社區營造，自強社區事務暫時均擱置。

8-2 自主經營能力

自 1999 年起歷經眷村期、蔗廊分村期、台中市縣市合併易制期等，迄今檢視社區發展過程，期間於 2002 年由新任村長籌組了「自強社區發展協會」，然

而從未有針對社區展開運作，只有筆者一人在奮鬥。2010 年退出自強里社區教室後，社區即刻停擺，隨後雖然有「自強社區關懷協會」的成立，亦僅能針對少數社區老人關懷服務。簡而言之，只有親自走過方知社區有想法，然卻無面對處理的能力，社區自主經營也只能聊表一格。

第九節
未來展望

1. 自強人現階段都期待社區是一個和諧、慢步調、溫馨的社區。
2. 社區除菜市場、水泥叢林外，居然再也沒有所謂的社區特色，寄望里長、社區團體能營造具代表性之社區特色。
3. 現任村長年輕有為，但是缺乏社區經營理念，仰賴外力協助。目前與筆者互動較佳，有機會鼓勵其更積極以社造概念經營社區。

第十五章

台中市大肚區蔗廍里 ── 立全社區

「風車之鄉」溫馨宜居新社區

── 環境保護 ──

第一節　社區簡介

第二節　社區位置、交通、地圖

第三節　社區觀察與診斷

第四節　社區資源盤整

第五節　社區擾動與輔導策略

第六節　社區發展課題與對策

第七節　社區願景分析及具體行動方案

第八節　執行成效與自主經營能力

第九節　未來展望

第一節
社區簡介

1-1 台中市大肚區蔗廍里立全社區

　　蔗廍里位於大肚山台地南半部，大肚區最東側，高度大致在海拔 210～260 公尺之間，南高北低，並自西向東略為傾斜。地面是紅土層，因地勢高灌溉困難，農作物早期以種甘蔗、甘薯、樹薯為多。今日的蔗廍聚落，大致可以分為老聚落和新社區兩大部分。老聚落略以太平路為界，以西稱頭前、以東稱後厝。新社區則沿遊園路兩側發展，早期因製糖業興盛，居民除種植一些蔬菜外，均以種植甘蔗為主，社區周邊皆是蔗田用地。

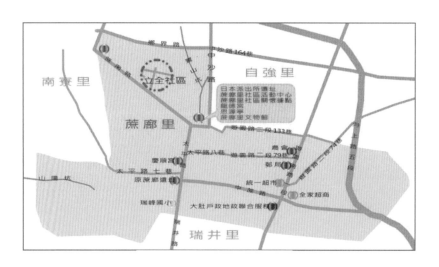

圖 15-1-1　蔗廍里社區資源圖

　　立全社區為蔗廍里的西北端，源於 1979 年 6 月鼎間建設公司，在此建造 280 餘戶的四層樓分層公寓，東西長 180 公尺、南北長約 80 公尺，大多為外來人以租賃方式暫居。社區現有 152 戶、人口 600 餘人，屬勞動階層且教育程度不高，其中原住民占 15%、榮民 5%、外配 10%、租屋人口 30%，其餘為一般住戶。

　　早期因建設公司搶建，故位置選擇不當將基地設置於田中央，且建設公司中途倒閉，社區公共建設未盡完成。沒有重要之連外道路，也相對無法登記公用水電，社區僅能依靠當時為建築需求所開鑿的水井來取用地下水。因人煙稀少，成為該地域三不管地方，常成為不良少年吸毒、打架鬧事之處，在地人均視為不良場域，鮮少人會靠近。

　　偶因水井深水馬達故障，為籌經費聚合了社區自發性組織，除解決馬達事務外，更自主性整合社區議題來共謀解決。因此社區臨時性委員會被社區肯定，進而成為正式委員會，更相繼成立環保義工隊，動員社區居民共同整理社區環境，醞釀成為周邊社區所不及之強大公益團體。

　　迄今，立全社區管理委員會成為社區環保志工隊強力靠山，處理社區公共事務已擴及蔗廍里，並以環保社區為永續經營目標。

第二節
社區位置、交通、地圖

2-1 社區位置

　　立全社區位於大肚區東北角，屬台地聚落群，位處大肚台地頂端，屬於蔗廍里，且又位於該村之西北一隅。東與自強里為鄰，西與南寮里銜接，南向面對蔗廍里老聚落區。

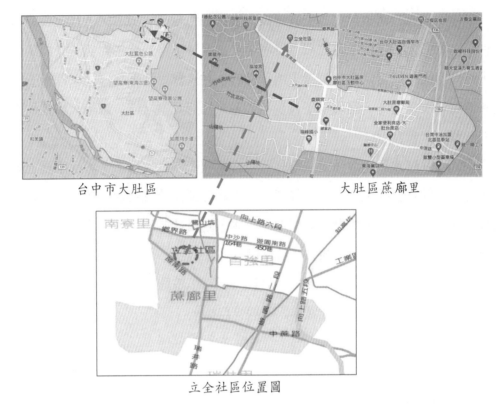

台中市大肚區　　　　　　　　　大肚區蔗廍里

立全社區位置圖

圖 15-2-1　立全社區位置圖

2-2 交通

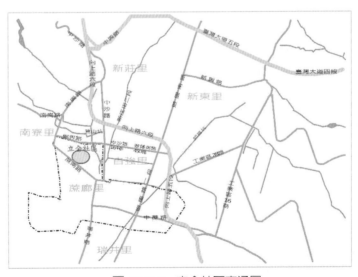

圖 15-2-2　立全社區交通圖

1. 由台中方向來往西走台灣大道，過東海大學後至坪頂左轉遊園南路，至遊園南路 450 巷右轉，至中沙路左轉到底右轉蔗南路，前行約三百公尺抵達。

2. 由沙鹿方向往東走台灣大道，至坪頂轉中興路，左轉向上路六段走外側，右轉中沙路，到底右轉蔗南路，前行約三百公尺抵達。

3. 由台中方向來往西走向上路至蔗廍里，走中蔗路穿過遊園路二段前行，抵太平路與瑞井路口右轉，至蔗南路左轉，前行約三百公尺抵達。

4. 由沙鹿方向往東走台灣大道，至坪頂轉中興路，左轉向上路六段走外側，遇南新路右轉到底，左轉蔗南路，前行約四百公尺抵達。

第三節

社區觀察與診斷

3-1 社區觀察

社區因位處偏僻且格局太小，加上建設公司倒閉，導致一些公共設施無法完成，後來雖另有建商接手，亦僅能簡單完工交屋。每戶 17 坪，扣除法定空地每戶僅得 13 坪。無自來水供應，僅靠一口七百餘尺地下水井供水，糖業停產後社區周邊一片荒蕪且雜草叢生，社區有如一座荒城。至 1983 年間，住戶僅 40～50 戶，無道路、無水電，空屋雜亂異常，一樓內外雜草叢生，居民均以田埂為進出社區主要通道。

肇因於水井供水系統故障維修費用驚人，促使社區產生自主性籌組管理委員會，推舉出五位義務委員，各個耐心誠懇處理，獲得居民信任。除解決水井馬達問題外，藉此一併共商籌謀解決社區共同議題，社區共識的凝聚也因而改變社區命運。

圖 15-3-1　社區早期荒置模樣

　　社區在不同時段，有志工提供自己的土地讓社區使用，後因地主過世，其子嗣繼承土地均收回自理，造成居民困惑。但是隨後再獲得社區志工的信任，提供更大面積的土地予以社區使用，讓社區就此土地帶來更具意義之運用。

　　蔗廍里是台地古老村落之一，社區公共事務全由老人會把持，依附傳統，排斥新觀念。雖然以各種方式溝通，但只有一個條件，如公部門可以爭取經費營造社區，那經費給老人會，營造就不用了。

1. 立全社區的覺醒，靠著管委會動員社區民眾積極大掃除、除雜草、對外爭取連外道路、路燈、水溝整建。更成立環保志工隊，有計畫整建社區來改善居住環境，此一作為已具備社區營造之概念。

2. 立全環工隊對社區貢獻不遺餘力。尤其對掃街、垃圾分類、廚餘回收再利用績效卓著，足堪為台地榜樣。

3. 社區有熱心人士，皆全力投入社區環境改造及生活品質提升工作。

4. 委員會及大部分居民均會配合環境改造工作。

5. 社區志工超過 40 人。

6. 過去有志工願提供社區前緣閒置田地，供社區無償使用 30 年。

圖 15-3-2　昨日整地今日茁壯的社區農園

7. 社區資源匱乏，歷經三十餘年，卻營造了不少全新的社區資源。

8. 2000 年社區開始接觸社區營造，其領頭羊是吳嘉狄與陳達成，曾為社區帶來一份榮景。

9. 吳嘉狄長年為病痛所困，2010 年因而過世。

10. 陳達成率社區志工繼續經營社區至今。

11. 蔗廍里迄今仍受制於老人會限制，發展協會在不觸及社區內部環境改變外，針對公共設施逐年改善中。

12. 吳嘉狄與簡翠絨於元極舞社群影響力強，範圍擴及整個大肚鄉。

13. 2005 年社區開始參與公部門之社區營造推廣計畫。

3-2 社區診斷

1. 立全社區是一趕建社區（受限農地使用規範），公設不足且缺乏公共空間（土地）。因委員會獲得社區認同亦了解社區困境，當時之社區志工主動提供社區前土地供社區使用，委員會決定開設社區農園及公共晒衣場，採生態有機農法經營，活絡了社區居民的感情。

圖 15-3-3　社區志工提供土地闢為社區農園

2. 吳嘉狄克服身體之不適，極力帶領社區尋求改造，陳達成則帶領社區志工負責執行，分工明確，從無異議。

3. 吳嘉狄過世後，社區改造工作由陳達成一肩扛下，出錢出力，獲得社區

及周邊社區一致認同及效法。

4. 蔗廍里雖換了不少年輕村里長,但是因家族關係,村落改善仍受老人會限制,里長的票源多半來自社區老人及家族老人。

5. 蔗廍里社區發展協會成立於 1994 年 6 月,雖有理想但能力及動能具不足,源於其成員大部分為老人會成員,目前僅能靠時間換取空間來經營。

6. 立全社區自成一格,社造理念以環保為標的,二十餘年來成績斐然。行有餘力協助蔗廍里小限度社區營造,仍遭受里民之誤會;但是其環工隊對蔗廍環工隊影響甚鉅。

7. 立全社區格局太小,社造經驗累積二十餘年卻走不出社區。陳達成雖靠宗教力量推動社造概念,然而卻與宗教理念產生矛盾,但是推動環保及環境教育仍不遺餘力。

第四節
社區資源盤整

蔗廍里早期叫做「犁分」。因為龍井林家在大肚山大量種植甘蔗,當時墾地開發是採合資(合股)進行的,並以旱犁數來折算墾分的土地,所以早期大肚山台地叫做犁分,隨後又設置了製糖場所(廍),所以地方上習慣稱之為蔗廍。民國後設為蔗廍村,並衍生為台地上的大型聚落之一,直至縣市合併重劃行政區,本地易名為「蔗廍里」。2005 年後社區古聚落及新興社區混雜,德昌大樓、中華社區、立全社區均為外來不同族群,其中立全社區成立較早。

4-1 人

1. 社區社造領頭羊吳嘉狄,開啟立全及爾後蔗廍村之環境改善與社區營造

大門，然而不幸於 2010 年因病過世。

2. 陳達成隨吳嘉狄從事社造迄今，出錢出力，甚爲社區肯定。

3. 洪淑玲爲手工藝達人，精通手工皂、吸管、廢棄物再利用等，常受邀至各社區指導教學。

4. 施福慶爲木工達人，專精各式木器製作、童玩、水車等。

5. 陳達成兄弟倆，一爲精密車床師傅，一爲電機專業。

6. 簡翠絨（吳嘉狄妻）2005 年由筆者協助指導，創設大肚鄉元極舞協會，會員 430 餘人。

7. 社區現有環保志工 58 位、管理委員會 17 位委員、合格社區規劃師 3 位。

4-2 文

1. 今日的蔗廍聚落有舊式土角厝、透天厝、三合院，及新式公寓大樓、透天別墅等建築物。

2. 現有完成編組班隊計有長青、長壽俱樂部、社區關懷據點、守望相助隊、婦女工作隊，原住民文化工作隊、土風舞研習班、現代舞研習班、元極舞研習班，以及立全、蔗廍等兩隊環保志工隊。

3. 宗教信仰

   慶順宮：供奉朱、李、池三府王爺及紫府姑娘（九天玄女）。

   福德祠、龍德宮：供奉土地公。

   水德宮：供奉水神大帝。

   三聖宮：供奉朱、李、池三府王爺。

4. 社區推動服務項目及特色

   (1) 社區各班隊：提供服務學習、關懷、活動、表演、教育的人員。

   (2) 守望相助隊：負責地方安全、指揮交通的團隊。

   (3) 社區文化館：提供社區居民讀書、閱覽書報地方，糖廍文物及生活文物展示。

   (4) 慶順宮：提供各項民俗節慶的活動場地。

(5) 立全社區：提供社造推廣、環境教育、環保、產業、導覽社區美學的地方。

(6) 社區關懷據點：提供關懷、學習、保健、簡單運動、健康教育的服務。

5. 蔗廍現有歷史意涵之地點有過去糖廍遺址、原日本派出所遺址、望高寮遺址、蔗廍里社區活動中心、蔗廍文物館、衛生室、瑞峰國小、大肚農會、郵局、大肚地政、戶政聯合服務處等。

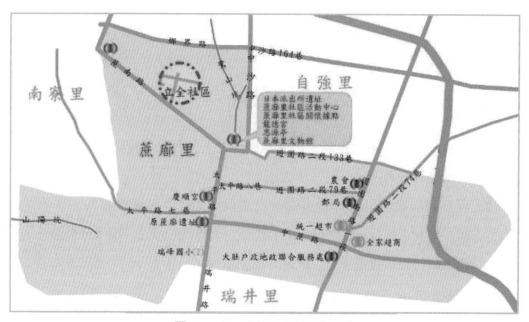

圖 15-4-1　蔗廍社區生活資源圖

6. 立全社區在陳達成帶領下完成環境改善，並在志工提供之土地上，先後完成社區資源回收場、社區會議室、文物館、十方工作室、環境教育牆、雨撲滿、公共農園、水神宮、停車場等。

圖 15-4-2　立全社區生活資源圖

4-3 地、景

1. 立全社區早期周邊均爲旱田，建物在田中甚爲突兀。爾後因蔗廊居民於既有土地上不斷擴建，目前立全社區東半部已與蔗廊社區連結。

2. 社區利用廚餘改良公共農園土地，生產有機蔬菜。並利用大肚山的風作社區特色，發展綠色能源、風車發電。

3. 社區 DIY 藝術景觀牆共五面，以環保爲主題，風車爲意象以及生態農園，塑造出休閒、產業、環保綠能的空間。

4. 由住戶利用環保素材，將社區各樓層梯間門面設計成創意空間。

5. 社區東面閒置植栽區，整理爲生態自然林區。

4-4 產

1. 台地土質爲弱酸性旱田，一般農作物不適宜大面積種植，常見的有番薯、通天草（狗尾草）、蘿蔔、花生、苦茶樹等。

2. 立全社區有環保肥皂、手工藝、環保酵素，以及生態農園蔬菜、DIY 環保創作教學。

3. 社區導覽員每年均有導覽費的收入。

4-5 生態（非專業僅註明認識的）

1. 鳥類：白頭翁、五色鳥、綠繡眼、八哥、樹鵲、麻雀、斑鳩、家燕、夜鷹、大捲尾、以及南路鷹等。

2. 蛙類：褐樹蛙、斑腿樹蛙、蟾蜍等。

3. 昆蟲：各式小型甲蟲、各式蝶類、蛾類。

4. 草蜥、攀木蜥蜴、地龍子。

4-6 安全

1. 社區成立守望相助隊，負責社區安全巡邏及守望相助的團隊。

2. 社區成立關懷據點，負責社區老人關懷，問安照顧及健康促進的團隊。

3. 社區設有監視器及滅火器，由社區自主管理治安、消防的工作。

第五節
社區擾動與輔導策略

5-1 社區擾動

1. 1999 年首次與立全接觸，源於早期台灣省政府文化處推動「大家來寫村史」，後續因有感其意義，遂自主性針對大肚山台地各村，進行在地文史資料蒐整，於立全社區認識吳嘉狄與陳達成兩位先生。經數次交談後了解社區困境，極力協助立全並參與社區會議，邀請幹部協助自強社區

教學活動，了解組織運作。

2. 2002 年 SARS 期間，由自強社區教室購置大批口罩、消毒水、耳溫槍等，由吳嘉狄與陳達成邀集台地七村社區發展協會幹部集會，安排分配防疫器材，並統一調度於各主要道路、學校設置防疫站。

3. 於立全開設社造人培課程，協助辦理社區活動、社區導覽等。

4. 指導社區未來發展方向，以環保義工隊為主力。

5. 協助推動社區營造。

6. 協助元極舞辦理各式活動。

5-2 輔導策略

1. 早期環保志工隊於立全環境整理後，並擴及至蔗廍村外圍環境整理。

圖 15-5-1　環境整理

2. 將立全吳嘉狄、陳達成、洪淑玲等帶在身邊，參與台地社區營造事宜。

3. 讓環保義工隊參加環保局志工培力，正式成為環保志工隊。

圖 15-5-2　環保志工隊

4. 以環保爲重，以資源回收再利用爲社區發展特色。

5. 規劃並協助推動環保署之「環保小學堂」。

圖 15-5-3　社區環保小學堂開訓

6. 與村長及蔗廍村環保志工隊協商，協助推動社區營造工作。

7. 協助成立大肚鄉元極舞協會。

8. 以觀察員身分退出立全社區，讓社區自主經營。

 第六節
社區發展課題與對策

6-1 社區課題

課題一：社區住戶均爲外來人口，有原住民、榮民、客家人或租屋者偏多，對社
　　　　區認同較爲冷漠。

課題二：社區管理組織架構鬆散。管理委員會成員由選舉產生，對於社區公共事
　　　　務參與熱誠度不足，其幹部均擁有各自事業且身兼數職，第一時間均無
　　　　法配合社區事務推動。

課題三：社區土地取得不易，發展受到侷限。

課題四：立全社區之社造成果迄今無法推及至蔗廍里。

6-2 對策

1. 社區原住民住戶，因其生活習性與社區其他居民有別，故自成一族群。租賃者更替頻繁，導致社區意識不足。能力所及以各式名義舉辦大小型社區活動，邀請住戶參與，藉以提升互動關係。

2. 社區幹部會議中要求幹部認領社區事務，以及強化環保志工能力。

3. 社區結構除硬鋪面外毫無土壤區。經徵詢目前有志工願意免費提供社區前緣之閒置土地（約 2,100 平方公尺）讓社區使用，時間為 30 年。社區運作意願為：(1) 社區公共農園，管理者為地主、(2) 社區公共晒衣場。

4. 結合蔗廍里環保志工隊，藉環保之名，結合兩環工隊，共同整治蔗廍里軟硬體設施。

第七節

社區願景分析及具體行動方案

7-1 社區願景分析

2002 年起由台中縣環保局輔導，以環保為主題，並利用台地多風，故回收各式風扇製作風車，以「風車的故鄉」為意象，積極推動環保概念，一路走來，立全社區從荒廢的社區成為全國模範社區。

社區未來將以「風車之鄉」溫馨宜居新社區為願景，繼續尋求專業的輔導及環保素材的運用來呈現社區的特色，並朝環境保護及環境教育場所認證而努力。為能貫徹實踐，就社區現存條件予以分析，擬定對策期能早日實現社區願景。

◆ 7-1-1 社區優勢

1. 社區具有泥水、鐵工、木工、水電、機械等各種人才，且都有意願參與社區公共事務。
2. 社區具有二十餘年以上社造經驗、規劃師就有四位。
3. 社區環保主題明確，更積極推動文化、教育、藝術、創作的發展空間。
4. 以環保志工為主軸，進而推動委員會，成功掌握社區資源。
5. 社區頗具知名度，政府資源比較容易取得。
6. 社區擁有社區營造帶動者，影響力夠。

圖 15-7-1　社區未來走向明確

◆ 7-1-2 社區劣勢

1. 委員會是由社區住戶選舉產生，服務熱誠不足，委員與志工互動差。
2. 社區成員混雜，且榮民、原住民、租屋者比例偏高，對社區認同度較差。
3. 社區土地取得不易，沒有公用土地，社區缺乏經營空間。

◆ 7-1-3 社區機會

1. 社區頗具知名度，十餘年來每年參訪人數約三、四千人，推動環教、資源回收再利用、開發環保副產品等，已獲環保局及一般社區認同。
2. 嘗試利用網路、媒體為平臺，已打開社區知名度。
3. 社區培育導覽人員皆有十年經驗，近年與鄰近社區結合，規劃深度旅遊之觀光活動。
4. 社區保持中立，不參與政治性活動，與政府互動關係良好。
5. 社區仍以環保為主題，積極在推動環境教育、文化藝術，創作空間大。

圖 15-7-2　導覽解說

◆ 7-1-4 社區威脅

1. 縣市合併後土地增值，社區周邊財團虎視眈眈，社區土地取得更加困難。

2. 周邊社區如南寮、瑞井各有特色，大肚山上七村社區營造也慢慢起步。

3. 社區由於公共空間不足且住戶不斷增加，停車場問題嚴重。

4. 立全為公寓型社區，住民大多是中下階層級，經濟能力較差。於公部門尋求提案補助時，結案前社區必須要有墊付款能力，已造成社區困擾。且周邊地主對社造的不了解，土地的運用同意書獲得不易，對社區發展深受影響。

7-2 規劃設計構想

1. 社區繼續以環保議題及環境教育為社區推動目標。

2. 在有限空間下，規劃教育培力場域及相關知識資料蒐整。

3. 連結周邊社區，擴大並帶動環境教育與社區旅遊結合之雙贏局面。

4. 規劃配合環保署有關環境教育人員及場域認證。

5. 擴大自力營造範圍，重整地方文史資料、在地自然生態資料蒐整。

6. 原農園因逢地主過世，地產分配給幾個兒子，而其子二十餘年來從未與社區互動過，一意欲收回其名下農地，社區只能將原地上物遷移。此時另一位志工理解社區困境並毅然主動提議，願將社區北面農地以象徵性價錢租給社區使用，社區因此獲得新空間，且較原農園面積還大約五千平方公尺。社區積極整地開發，動員全社區參與，從整地、遷移原地上

物植栽，重新規劃園區讓農園再生，空間規劃以食農耕作體驗及環境教育場域為主。

第八節
執行成效與自主經營能力

8-1 執行成效

◆ 8-1-1 歷年營造成果（資料由社區提供）

年度	推動項目
2000	成立環保志工，推動環境清潔服務。
2001	推動髒亂點改善、社區環境綠美化。
2002	1. 推動社區營造、成立廚餘農場。 2. 執行環保局社區髒亂點改善綠美化案。
2003	1. 製造風車發電、腳踏車發電。 2. 舉辦環保志工參訪潭陽社區、匠師的故鄉、泰安社區、三義木雕。 3. 環保志工大肚山九隊園遊會。 4. 執行瑞井與立全社區兩社區聯合提案。 5. 辦理蔗南路坡坎貼磁磚（大肚山農特產）。
2004	1. 推動環保資源再利用、認養道路綠美化。 2. 獲第 13 屆環保署績優社區獎，獲總統召見。 3. 執行社區牆面及農場公園化。 4. 協助營造蔗南路口袋公園。
2005	1. 參與社區規劃師培訓。 2. 協助營造蔗南路口袋公園。 3. 執行營建署社區風貌改善計畫。 4. DIY 藝術牆磁磚拼貼比賽。

年度	推動項目
	5.台北環保署領取績優社區獎。 6.辦理大肚山 DIY 藝術牆貼磁磚比賽，將作品貼於蔗南路。 7.蔗南路坡坎以大肚山農特產為主題磁磚拼貼。
2006	1.推動節能設施雨撲滿。 2.舉辦創意燈籠活動。 3.縣府評鑑社區藍鵲大賞案。 4.營造社區入口意象製作。 5.執行環保局社區環境綠美化永續家園案。
2007	1.執行環保局社區環境綠美化。 2.在慶順宮舉辦環保署清淨家園全國中區說明會。
2008	1.推動綠色消費節能減碳。 2.水神廟起造。 3.參與第17屆全國環保特優社區評鑑，獲環保特優社區獎。 4.社區梯間門面改善。 5.社區文物館一期規劃製作。
2009	1.推動環境教育執行環保小學堂案。 2.成立社區文物館。 3.執行文化局社區營造點案。 4.社區閒置空間農場規劃開始整地。 5.舉辦在龍德宮耆老說故事活動。
2010	1.推動社區水資源再利用汙水處理。 2.成立社區十方工作室。
2011	1.執行都發局社區梯間門面改善案。 2.執行環保署低碳社區垃圾減量資源回收。
2012	1.參加全國環境教育獎評鑑獲台中市第一名。 2.執行都發局環保教室綠建築案。 3.執行都發局巷道梯間門面改善案。
2013	成立蔗廍老人照顧關懷據點。
2014	蔗廍石頭老人作品遺作，遷移保存工作。
2015	執行都發局古老糖廍文化在蔗廍案。
2016	1.營造環境教育藝術村案。 2.執行環保局社區環境教育整合案。

年度	推動項目
2017	營造社區巷道形象改造。
2018	承接教育局大肚區樂齡學習中心。
2019	1. 推動社區文化保存，成立大肚山鄉土文物館。 2. 承接教育局大肚區樂齡學習中心。
2020	1. 推動環保食農教育園區。 2. 社區口袋公園重整綠美化。

8-2 自主經營能力

1. 立全社區的志工在陳達成的帶領下，所建立的信任度非一日所成。因此在處理社區公共事務時，歷年累積的經驗，會毫無怨言地配合。

2. 陳達成目前呈退休狀態，其事業已轉手第二代接棒，平日幾乎全力經營立全社區。其核心團隊雖然只有三人，但是與管委會互動、志工運作均能相互配合，社區改造工作從未停歇。

3. 目前社區經營方向以環境教育、低碳社區發展，擬定工作目標並分頭進行。

圖 15-8-1 節能減碳活動

4. 筆者於 2008 年退居幕後，以觀察員身分採間接式關心。當有疑義時，採座談方式引導解決問題，不再正面協助。

5. 對社區而言，陳達成等誓言社區須以永續經營的模式考量，積極培植年

輕人，並積極指導其為未來社區領頭羊。

6. 體驗課程適逢地主收回原農園，但社區同時也獲得新空間（約5,000平方公尺）可整地開發。因此動員全社區參與，從整地、遷移植栽、園區規劃、農園再生、實質耕作體驗等，已超出當初之體驗課程規劃。

7. 社區活動設計。先期與社區族群代表溝通，邀請不同族群熱心人士分項主持活動，促進族群之交流。

第九節
未來展望

　　經營一個社區，需要居民長期持續的努力與支持。隨著時間的更迭、參與者的更替，期間不間斷的人才培力與扶持，將社造概念落實於生活中，才能打造具有可期待的社區。立全社區目前經營方向以環境教育、食農教育、低碳社區等發展方向進行。根據社區潛力診斷其未來發展方向，試列出統整資訊以茲參考。

1. 須繼續強化社區居民的社造意識，以期共創社區的永續經營可能性。

2. 結合更多台地之地方元素，提出更多跨域創意構想，牽手周邊社區，再造台地風華。

3. 多元性課程規劃應朝向社區未來經營目標發展，創新課程亦應首重師資之培訓。

4. 社區受限於可利用空間，未來朝向環境教育、環保教育、食農教育、低碳社區等發展方向，概念正確，切莫錯估社區能量及實質成效。

5. 社區營造是一集眾人之智及動能而成就，非靠一人之力可就全功，「學習」與「傳承」方為永續經營之精神所在。

第十六章

淺看社區營造未來趨勢

第一節　目前社區營造工作遇到的困境

第二節　面對困境的反思

第三節　結論

在台灣「社區總體營造」一詞的提出，首見於1994年行政院文建會提出「社區文化活動發展計畫」。試圖透過社區文化推展，以凝聚社區共識、改善社區環境，進而推動地方產業與文化之轉型，達成以社區為生命共同體之目標（林澄枝，1997）。此一名詞，根據張世典教授之研究，是來自日本地區計畫制度（張世典，1994）。另外根據黃定國教授之分析，認為日本社區營造之歷程有其階段性的營造主體，從其早期對於公害防治的抗爭，到社區環境的整理，進而以文化、福祉、與景觀為目標，以提升其生活品質（黃定國，1996）。

政府於行之有年的社區營造之後，相繼又推出「農村再生計畫」、「地方創生」，既要發展鄉村產業來振興地方經濟，又續為地方人口流失及老化，籌謀要讓人口回流農村。然而社會經濟的快速發展，導致農村結構的變遷，為使農村能因應變遷中社會經濟發展的需求，就社區營造工作言之，農村活化永續發展之基本工作目標，不外乎：1.產業轉型與生活環境改善、2.營造農村之獨特性並維護農村傳統之風貌、3.維護自然景觀與生態環境、4.有機農作及食安推廣、5.青年返鄉創業、6.推動跨域及城鄉合作、7.其他與農村活化相關工作。

台灣這些年所積極推動的社區營造，到後來的農村再生計畫，在在要求社區擬定年度工作計畫，並需於期限內完成。中間似乎卻忽視了社區能力，透過輔導團隊協助趕鴨子上架，透過經驗累積提升社區的操作能量，這對一個缺乏社區能力的社區而言，較易形成負荷，對現階段高齡化的農村和社區是一種折磨，所得到的回應只剩下一句「不好玩」。

 第一節

目前社區營造工作遇到的困境

在快速推演的社會中，一個期待變遷的社區，面對政府多變的政策，實務操作歷經二十餘年，原本是期待社區營造能解決問題，但是反映在現實中好像並不

如預期，到底台灣的社造工作遇到哪些困境呢？憑個人經驗，條列以供參考：

1. 民眾參與不足，其現實狀況是：(1) 大部分人生活作息配合不上、(2) 對公共事務的冷漠、(3) 就利害關係選擇性參與、(4) 操作能力不足、(5) 方案執行時間緊縮、(6) 社區內派系作祟，以及排斥異己、(7) 專家學者的指導，對弱勢社區造成負擔，資源把持，不願分享。

2. 政府行政部門整合不良、業務僵化：(1) 形式官僚以保全自己為前提、(2) 年度經費核銷重視有形成果、(3) 各單位業務承辦對社造認知心態過於主觀、(4) 各部門間資源運用缺少橫向聯繫，各行其事。

3. 社區利益造成團體的衝突：(1) 社區派系間目的企圖不明、(2) 經費補助爭功諉過、(3) 社區福祉非為初衷、(4) 政治意涵超過或支配了社區發展。

4. 「由上而下」、「由下而上」的混淆：社造運作一再鼓吹是由下而上的反映社區需求，但在操作上卻又不得偏離業務單位年度目標，結果社區追著公部門的年度目標推出年度執行計畫，將各社區的願景一致性地配合公部門操作。因而使社區營造看似由下而上的主動，實際上是處於被動性由上而下的跟進。

5. 資源分配之不對等：針對成熟型社區的年度經費補助，在可預期且可見成果的計畫執行下，即能獲得年復一年的補助，諸如此類的明星社區打造；相對於較弱勢、欠缺社區能力之社區，一般都是採忽略態度處理。是故年度成果發表已成為公部門重要績效，資源分配看似由社區主動爭取，但是在看似無意卻是有意的操作下，讓此無能力社區自動熄火。

6. 變調的社區營造操作：社區營造在積極的社團及有心的志工們操作下，社區日有改變，但是數年下來，社區在動的仍是那些夥伴。社區發展的方向不論是哪一種面向，好似服務、扶植的對象只有少數的關係人參與，而非所謂的多數人。另則，專業團隊角色扮演已呈現出：(1) 專業定向不明、(2) 工作即是事業，在能獲得的任何標案，所屬團隊成員均能達成任務、(3) 是社區需要經費，還是團隊經營需要經費？(4) 輔導過程已趨向協助社區年度計畫執行的完成，缺乏全面向輔導概念。再則，社區

對經費補助及團隊輔導形成依賴性，少了支持後社區營造即停擺。

7. 傾斜的社造培育方式：參與社造工作，過程中少不了「人培」課程的安排，將近二十年來造就了多少社區的「領頭羊」。社區營造是一個很努力的過程，藉由這個過程，是否能有效地呈現一個具活力且有動能「引動者」，才是真正的關鍵點。一個社造工作者，只有他自己走過才知社造路途之不易。因此目前社造人培操作，欠缺對「人」完整的學習規劃，亦即培育一個具有動能的社造工作者。目前社造初階、進階、高階課程規劃（含工作坊），均依年度執行計畫安排，其對「人才」培育的課程，造就了人才社造知識的培養？還是實務性社造能力？結果是忽視了對人的培力效益。

8. 社區營造永續經營的憂慮：(1) 目前一般最欠缺的即是社區能力的不足，欠人、缺錢、社造運作過程等，不知從何著手、(2) 社區人口老化、轄區空間面積過小，自主經營的可能性相對也較低、(3) 社造歷程忽視了社區願景，均傾向幾個單一面向發展、(4) 單一面向成果營造經驗，無法整合其他面向累積運用、(5) 過於依賴公部門補助及外力協助、(6) 社區操作傾向於較容易獲得成果之面向發展，對於社區其他議題均暫予擱置。

第二節
面對困境的反思

1. 人培以社區能力的建構為首要：社區能力的構成是社區永續經營的必要條件，社區能力的構成不外乎：(1) 2～3 個社造工作者、(2) 多數居民的參與、(3) 組織的運作、(4) 方案的執行、(5) 擁有穩定的社群網路、(6) 理智的議題處理、(7) 資源的靈活運用等。一個欠缺能力的社區，他如何能永續經營？

2. 社區須獲得充分賦權：社區賦權的意義，即是透過社區民眾參與，以解決社區問題的過程，其中含意包括社區學習、共同參與、社區規劃及社區組織運作。社區賦權的重點是：(1) 予以社區適當地學習與社造認知、(2) 合宜的操作方式，激勵其能自主運作、(3) 鼓勵社區參與及地方組織介入、(4) 促進與公部門協調與合作。在過程中，組織運作、策劃、協調與執行，都應由社區居民自動自發地參與運作。

3. 在過於強調「由下而上」與「由上而下」的矛盾中，我們真正需要的是一種垂直和橫向的夥伴關係。在徵詢與協助輔導過程中，社區感受了什麼？從由上而下到由下而上的爭議中，我們是否忽略了社區是否具有由下而上的能力？

4. 當我們有意介入社區時，是否理解：(1) 如何切入為社區做、(2) 怎樣與社區一起做、(3) 何時放手讓社區自己做。善意的協助與輔導的分際掌握，如何讓督導與掌控在合宜時機退場。

5. 社區於營造過程中，欠缺一個以「社區價值」為核心的指導原則，價值觀是一個人認識社會和自身的一種思維方式和觀念體系。社會價值觀所要關照的是人，也就是讓人理解他在社區中所具有的作用力、影響力和意義等。

6. 弱勢的農村往往是在整個現代化的過程中，被突顯要跟進高度現代化發展的腳步走。所以如何活化農村，在 1994 年國家推出「社區總體營造」、2004 年繼而提出「農村再生計畫」、2019 年再次提出「地方創生」。我們可以很明顯地看到，國家以持續性政策資源的挹注，激勵農村創新產業推動上的努力。

但是農村再生計畫與地方創生，儘管兩個政策的資源大多都是投入在農村，但是兩者所被賦予的政策涵意卻不相同。農村再生計畫的發展策略，要解決的是逐漸老化的農村所面臨的困境。而地方創生看似延續農村再生計畫所待解決的議題，但更聚焦於解決農村人口流失的問題，基本上是為了緩解都市人口快速膨脹壓力的政策。

第三節

結論

　　就以上觀點，我們知道社區營造工作，主要是協助社區將「人」組織起來、並善用社區的力量、資源去解決社區的問題。社造工作者則運用社區營造的操作模式，協助激活社區地方的發展，或是在不同的領域上，以社區營造操作模式來達成預定的目標。

　　我們知道，促進社區營造與激活一個老化的社區，是需要勇於面對政策的變遷。身為一個社區營造工作者，要不斷地透過學習創新來改變社區困境；理解社區營造操作技巧，如何長久性的在地踐行；借助而不依賴公部門的資源挹注，打開社區的自覺想像，應是一個社造工作者的自覺。

　　社區營造工作可施作面範圍甚廣，需要經過縝密的構思、研議與協調等過程，累積過去操作經驗，以新思維、新創意成功引領社區走向新發展。現階段社區營造運作，將此操作手法視為必要之操作起手式。能擁有引動此能力的所有社區工作者，均將此一操作能力，當作是社區工作的口袋工具。亦因此面對後來之「農村再生計畫」、「地方創生」規劃時，均離不開社區營造操作模式。

　　社造工作深受社會快速發展的脈動影響，積極參與社區營造之工作者，其於社區運作能堅持多久則見仁見智，但現實環境中替換率是頗高的。面對此一結構性現實環境，賡續性培力新的後繼人才，變成不可漠視的問題。此一議題的解方，會發現「學習」才是重點，要讓學習不只是社區營造「知識的傳遞」，而是要能真正啟動社區營造的「行動」。因此得重新思考社區營造工作者應學些什麼？學後如何學以致用？期盼農村、社區能獲得重生，就是要靠有志於社區營造的工作者在地踐行，才使得「造人」不再只是政策性空泛的口號。

國家圖書館出版品預行編目資料

社區營造實務／陳鯤生，武季亞作. －－初
　版. －－臺北市：五南圖書出版股份有限公
　司，2022.02
　面；　公分
　ISBN 978-626-317-137-4(平裝)

1.社區總體營造　2.個案研究

545.09　　　　　　　　　110014109

5T55

社區營造實務

作　　　者 ― 陳鯤生、武季亞

發 行 人 ― 楊榮川

總 經 理 ― 楊士清

總 編 輯 ― 楊秀麗

副總編輯 ― 王正華

責任編輯 ― 張維文

封面設計 ― 姚孝慈

出 版 者 ― 五南圖書出版股份有限公司

地　　　址：106台北市大安區和平東路二段339號4樓

電　　　話：(02)2705-5066　　傳　　真：(02)2706-6100

網　　　址：https://www.wunan.com.tw

電子郵件：wunan@wunan.com.tw

劃撥帳號：01068953

戶　　　名：五南圖書出版股份有限公司

法律顧問　林勝安律師事務所　林勝安律師

出版日期　2022年2月初版一刷

定　　　價　新臺幣420元

經典永恆・名著常在

五十週年的獻禮——經典名著文庫

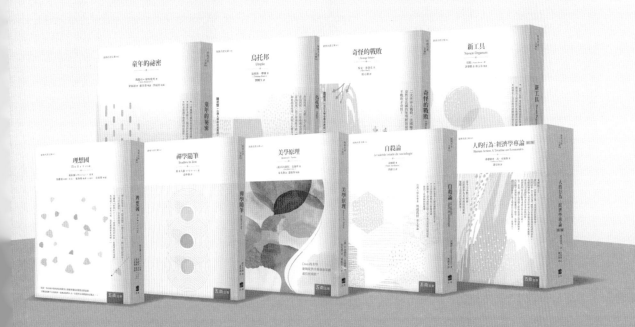

五南，五十年了，半個世紀，人生旅程的一大半，走過來了。

思索著，邁向百年的未來歷程，能為知識界、文化學術界作些什麼？

在速食文化的生態下，有什麼值得讓人雋永品味的？

歷代經典・當今名著，經過時間的洗禮，千錘百鍊，流傳至今，光芒耀人；

不僅使我們能領悟前人的智慧，同時也增深加廣我們思考的深度與視野。

我們決心投入巨資，有計畫的系統梳選，成立「經典名著文庫」，

希望收入古今中外思想性的、充滿睿智與獨見的經典、名著。

這是一項理想性的、永續性的巨大出版工程。

不在意讀者的眾寡，只考慮它的學術價值，力求完整展現先哲思想的軌跡；

為知識界開啟一片智慧之窗，營造一座百花綻放的世界文明公園，

任君遨遊、取菁吸蜜、嘉惠學子！